AF824887

WOLFGANG FILC

Zinsarbitrage und Währungsspekulation

Veröffentlichungen des
Instituts für Empirische Wirtschaftsforschung

Band 12

Kuratorium

Dr. Jacques Rosenstein, Zürich (Präsident)
Kurt Hähnel, Hannover
Walter Hesselbach, Frankfurt/Main
Dr. Werner Majer, Stuttgart
Dr. Josef Neubauer, Wien
Franz M. Oppenheimer, Washington
Dr. Gerhard Wersche, Frankfurt/Main

Direktorium

Prof. Dr. Claus Köhler, Frankfurt/Main
Prof. Dr. Albrecht Kruse-Rodenacker, Stuttgart

Zinsarbitrage und Währungsspekulation

Von

Dr. Wolfgang Filc

DUNCKER & HUMBLOT / BERLIN

Alle Rechte vorbehalten
© 1975 Duncker & Humblot, Berlin 41
Gedruckt 1975 bei Berliner Buchdruckerei Union GmbH., Berlin 61
Printed in Germany

ISBN 3 428 03333 7

Inhaltsverzeichnis

Verzeichnis der Tabellen

Verzeichnis der Abbildungen

Einleitung

Internationale Kapitalbewegungen haben in den letzten Jahren in verschiedenen Ländern zu binnenwirtschaftlichen und außenwirtschaftlichen Problemen geführt. Eine Verringerung der Währungsreserven eines Landes als Folge umfangreicher Kapitalexporte kann auch dann währungspolitische Maßnahmen — eine Währungsabwertung oder die Freigabe des Wechselkurses — auslösen, wenn die Leistungsbilanz ausgeglichen ist oder sogar Überschüsse aufweist. Umgekehrt bewirken im System fester Wechselkurse massive Kapitalzuflüsse aus dem Ausland dann ein Aufblähen der Bankenliquidität im Inland und eine Erleichterung der Finanzierungsbedingungen der Wirtschaft, wenn es der Zentralbank nicht gelingt, den Liquiditätszufluß zu den Banken durch kreditpolitische Maßnahmen abzuschöpfen. Kapitalzuflüsse, wechselnd mit Kapitalexporten innerhalb eines kurzen Zeitraums, wiederum können dazu führen, daß die Zentralbank ihre kreditpolitischen Maßnahmen mehr an Richtung und Umfang internationaler Kapitalbewegungen orientiert als an den Erfordernissen der Verstetigung des Wirtschaftsablaufs. Diese Probleme gelten in besonderem Maße für die Bundesrepublik Deutschland. Die Entwicklung der Bankenliquidität wurde in den letzten Jahren zunehmend von den Devisenmarktgeschäften der Bundesbank bestimmt, vor allem als Ergebnis umfangreicher internationaler Kapitalbewegungen. Die Darstellung der Abhängigkeit der Liquiditätsversorgung des Bankensystems in der Bundesrepublik als Folge der Interventionen der Bundesbank an den Devisenmärkten ist Gegenstand des Abschnitts A dieser Arbeit.

Massive Auslandsgeldzuflüsse in die Bundesrepublik führten zu der Wechselkursfreigabe der D-Mark mit Wirkung vom 10. Mai 1971. Der Übergang zu flexiblen Wechselkursen wurde als notwendig erachtet, um „die Kreditpolitik der Bundesbank vor weiteren Auslandsgeldzuflüssen abzusichern und ihr insgesamt eine größere Handlungsfreiheit zu verschaffen“*. Dieser Wechselkursfreigabe ging eine Spekulation auf eine Abwertung des Dollars und eine Aufwertung der D-Mark voraus. Bemerkenswert ist, daß sich die Erwartung auf eine Aufwertung der D-Mark verfestigen konnte, obwohl die Leistungsbilanz der Bundesrepublik mit Überschüssen von 2,5 Mrd. DM im Jahre 1970 und einem Aktivsaldo von 0,4 Mrd. DM im ersten Vierteljahr 1971 nahezu

* Monatsberichte der Deutschen Bundesbank, Mai 1971, S. 7.

ausgeglichen war. Paritätsänderungsspekulationen treten also nicht nur im Gefolge fundamentaler Leistungsbilanzungleichgewichte auf, sondern sie können auch auf starke Veränderungen der zentralen Währungsreserven als Ergebnis zinsinduzierter internationaler Kapitalbewegungen zurückzuführen sein. Die Motive internationaler kurzfristiger Kapitalbewegungen und die Zusammenhänge zwischen zinsinduzierten und spekulativen Kapitalbewegungen werden in Abschnitt B aufgezeigt.

Wenn zinsinduzierte internationale Kapitalbewegungen Paritätsänderungsspekulationen auslösen können, so ist dem Mechanismus der internationalen Zinsarbitrage besondere Aufmerksamkeit zu widmen. Die Zinsparitätentheorie erklärt zinsinduzierte internationale Kapitalbewegungen aus internationalen Zinsdifferenzen und der Kursbildung an den Devisenmärkten. Sie erklärt nicht, wie die internationale Zinsarbitrage zu Paritätsänderungsspekulationen führen kann, sie erklärt nicht das Zusammenwirken von Zinsarbitrage und Spekulation, und sie wurde bisher allein für einen vereinfachenden Zwei-Länder Fall ohne Hemmnisse für den internationalen Kapitalverkehr formuliert. Für eine modelltheoretische Darstellung des Ablaufs der internationalen Zinsarbitrage ist es aber zweckmäßig, nicht nur eine Zinsdifferenz zwischen Inland und Ausland zu berücksichtigen, sondern unterschiedliche Zinsgefälle zwischen dem Inland und verschiedenen ausländischen Finanzplätzen. In der Realität sind Hemmnisse für den internationalen Kapitalverkehr eher Regel denn Ausnahme. Ein realitätsnahes Modell zur Beschreibung des Ablaufs der internationalen Zinsarbitrage sollte daher auch diese Restriktionen einbeziehen. Ausgehend von der Darstellung und der Kritik an der herkömmlichen Fassung der Zinsparitätentheorie wird in Abschnitt C die Zinsparitätentheorie durch Einbeziehung eines dritten Landes und durch Berücksichtigung von Kapitalverkehrshemmnissen erweitert.

Will die Bundesbank einen Zinsanreiz für eine Kreditaufnahme im Ausland aufheben, um dadurch dem Ausweichen einer restriktiven Kreditpolitik auf ausländische Finanzplätze und einer möglicherweise folgenden Aufwertungsspekulation gegen die D-Mark zu begegnen, so ist es nützlich, jene Zinsdifferenz zu kennen, an der sich die internationale Zinsarbitrage primär orientiert. Dazu ist eine empirische Ermittlung der Zusammenhänge von Zinsdifferenzen zwischen der Bundesrepublik und wichtigen ausländischen Finanzmärkten auf der einen Seite und der Kursbildung an den Devisenmärkten auf der anderen Seite erforderlich. Die Ergebnisse einiger bereits vorliegender empirischer Untersuchungen zu dieser Frage sind unbefriedigend, vor allem deshalb, weil die institutionellen Gegebenheiten in der Bundesrepublik nicht hinreichend berücksichtigt wurden. Im Mittelpunkt des Abschnitts D dieser Arbeit steht daher die Frage, an welcher Zinsdifferenz zwischen der Bundesrepublik und dem Ausland deutsche Zinsarbitrageure ihre Entscheidungen über die Bildung kurzfristiger Auslandseinlagen und die Aufnahme von kurzfristigen Finanzkrediten im Ausland ausrichten. Dabei wird die Rolle von drei wichtigen ausländischen Finanzmärkten — den nationalen Geldmärkten von London, New York und dem Euro-Geldmarkt — für die internationale Zinsarbitrage aus der Sicht der Bundesrepublik dargestellt.

Dem Euro-Geldmarkt wird oft zentrale Bedeutung für den Zinsverbund zwischen den Volkswirtschaften und für die internationale Zinsarbitrage beigemessen, ohne daß die Zusammenhänge zwischen der Zinsbildung am Euro-Geldmarkt und der Kursbildung an den Devisenmärkten dargestellt werden. Die Determinanten der Zinsbildung für Euro-Dollar und Euro-DM, die Rolle der Zinssätze am Euro-Geldmarkt für die internationale Zinsarbitrage und die Auswirkungen von Paritätsänderungsspekulationen auf die Zinsbildung am Euro-Geldmarkt sind Gegenstand des Abschnitts E dieser Arbeit.

A. Die Bedeutung des Auslandsgeschäfts der Zentralbank für die Bankenliquidität in der Bundesrepublik Deutschland

I. Markteinflüsse und Bankenliquidität

Eine bedeutende monetäre Größe für die kreditpolitische Steuerung und für die Entwicklung an den monetären Märkten ist der Liquiditätssaldo[1]. Der Liquiditätssaldo — der Umfang der liquiden Mittel der Kreditinstitute — ist die Differenz zwischen Einlagen und Krediten bei den Kreditinstituten. Steigt der Liquiditätssaldo, fließt den Geschäftsbanken also Zentralbankgeld zu, denn steigt das Kreditschöpfungspotential der Banken, die Zinssätze am Geldmarkt, am Bankeneinlagen- und Bankenkreditmarkt sowie am Kapitalmarkt sinken, und die Aufnahmefähigkeit des Kapitalmarktes nimmt zu. Mit einer Zunahme des Umfanges der liquiden Mittel der Banken sind daher expansive Effekte auf die gesamte wirtschaftliche Aktivität verbunden, und umgekehrt wirkt eine Abnahme des Liquiditätssaldos restriktiv auf den Wirtschaftsablauf.

Ursachen von Liquiditätssalden bei den Kreditinstituten sind Nichtbankentransaktionen der Zentralbank. Diese Transaktionen können überwiegend marktmäßig bestimmt sein (Marktfaktoren) oder sie können kreditpolitische Eingriffe darstellen. Die vier wichtigsten Marktfaktoren sind: das Auslandsgeschäft der Zentralbank (Zunahme oder Abnahme der zentralen Währungsreserven), die Kassentransaktionen öffentlicher Haushalte mit der Zentralbank, die Veränderung des Bargeldumlaufs bei Nichtbanken und Direktgeschäfte der Zentralbank mit der Wirtschaft. Kauft die Zentralbank Devisen an, werden Einlagen öffentlicher Haushalte von der Zentralbank abgezogen, fließt Bargeld von den Nichtbanken in das Bankensystem zurück und/oder verringern Wirtschaftsunternehmen ihre Einlagen bei der Bundesbank, dann erhöht sich in gleichem Umfang der Liquiditätssaldo. Die Initiative für diese Transaktionen der Zentralbank geht von den Nichtbanken aus. So muß die Deutsche Bundesbank im System fester Wechselkurse Devisen ankaufen, wenn der Wechselkurs einer Währung den unteren Interventionspunkt erreicht, und umgekehrt muß die Zentralbank De-

---

[1] Vgl. zum Liquiditätskonzept Köhler Cl., Geldwirtschaft, 1. Band, Geldversorgung und Kreditpolitik, Berlin 1970, S. 82 ff.

visen aus eigenen Beständen abgeben, wenn der Wechselkurs am oberen Interventionspunkt liegt. Bei einem Devisenankauf der Zentralbank wird den Banken Zentralbankgeld zugeführt, und die Banken verlieren Zentralbankgeld, wenn die Zentralbank Devisen abgibt. Für die Kreditpolitik ist es bedeutsam, daß die Zentralbank die marktmäßigen Bestimmungsgründe der Bankenliquidität nicht direkt beeinflussen kann, sondern hinnehmen muß[2]. Diese Zusammenhänge verdeutlichen, wie wichtig es ist, den Liquiditätssaldo kreditpolitisch zu steuern. Ihren Beitrag zur Verstetigung des Wirtschaftsablaufs kann die Bundesbank nur dann leisten, wenn es gelingt, starke marktmäßig bestimmte Schwankungen des Liquiditätssaldos zu verhindern. Bei steigender wirtschaftlicher Aktivität und wachsendem Volkseinkommen muß gewährleistet sein, daß die Bankenliquidität kontinuierlich zunimmt. Stärkere Liquiditätsschwankungen können ebenso wie große Abweichungen in der Entwicklung der Bankenliquidität vom Wachstum des Produktionspotentials zu Störungen des Wirtschaftsablaufs führen. „Kreditpolitische Eingriffe sind immer dann erforderlich, wenn die sichtbaren oder geplanten Ausgabesteigerungen der einzelnen Gruppen der Wirtschaft in ihrer Summe nicht dem möglichen Wachstum des Produktionspotentials entsprechen[3].“ Die Zentralbank sieht sich mit ihrer Kreditpolitik den Markteinflüssen konfrontiert. Sie muß deshalb versuchen, die Einflüsse der Marktfaktoren auf die Bankenliquidität zu kompensieren, überzukompensieren oder zu verstärken, je nachdem, ob sie dem liquiditätspolitischen Kurs entgegenlaufen oder ihn unterstützen.

Die Deutsche Bundesbank verfügt über vier Instrumente zur Beeinflussung des Umfangs der liquiden Mittel der Banken: Offenmarktpolitik mit Nichtbanken, Offenmarktpolitik in langfristigen Wertpapieren mit Banken, Einlagen/Schuldenpolitik und Rediskontkontingentpolitik. Verkauft die Zentralbank Offenmarktpapiere an Nichtbanken und/oder langfristige Wertpapiere an Banken, veranlaßt sie öffentliche Haushalte, aufgenommene Kredite und/oder vorhandene Einlagen von Kreditinstituten zur Zentralbank zu übertragen und/oder kürzt sie die Rediskontkontingente der Banken, so veringern sich in gleichem Umfang die liquiden Mittel der Banken. Die Zentralbank kann den Umfang der liquiden Mittel der Banken autonom, also unabhängig vom Verhalten der Banken und der Nichtbanken, nur durch Variation der Rediskontkontingente verändern. Der Wirksamkeit der Liquiditäts-

---

[2] Zu den begrenzten Möglichkeiten der Zentralbank zur Beeinflussung der Marktfaktoren vgl. Becker, J., Die kontinuierliche Liquiditätsversorgung des Bankensystems, Veröffentlichungen des Instituts für Empirische Wirtschaftsforschung, Bd. 3, Berlin 1969, S. 14 ff.

[3] Köhler, Cl., Orientierungshilfen für die Kreditpolitik, Veröffentlichungen des Instituts für Empirische Wirtschaftsforschung, Bd. 1, Berlin 1968, S. 53.

politik der Zentralbank sind daher Grenzen gesetzt. Führen die Markteinflüsse den Banken in großem Umfang liquide Mittel zu, etwa infolge massiver Devisenkäufe der Zentralbank, so kann sich der Liquiditätssaldo entgegen dem kreditpolitischen Kurs verändern, wenn es nicht gelingt, den Liquiditätszufluß zu den Banken durch den Einsatz kreditpolitischer Instrumente abzuschöpfen.

II. Liquiditätseffekte von Devisenmarktgeschäften der Zentralbank und ihre Ursachen

1. Die quantitative Bedeutung des Auslandsgeschäfts der Zentralbank für die Bankenliquidität

Die unterschiedliche Bedeutung der Marktfaktoren für die Entwicklung der Bankenliquidität wird in den von Köhler durchgeführten vierteljährlichen Geldstromanalysen für die Bundesrepublik Deutschland sichtbar[4]. Danach hat sich per Saldo im Zeitraum von 1960 bis einschließlich 1971 der Umfang der liquiden Mittel der Banken um rund 15 Mrd. DM erhöht. Allein durch die Devisenankäufe der Bundesbank wurde den Banken in diesem Zeitraum Liquidität in Höhe von fast 51 Mrd. DM[5] zugeführt. Alle anderen Marktfaktoren dagegen entzogen den Banken liquide Mittel in Höhe von insgesamt rund 48 Mrd. DM. Die Kassentransaktionen der öffentlichen Haushalte mit der Zentralbank[6] führten zu Liquiditätsverlusten des Bankensystems in Höhe von 21 Mrd. DM, die Zunahme des Bargeldumlaufes bei Nichtbanken entzog den Banken liquide Mittel in Höhe von 20 Mrd. DM, Zentralbankeinlagen der Wirtschaft absorbierten liquide Mittel in Höhe von 0,3 Mrd. DM, und auf sonstige überwiegend marktbedingte Ursachen[7] war ein Liquiditätsverlust der Kreditinstitute von etwa 7 Mrd. DM zurückzuführen. Durch Offenmarktgeschäfte der Zentralbank mit Nichtbanken wurden den Banken darüber hinaus noch liquide Mittel in Höhe von rund 7 Mrd. DM entzogen. Ohne die umfangreichen Devisenankäufe der Bundesbank hätte sich der Umfang der liquiden Mittel der Banken in diesem Zeitraum um rund 36 Mrd. DM verringert. Bei steigender

---

[4] Köhler, Cl., Vierteljährliche Geldstromanalyse für die Bundesrepublik Deutschland, in: WSI-Mitteilungen, Zeitschrift des Wirtschafts- und Sozialwissenschaftlichen Instituts des Deutschen Gewerkschaftsbundes GmbH, Köln, lfd. Ausgaben.

[5] Veränderungen der Gold- und Nettodevisenbestände bei der Bundesbank, jedoch ohne Einflüsse der Geldanlagen deutscher Banken im Ausland.

[6] Veränderung der Nettoposition der öffentlichen Hand bei der Bundesbank.

[7] Unter den sonstigen Marktfaktoren werden subsummiert: Münzumlauf, Postscheckguthaben, sonstige Aktiva der Bundesbank, Rückstellungen, Rücklagen, Grundkapital und sonstige Passiva der Bundesbank.

Abb. 1: Hauptsächliche Ursachen von Liquiditätssalden bei den Kreditinstituten

- Veränderungen gegenüber dem Vorquartal in Mrd. DM -

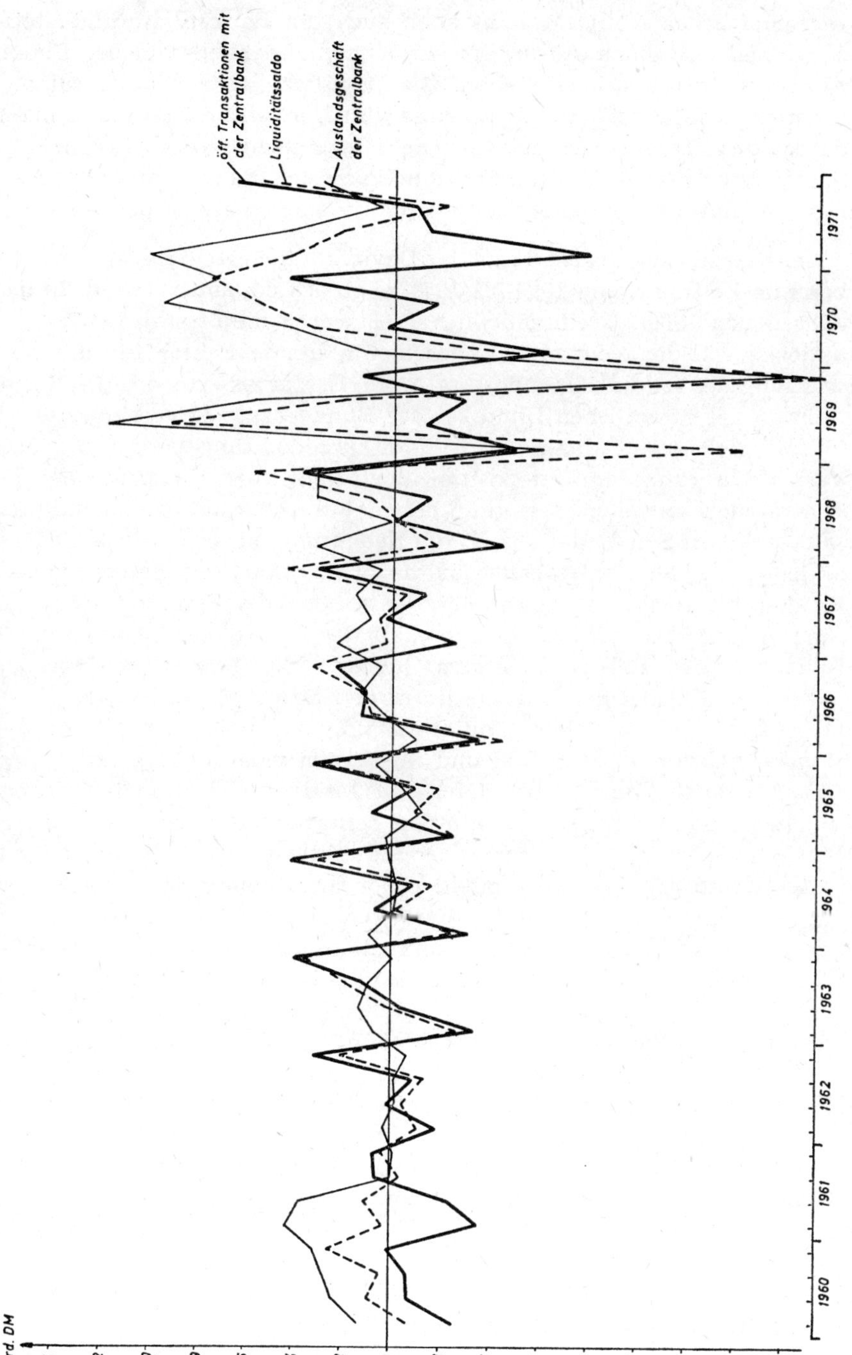

Quelle: Köhler, Cl., Geldstromanalyse für die Bundesrepublik, WSI-Mitteilungen

wirtschaftlicher Aktivität muß aber auch die Bankenliquidität stetig zunehmen, um einen störungsfreien Wirtschaftsablauf von der Finanzierungsseite her sicherzustellen. Die Devisenzuflüsse zur Zentralbank machten eine verstärkte Zuführung liquider Mittel zu den Banken durch den Einsatz kreditpolitischer Instrumente entbehrlich. Per Saldo sind daher die Liquiditätszuflüsse zu den Banken aus dem Auslandsgeschäft der Zentralbank eher positiv als negativ zu beurteilen.

Bei Betrachtung des Verlaufs der Devisenmarktgeschäfte der Bundesbank im Zeitraum von 1960 bis 1971 zeigt sich ein anderes Bild. In den Jahren von 1960 bis einschließlich 1968 waren die öffentlichen Transaktionen mit der Zentralbank der dominierende Faktor für die Entwicklung des Liquiditätssaldos (vgl. Abb. 1). Verbesserte sich die Nettoposition der öffentlichen Hand bei der Bundesbank, so verringerte sich in fast gleichem Umfang der Liquiditätssaldo. Umgekehrt ging eine Verschlechterung der Nettoposition der öffentlichen Haushalte bei der Zentralbank mit einer fast gleichhohen Vergrößerung des Liquiditätssaldos einher. Seit Ende 1968 ist die Bedeutung der öffentlichen Transaktionen mit der Zentralbank für die Entwicklung der Bankenliquidität deutlich zurückgegangen. Seitdem werden die Veränderungen des Liquiditätssaldos vom Auslandsgeschäft der Zentralbank dominiert. So führten Devisenabflüsse im ersten Quartal 1969 zu einer Verringerung der liquiden Mittel der Banken um rund 6 Mrd. DM. Im zweiten Quartal 1969 erhöhte sich der Liquiditätssaldo durch Devisenankäufe der Bundesbank um 12 Mrd. DM und im dritten Quartal 1969 um 6 Mrd. DM. Im vierten Quartal des Jahres 1969 verringerte sich die Bankenliquidität durch Devisenverkäufe der Zentralbank dagegen um fast 17 Mrd. DM. Diese Wechselbäder in der Liquiditätsversorgung des Bankensystems sind genausowenig mit der Forderung einer kontinuierlichen, am Produktionspotential orientierten, Liquiditätsversorgung vereinbar, wie eine ständige Zunahme der Bankenliquidität entgegen dem zentralbankpolitischen Willen. So erhöhte sich die Bankenliquidität vom zweiten Quartal 1970 bis einschließlich erstes Quartal 1971 durch Devisenzuflüsse zur Bundesbank um 31,5 Mrd. DM, während die Bundesbank bestrebt war, den Finanzierungsspielraum der Wirtschaft und das Kreditschöpfungspotential des Bankensystems zu verringern. Das Ziel einer kontinuierlichen und den konjunkturpolitischen Zielsetzungen adäquaten Liquiditätsversorgung kann dann nicht erreicht werden, wenn das Auslandsgeschäft der Zentralbank dominierende Bestimmungsgröße der Bankenliquidität ist, wie das in den letzten Jahren der Fall war. Die Bundesbank hat keine Möglichkeit, im System fester Wechselkurse unmittelbar auf den Marktfaktor Auslandsgeschäft Einfluß zu nehmen. Bei flexiblen Wechselkursen entfällt der Liquiditätseffekt von Devisenbewegungen. Dafür aber treten bei unbehindertem

Leistungs- und Kapitalverkehr störende Kursschwankungen an den Devisenmärkten auf. Bei festen Wechselkursen kann die Deutsche Bundesbank durch kreditpolitische Maßnahmen dazu beitragen, daß das Ausmaß störender Devisenbewegungen und der Grad der außenwirtschaftlichen Bestimmung der Bankenliquidität verringert wird.

2. Liquiditätseffekte außenwirtschaftlicher Transaktionen

Kauft die Bundesbank Devisen von Kreditinstituten an, weist die Devisenbilanz also einen Aktivsaldo auf, so nimmt der Umfang der liquiden Mittel der Banken um den Gegenwert in D-Mark zu. Devisenbilanzsalden sind identisch mit Zahlungsbilanzsalden, korrigiert um den Gegenposten zu Veränderungen der zentralen Währungsreserven, die nicht auf den Leistungs- und Kapitalverkehr mit dem Ausland zurückgehen[8]. Ein positiver Zahlungsbilanzsaldo drückt sich also in der Zentralbankbilanz in einer Zunahme der zentralen Währungsreserven und in einer Vergrößerung des Liquiditätssaldos aus. Entscheidend für das Auslandsgeschäft der Zentralbank sind daher Zahlungsbilanzsalden.

Zwischenstaatliche ökonomische Transaktionen werden je nachdem, ob es sich dabei um Übertragungen von Gütern, Dienstleistungen oder Vermögenstiteln handelt, entweder in der Handelsbilanz, in der Dienstleistungsbilanz oder in der Kapitalverkehrsbilanz erfaßt. Im Restposten der Zahlungsbilanz werden die statistisch nicht erfaßten Devisenbewegungen ausgewiesen. Ursachen von Aktivsalden der Devisenbilanz können daher sein:

— Devisenzuflüsse aufgrund von Überschüssen in der Bilanz der laufenden Posten (Handelsbilanz, Dienstleistungsbilanz und Übertragungsbilanz)

— Devisenzuflüsse aufgrund von Überschüssen in der Kapitalverkehrsbilanz

— Devisenzuflüsse aufgrund von Überschüssen im Restposten der Zahlungsbilanz.

Entscheidend für die Liquiditätsversorgung des Bankensystems ist, daß nur Transaktionen, die mit Zahlungen verbunden sind und den Devisenbilanzsaldo verändern, den Umfang der liquiden Mittel der Banken beeinflussen. Transaktionen, die die zentralen Währungsreserven nicht beeinflussen, sind dagegen liquiditätsneutral.

---

8 Hauptsächlich Zuteilungen von IWF-Sonderziehungsrechten und Änderungen des DM-Wertes der Währungsreserven aufgrund von DM-Aufwertungen.

Exportiert ein deutches Unternehmen Waren im Wert von eintausend Dollar gegen Überweisung des Kaufpreises, so erscheint der Gegenposten zum Warenexport in der Devisenbilanz. Das Unternehmen erhält bei seiner Bank eine Gutschrift und kann den DM-Gegenwert für eine Kredittilgung verwenden oder eine Einlage bilden. Der Liquiditätssaldo des Bankensystems hat sich um den Gegenwert der eintausend Dollar in DM erhöht.

Die Gegenbuchung für im Ausland aufgenommene Finanzkredite wird ebenfalls als Devisenzufluß in der Devisenbilanz ausgewiesen. Legen deutsche Wirtschaftsunternehmen oder öffentliche Stellen im Ausland eine Anleihe auf, importieren sie also langfristiges Kapital, um Ausgaben im Inland zu finanzieren, so wird dieser Mittelzufluß als Aktivposten in der Devisenbilanz ausgewiesen. Zugleich steigen im inländischen Bankensystem die Nichtbankeneinlagen stärker als die Mittelbereitstellung an Nichtbanken — der Liquiditätssaldo erhöht sich. Auch die Aufnahme kurzfristiger Finanzkredite im Ausland schlägt sich in einer Aktivierung der Devisenbilanz nieder und erhöht somit den Umfang der liquiden Mittel der Banken. Im Ausland aufgenommene Finanzkredite sind bereits im Zeitpunkt der Erfassung in der Kapitalverkehrsbilanz liquiditätswirksam, weil Zahlungen vorgenommen werden.

Der Restposten der Zahlungsbilanz wird als Differenz zwischen den von der Statistik im einzelnen erfaßten Leistungs- und Kapitaltransaktionen und der Veränderung der zentralen Währungsreserven ermittelt. Die im Restposten der Zahlungsbilanz ausgewiesenen Transaktionen stellen Zahlungen dar, für die keine zahlungsbilanzstatistischen Meldungen abgegeben werden, so daß der Gegenposten in der Leistungs- oder Kapitalverkehrsbilanz nicht ermittelt werden kann. Salden des Restpostens der Zahlungsbilanz gehen einher mit Änderungen der zentralen Währungsreserven und des Umfangs der liquiden Mittel der Banken.

Nicht alle in den Teilbilanzen der Zahlungsbilanz ausgewiesenen Transaktionen sind mit simultanen Zahlungen verbunden. In der Bilanz der laufenden Posten und in der Kapitalverkehrsbilanz werden Importe und Exporte bereits dann erfaßt, wenn ein Zahlungsanspruch entsteht. Es ist dabei nur die Überlegung von Bedeutung, daß Importe oder Exporte zu Zahlungsausgängen oder Zahlungseingängen führen müßten, wenn Zahlungen getätigt würden. Ob, wie und wann die Zahlung tatsächlich vorgenommen wird, ist für die Erfassung in der Bilanz der laufenden Posten und in der Kapitalverkehrsbilanz ohne Belang. Das wird deutlich bei Auslandskrediten im Zusammenhang mit dem internationalen Warenhandel. Wird bei einem Warenexport dem ausländischen Geschäftspartner ein Zahlungsziel von drei Monaten eingeräumt, so wird die Gegenbuchung zum Warenexport in der Handelsbilanz als Export in der Bilanz des kurzfristigen Kapitalverkehrs vorgenommen. Am Devisenbilanzsaldo und am Umfang der liquiden Mittel der Banken hat sich dadurch nichts geändert. Salden in der Handelsbilanz, in der Dienstleistungsbilanz und in der Kapitalverkehrsbilanz haben nur dann Auswirkungen auf die Bankenliquidität, wenn damit Zahlungen verbunden sind und sich der Devisenbilanzsaldo verändert. Sie sind dagegen liquiditätsneutral, wenn die Gegenbuchung nicht in der Devisenbilanz, sondern in einer anderen Teilbilanz der Zahlungsbilanz vorgenommen wird. Nur Salden des Restpostens der Zahlungsbilanz sind identisch mit einer simultanen und gleichhohen Veränderung der Bankenliquidität, während Salden in der Bilanz der laufenden Posten und in der Kapitalverkehrsbilanz teilweise auch liquiditätsneutral sein können.

Die Salden der Bilanz der laufenden Posten und der Kapitalverkehrsbilanz geben daher keine genaue Auskunft über Ursachen von Devisenbilanzsalden und Veränderungen der Bankenliquidität als Folge außenwirtschaftlicher Transaktionen. Die isolierte Gegenüberstellung von Salden der Teilbilanzen der Zahlungsbilanz mit der Entwicklung des Liquiditätssaldos im Fünfjahreszeitraum von 1967 bis 1971 läßt aber erkennen, welche Transaktionen die Bundesbank primär veranlaßten, an den Devisenmärkten zu intervenieren.

3. Ursachen von Devisenbilanzsalden

Die Bilanz der laufenden Posten (Handelsbilanz, Dienstleistungsbilanz und Übertragungsbilanz) weist im Zeitraum von 1967 bis 1971, von wenigen Quartalen abgesehen, ständig Aktivsalden aus (vgl. Abb. 2). In diesen fünf Jahren ergab sich insgesamt ein Exportüberschuß in Höhe von rund 18 Mrd. DM. Auch wenn angenommen wird, daß sich diese Exportüberschüsse in einer gleichhohen Zunahme der zentralen Währungsreserven niedergeschlagen haben, lassen sich aus den Salden der Bilanz der laufenden Posten die starken Schwankungen des Devisenbilanzsaldos und der Bankenliquidität nicht erklären.

In der Kapitalverkehrsbilanz werden Veränderungen des Auslandsvermögens und der Forderungen und Verbindlichkeiten inländischer Wirtschaftssubjekte (ausgenommen der Bundesbank) gegenüber dem Ausland erfaßt. Ein Kapitalimport (Kapitalexport) liegt dann vor, wenn per Saldo die Verbindlichkeiten (Forderungen) gegenüber dem Ausland in einer abgeschlossenen Periode zunehmen. Dabei wird zwischen langfristigen und kurzfristigen Kapitalbewegungen unterschieden. Zu den Posten des langfristigen Kapitalverkehrs zählen alle Bestandsveränderungen von Forderungen und Verbindlichkeiten gegenüber dem Ausland mit mehr als einjähriger Laufzeit, sowie der Eigentumsrechte, wie Aktien, GmbH-Anteile und Eigentum an Zweigbetrieben. Zu den Posten des kurzfristigen Kapitalverkehrs werden Bargeld, Guthaben, Wechsel und andere Veränderungen von Forderungen und Verbindlichkeiten mit einer Laufzeit bis zu einem Jahr gerechnet.

Die Bilanz des langfristigen Kapitalverkehrs war in den Jahren von 1967 bis 1971, abgesehen von drei Quartalen, defizitär (vgl. Abb. 2). Insgesamt ist in diesem Zeitraum langfristiges Kapital in Höhe von rund 36 Mrd. DM exportiert worden, davon allein 22 Mrd. DM im Jahre 1969 und 4 Mrd. DM im Jahre 1970. Die Bundesrepublik Deutschland ist ein strukturelles Geberland für langfristiges Kapital. Die Ursache dafür ist hauptsächlich darin zu sehen, daß in Deutschland im letzten Jahrzehnt ein relativ hohes Maß an Freizügigkeit für den zwischenstaatlichen Kapitalverkehr geschaffen wurde, so daß kleinere Volkswirtschaften mit geringer Ergiebigkeit der Kapitalmärkte ihren Kapitalbedarf zum Teil in der Bundesrepublik decken[9]. Im Jahre 1971 dagegen überwogen die Kapitalimporte die Kapitalexporte um 5,4 Mrd. DM. Diese Umkehrung der Kapitalströme ist zu einem Teil auf das geänderte Zins- und Liquiditätsgefälle gegenüber dem Ausland zurückzuführen. Daneben spielte aber eine Rolle, daß im Ausland aufgenommene Mittel mit einer Laufzeit von mehr als vier Jahren nicht der Mindestreserve unterliegen, und damit auch nicht der Zuwachs-Mindestreserve, mit der die Bundesbank die in der Erwartung einer Aufwertung der D-Mark stark angestiegene kurzfristige Mittelaufnahme der Banken im Ausland einzudämmen versuchte[10]. Abgesehen von diesen Sondereinflüssen des Jahres 1971 wirkt sich der langfristige Kapitalverkehr mit dem Ausland für die Kreditinstitute liquiditätsentziehend aus. Die Gegenüberstellung der Salden in der Bilanz des langfristigen Kapitalverkehrs mit der Entwicklung des Liquiditätssaldos (vgl. Abb. 2) zeigt, daß sich beide Größen seit Ende 1968 ungefähr parallel entwickeln. Nimmt der Export langfristigen Kapitals zu, so verringert sich der Liquiditätssaldo, und umgekehrt steigt der Liquiditätssaldo an, wenn der Kapitalexport zurückgeht. Die Salden der langfristigen Kapitalverkehrsbilanz weisen aber keine starken Schwankungen auf. Weder die Zunahme des Umfangs der liquiden Mittel der Banken noch die starken Schwankungen des Liquiditätssaldos lassen sich im Zeitraum von 1967 bis 1971 aus der Entwicklung der Salden der langfristigen Kapitalverkehrsbilanz erklären.

[9] Vgl.: Die Stellung der Bundesrepublik Deutschland im internationalen Anleihegeschäft, in: Monatsberichte der Deutschen Bundesbank, August 1969, S. 14 ff.

[10] Vgl.: Monatsberichte der Deutschen Bundesbank, Februar 1972, S. 48.

Abb. 2 : Liquiditätssalden bei den Kreditinstituten und Salden der Teilbilanzen der Zahlungsbilanz

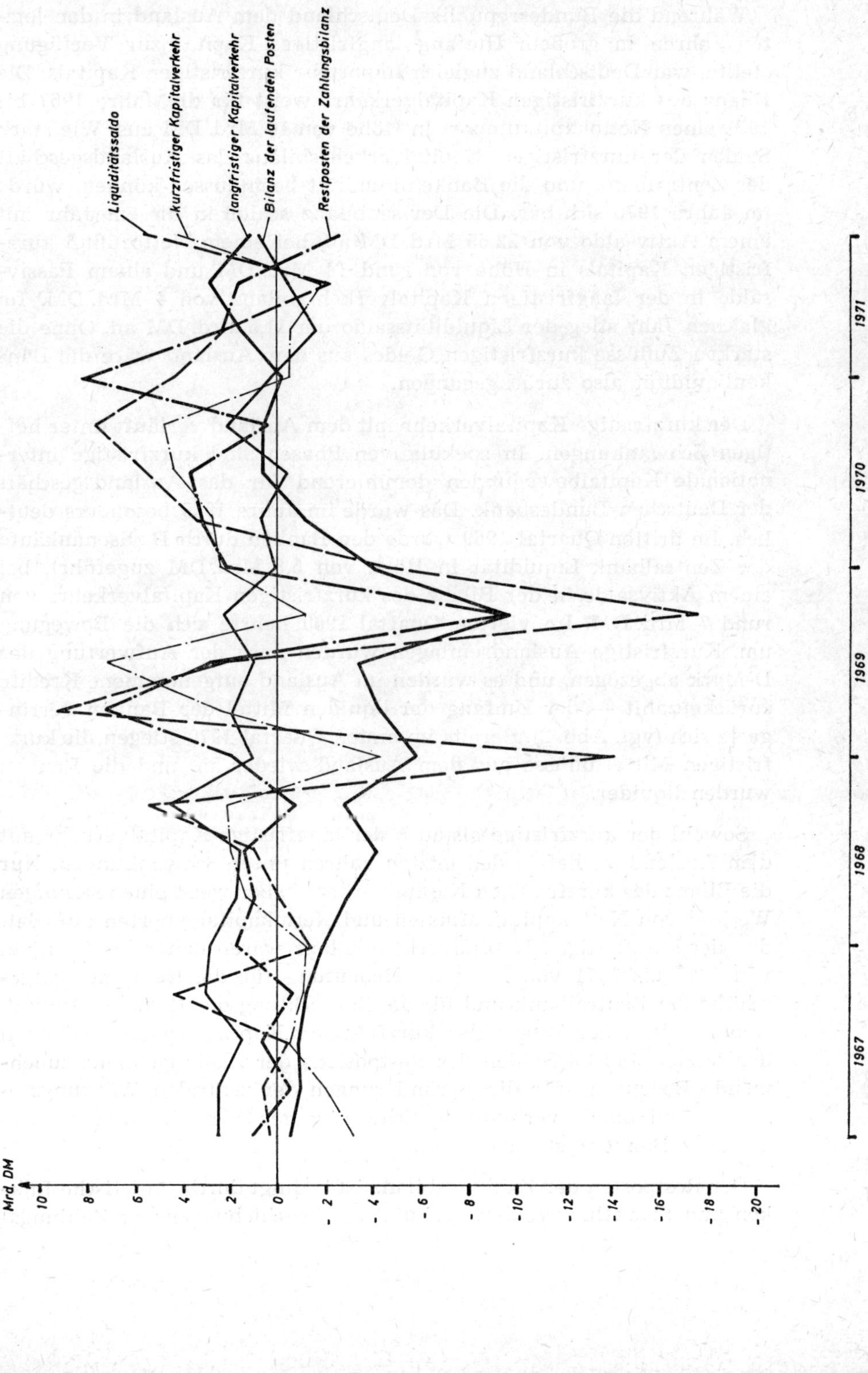

Quelle : Liquiditätssalden; Köhler, Cl., Geldstromanalyse für die Bundesrepublik, WSI-Mitteilungen; Zahlungsbilanzstatistik: Monatsberichte der Deutschen Bundesbank

Während die Bundesrepublik Deutschland dem Ausland in den letzten Jahren in großem Umfang langfristiges Kapital zur Verfügung stellte, war Deutschland zugleich Importeur kurzfristigen Kapitals. Die Bilanz des kurzfristigen Kapitalverkehrs weist für die Jahre 1967 bis 1971 einen Nettokapitalimport in Höhe von 16 Mrd. DM aus. Wie stark Salden der kurzfristigen Kapitalverkehrsbilanz das Auslandsgeschäft der Zentralbank und die Bankenliquidität beeinflussen können, wurde im Jahre 1970 sichtbar. Die Devisenbilanz schloß in diesem Jahr mit einem Aktivsaldo von 22,65 Mrd. DM ab, bei einem Nettozufluß kurzfristigen Kapitals in Höhe von rund 14 Mrd. DM und einem Passivsaldo in der langfristigen Kapitalverkehrsbilanz von 4 Mrd. DM. Im gleichen Jahr stieg der Liquiditätssaldo um 11,5 Mrd. DM an. Ohne die starken Zuflüsse kurzfristigen Geldes aus dem Ausland wäre die Bankenliquidität also zurückgegangen.

Der kurzfristige Kapitalverkehr mit dem Ausland verläuft unter heftigen Schwankungen. In spekulativen Phasen sind kurzfristige internationale Kapitalbewegungen dominierend für das Auslandsgeschäft der Deutschen Bundesbank. Das wurde im Jahre 1969 besonders deutlich. Im dritten Quartal 1969 wurde den Banken durch Devisenankäufe der Zentralbank Liquidität in Höhe von 5,8 Mrd. DM zugeführt, bei einem Aktivsaldo in der Bilanz des kurzfristigen Kapitalverkehrs von rund 7 Mrd. DM. Im vierten Quartal 1969 kehrte sich die Bewegung um. Kurzfristige Auslandseinlagen wurden nach der Aufwertung der D-Mark abgezogen, und es wurden im Ausland aufgenommene Kredite zurückgezahlt — der Umfang der liquiden Mittel der Banken verringerte sich (vgl. Abb. 2). Bereits im ersten Quartal 1970 stiegen die kurzfristigen Mittelzuflüsse aus dem Ausland wieder an, und die Banken wurden liquider.

Sowohl der kurzfristige als auch der langfristige Kapitalverkehr mit dem Ausland verlief in den letzten Jahren unter Schwankungen. Nur die Bilanz des kurzfristigen Kapitalverkehrs aber weist einen ständigen Wechsel von Nettokapitalzuflüssen und Nettokapitalexporten auf. Salden der kurzfristigen Kapitalverkehrsbilanz waren daher im Zeitraum von 1967 bis 1971 von zentraler Bedeutung für die Devisenmarktgeschäfte der Zentralbank und für die Entwicklung der Bankenliquidität. Neben Salden der Bilanz des kurzfristigen Kapitalverkehrs haben in den letzten Jahren Salden des Restpostens der Zahlungsbilanz zunehmende Bedeutung für die Veränderungen der zentralen Währungsreserven und damit verbundene Schwankungen der Liquiditätsversorgung des Bankensystems erlangt.

Der Restposten der Zahlungsbilanz ist bedingt durch statistische Lücken und Ermittlungsfehler, spekulative Verschiebungen der Zahlungsmodalitäten und nichterfaßte Kreditgewährungen. Die im Restposten der Zahlungsbilanz ausgewiesenen Nettodevisenbewegungen sind, wären sie abgrenzbar, entweder der Bilanz der laufenden Posten oder der Kapitalverkehrsbilanz zuzuordnen.

Die Ungenauigkeiten der Erfassung sind bei den Deviseneinnahmen größer als bei der Ermittlung der Zahlungen an das Ausland[11]. Das gilt sowohl für den Kapitalverkehr als auch für bestimmte Bereiche des Leistungsverkehrs mit dem Ausland. Die Deutsche Bundesbank schätzt, daß im Jahresdurchschnitt Einnahmeüberschüsse aus Zinszahlungen für längerfristige Handelskredite an das Ausland in Höhe von 300 bis 500 Mio. DM erzielt wurden[12], die der Leistungsbilanz zuzurechnen sind, aber im Restposten ausgewiesen werden. Der Restposten enthält daher einmal mit dem Handelsvolumen zunehmende Nettodeviseneinnahmen, die, wenn sie abgrenzbar wären, in die Bilanz der laufenden Posten einbezogen werden müßten.

Von weitaus größerer Bedeutung sind allerdings jene Transaktionen, die dem Kapitalverkehr zuzurechnen sind. Dabei kann es sich um unerfaßte Finanzkredite oder um Handelskredite handeln. Durch die Begrenzung des Kreises der berichterstattenden Kreditinstitute und Wirtschaftsunternehmen ist anzunehmen, daß ein Teil der gewährten und aufgenommenen ausländischen Finanzkredite nicht ermittelt wird[13]. Indikator dafür ist, daß die Salden des Restpostens der Zahlungsbilanz sich in den letzten Jahren parallel zu den statistisch erfaßten Krediten entwickelten (vgl. Abb. 2). Die Bundesbank nimmt an, daß ein Teil der ausländischen Finanzkredite deshalb nicht erfaßt wird, weil es trotz wiederholter Hinweise eine Reihe von Unternehmen gibt, denen die Meldepflicht von Finanzkrediten an die Bundesbank unbekannt ist[14].

Neben nichterfaßten Finanzkrediten werden im Restposten der Zahlungsbilanz von Exporteuren gewährte oder von Importeuren in Anspruch genommene Handelskredite sowie geleistete oder empfangene Vorauszahlungen im Zusammenhang mit dem Warenhandel ausgewiesen. Der Umfang der Handelskredite und der Vorauszahlungen variiert mit Änderungen des Handelsvolumens, und er unterliegt vom Warenhandel unabhängigen saisonalen Einflüssen. Vor allem aber wird der Umfang der im Restposten der Zahlungsbilanz ausgewiesenen Handelskredite von spekulativen Entwicklungen an den Devisenmärkten beein-

[11] Vgl. Monatsberichte der Deutschen Bundesbank, Juni 1971, S. 43.

[12] Vgl. Monatsberichte der Deutschen Bundesbank, März 1971, S. 18.

[13] Im Jahre 1969 wurde das kurzfristige Auslandsgeschäft von 111 der insgesamt 9 536 Kreditinstitute durch die Bundesbank erfaßt. Vgl. Monatsberichte der Deutschen Bundesbank, Juni 1969, S. 38.

[14] Vgl. Monatsberichte der Deutschen Bundesbank, Juni 1971, S. 43.

flußt, die zu Änderungen der individuellen Zahlungsvereinbarungen im Zusammenhang mit dem internationalen Handel (terms of payment) führen.

Werden bei einer Spekulation auf eine Aufwertung der D-Mark deutsche Exporte in D-Mark fakturiert, so trägt der ausländische Geschäftspartner das Währungsrisiko. Er unterliegt dem Risiko, im Falle einer Aufwertung der D-Mark vor Fälligkeit der Zahlung einen Mehrbetrag in seiner Landeswährung für den in D-Mark festgelegten Warenpreis aufwenden zu müssen. Werden deutsche Warenexporte dagegen in einer ausländischen Währung fakturiert, so liegt das Währungsrisiko beim inländischen Exporteur. Im ersten Fall wird der ausländische Geschäftspartner bestrebt sein, gewährte Zahlungsziele zu verkürzen und Vorauszahlungen für künftige Warenlieferungen zu leisten, während im zweiten Fall der inländische Exporteur versuchen wird, erst in der Zukunft fällige Zahlungen vor der erwarteten Aufwertung der D-Mark zu erhalten. Diese Transaktionen führen zu im einzelnen nicht aufgliederbaren Devisenzuflüssen, die den Saldo des Restpostens der Zahlungsbilanz tendenziell aktivieren. Mit deutschen Warenimporten ist bei einer erwarteten Aufwertung der D-Mark dagegen für keinen der Geschäftspartner das Risiko von Mindererlösen oder von Mehraufwendungen verbunden, sondern es besteht die Chance der Realisierung eines Aufwertungsgewinns. Der deutsche Importeuer verringert dann seine Aufwendungen, wenn der Warenpreis in einer ausländischen Währung festgelegt wurde und die Zahlung nach einer Aufwertung der D-Mark stattfindet, während der ausländische Exporteur Mehrerlöse in seiner Währung erhält, wenn das Handelsgeschäft in D-Mark fakturiert wurde. Die Geschäftspartner werden daher bestrebt sein, Zahlungen für Warenlieferungen nach Deutschland hinauszuzögern und längere Zahlungsziele durchzusetzen. Dadurch entstehende Differenzen zwischen den Salden der Bilanz der laufenden Posten sowie der Kapitalverkehrsbilanz und der Devisenbilanz werden im Restposten der Zahlungsbilanz ausgewiesen.

Mit einer D-Mark-Aufwertungsspekulation ist daher bei deutschen Warenexporten die Tendenz einer Aktivierung des Restpostens der Zahlungsbilanz verbunden, und zwar unabhängig davon, ob in D-Mark oder in einer ausländischen Währung fakturiert wird. Umgekehrt besteht bei Warenimporten die Tendenz einer Passivierung des Restpostens. Da das Bestreben der Handelspartner auf Absicherung vor Aufwertungsverlusten intensiver sein wird als auf Realisierung von Aufwertungsgewinnen, werden die Aktivierungstendenzen die Passivierungstendenzen überwiegen, so daß der Restposten ungeklärte Nettodevisenzuflüsse aus nichterfaßten Handelskrediten ausweisen wird. Die

Vergangenheit zeigt, daß bei einer Erwartung auf eine Aufwertung der D-Mark der Aktivsaldo des Restpostens der Zahlungsbilanz besonders hoch war. Von Bedeutung ist dabei auch, daß in diesen spekulativen Phasen die Bilanz der laufenden Posten stets Aktivsalden aufwies (vgl. Abb. 2). Bei Exportüberschüssen im Leistungsverkehr mit dem Ausland aber überwiegen die Einflüsse auf die terms of payment, die den Saldo des Restpostens der Zahlungsbilanz aktivieren.

Die im Restposten der Zahlungsbilanz erfaßten Nettodevisenbewegungen setzen sich zusammen aus einem relativ konstanten Sockelbetrag, der, wäre er abgrenzbar, in die Bilanz der laufenden Posten einbezogen werden müßte, und Devisenbewegungen aus nichterfaßten Handels- und Finanzkrediten, die dem kurzfristigen Kapitalverkehr zuzurechnen sind. Der Sockelbetrag steigt mit der Ausweitung des Handelsvolumens an. Die starken Schwankungen der Salden des Restpostens der Zahlungsbilanz dagegen sind allein auf nichterfaßte Kredittransaktionen zurückzuführen. Diese hauptsächlich spekulativen Schwankungen sind stärker ausgeprägt als beim statistisch erfaßten Kapitalverkehr. Besteht die Erwartung auf eine Aufwertung der D-Mark, wie im zweiten und dritten Quartal 1969 und im ersten Quartal 1971, so weist der Restposten hohe Aktivsalden aus, und umgekehrt passiviert sich der Restposten nach einer Aufwertung der D-Mark, wie im vierten Quartal 1969 (vgl. Abb. 2). Es ist nicht möglich, aus dem Restposten der Zahlungsbilanz den der Bilanz der laufenden Posten zuzurechnenden Sockelbetrag herauszurechnen. Die relativ geringe Höhe des Sockelbetrages und die Parallelität der Entwicklung der Salden des statistisch erfaßten kurzfristigen Kapitalverkehrs und des Restpostens der Zahlungsbilanz rechtfertigen es aber, in Anlehnung an die Praxis der Deutschen Bundesbank[15], den Restposten als hinreichend indikativ für den statistisch nicht erfaßten kurzfristigen Kapitalverkehr zu betrachten. Die große Bedeutung des kurzfristigen Kapitalverkehrs für das Auslandsgeschäft der Zentralbank und für die Liquiditätsversorgung des Bankensystems in den letzten Jahren wird deshalb erst dann sichtbar, wenn die Salden der Bilanzen des kurzfristigen Kapitalverkehrs und des Restpostens der Zahlungsbilanz zusammengefaßt werden.

III. Der dominierende Einfluß des kurzfristigen Kapitalverkehrs auf die Entwicklung der Bankenliquidität

Kumuliert flossen von Anfang 1967 bis Ende 1971 über die Bilanz des kurzfristigen Kapitalverkehrs und über den Restposten der Zahlungs-

---

[15] Vgl. Monatsberichte der Deutschen Bundesbank, November 1969, S. 35.

bilanz kurzfristige Mittel in einem Gesamtbetrag von 42 Mrd. DM in die Bundesrepublik. Wird berücksichtigt, daß dem Bankensystem im gleichen Zeitraum durch Devisenankäufe der Zentralbank liquide Mittel in Höhe von 49 Mrd. DM zugeführt wurden, während der Liquiditätssaldo insgesamt sich nur um rund 11 Mrd. DM erhöhte, so zeigt sich darin die zentrale Bedeutung des kurzfristigen Kapitalverkehrs, einschließlich der im Restposten erfaßten Transaktionen, sowohl für das Auslandsgeschäft der Zentralbank als auch für die Liquiditätsversorgung des Bankensystems. Eine Gegenüberstellung der addierten Salden des Restpostens der Zahlungsbilanz und der Bilanz des kurzfristigen Kapitalverkehrs mit dem Marktfaktor Auslandsgeschäft und den Veränderungen des Liquiditätssaldos zeigt das deutlich (vgl. Abb. 3). Floß kurzfristiges Geld in die Bundesrepublik, so schwoll die Bankenliquidität stark an, und die Bankenliquidität schrumpfte, wenn ein Rückfluß kurzfristigen Kapitals in das Ausland einsetzte.

Kurzfristige internationale Kapitalbewegungen behinderten in den letzten Jahren in der Bundesrepublik eine den wirtschaftlichen Erfordernissen entsprechende, am Produktionspotential ausgerichtete, kontinuierliche Liquiditätsversorgung des Bankensystems. Zeitweilig waren internationale Kapitalbewegungen dominierend für die Entwicklung der Bankenliquidität, nicht dagegen kreditpolitische Maßnahmen der Bundesbank. Gelingt es der Bundesbank nicht, unerwünschte Liquiditätseffekte von Devisenbewegungen zu kompensieren, so verliert sie ihren Einfluß auf das Kreditschöpfungspotential des Geschäftsbankensystems und auf die Entwicklung an den monetären Märkten. Liquiditätseffekte internationaler Kapitalbewegungen treten bei flexiblen Wechselkursen nicht auf. Die Zentralbank ist dann nicht mehr verpflichtet, am Devisenmarkt zu intervenieren und dadurch Zentralbankgeld zu schaffen oder zu vernichten, auch wenn das der kreditpolitischen Zielsetzung zuwiderläuft. Dieser Weg der außenwirtschaftlichen Absicherung wurde im Mai 1971 in der Bundesrepublik beschritten. „Die Notwendigkeit der außenwirtschaftlichen Absicherung ergab sich vor allem daraus, daß das reichliche Dollarangebot auf den internationalen Finanzmärkten die Versuche, Geld und Kredit in der Bundesrepublik so knapp zu halten, wie es die Binnenkonjunktur und die fortschreitende Bedrohung des Geldwertes erforderten, immer mehr zur Erfolglosigkeit verurteilte[16].“ Flexible Wechselkurse beeinträchtigen den Leistungsverkehr mit dem Ausland. Fraglich ist, ob die Freigabe des Wechselkurses auch den zinsinduzierten Kapitalzufluß aus dem Ausland bremst, wenn nicht zugleich die Inlandszinsen aus außenwirtschaftlichen Gründen gesenkt werden. Ist der kurzfristige internationale Kapitalverkehr der domi-

---

[16] Monatsberichte der Deutschen Bundesbank, Mai 1971, S. 7.

Abb. 3 : Liquiditätssalden bei den Kreditinstituten, kurzfristiger internationaler Kapitalverkehr und Marktfaktor Auslandsgeschäft

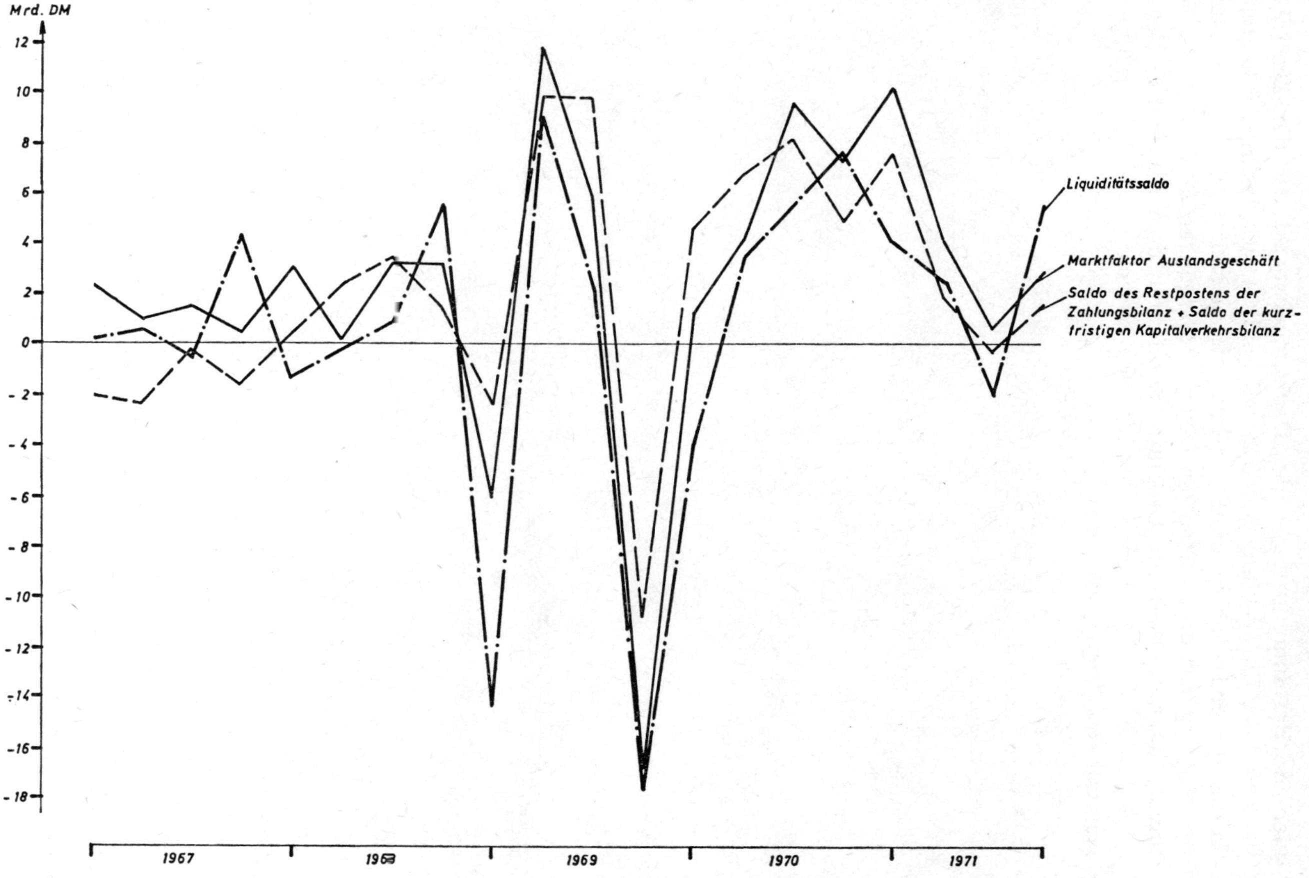

Quelle: Liquiditätssalden und Marktfaktor Auslandsgeschäft: Köhler, Cl., Geldstromanalyse für die Bundesrepublik, WSI-Mitteilungen; Zahlungsbilanzstatistik: Monatsberichte der Deutschen Bundesbank

nierende Bestimmungsfaktor der Devisenmarktgeschäfte der Zentralbank und der Entwicklung der Bankenliquidität, wie das in den letzten Jahren in der Bundesrepublik der Fall war, so sollten Maßnahmen zur Absicherung vor unerwünschten Devisenbewegungen allein den Kapitalverkehr, nicht aber den Leistungsverkehr mit dem Ausland treffen. Diese Maßnahmen müssen an den Motiven internationaler kurzfristiger Kapitalbewegungen ansetzen.

B. Motive kurzfristiger internationaler Kapitalbewegungen

I. Grundmotive

Es ist kaum möglich, grenzüberschreitenden kurzfristigen Kapitalbewegungen einem einzigen Motiv unterzuordnen. Vielmehr können bei jeder Verlagerung von Einlagen oder der Kreditaufnahme zwischen dem Inland und dem Ausland mehrere Motive von Bedeutung sein. Eine Einordnung der Kapitalbewegungen in eine Motivationsstruktur ist dennoch erforderlich. Daher ist „the most useful basis for classification ... that of proximate motivation"[1]. Das schließt nicht aus, daß neben dem Hauptmotiv noch andere Gründe von Bedeutung sind, die allein aber nicht ausreichen, um kurzfristige internationale Kapitalbewegungen in Gang zu setzen.

Als Ursachen privater kurzfristiger internationaler Kapitalbewegungen sind drei Motive maßgeblich: das Risikomotiv, das Zins- oder Ertragsmotiv und das Spekulationsmotiv[2]. Besteht in einem Land das Risiko eines völligen oder beträchtlichen Kapitalverlustes, etwa durch die geplante Einführung einer konfiskatorischen Vermögenssteuer, scharfer Devisenkontrollen oder einer Enteignung, so kann das eine Kapitalflucht auslösen[3]. Kurzfristige Kapitalbewegungen sind zins- oder ertragsmotiviert, wenn ein Zinsgefälle zwischen Inland und Ausland besteht und dieses Zinsgefälle zur Gewinnerzielung oder Kostenverringerung genutzt wird. Spekulativen kurzfristigen Kapitalbewegungen schließlich liegt als Hauptmotiv die erhoffte Gewinnrealisierung oder der Versuch einer Verlustvermeidung durch Übernahme spekulativer Risiken und Chancen zur Ausnutzung zeitlicher Kursunterschiede einzelner Währungen am Devisenmarkt zugrunde. Für den kurzfristigen Kapitalverkehr der Bundesrepublik sind allein zinsorientierte und spekulative Kapitalbewegungen von Bedeutung.

---

[1] Kindleberger, C. P., International Short-Term Capital Movements, Reprint, New York, 1965, S. 7.

[2] Vgl. Dudler, H.-J., Diskont- und Terminkurspolitik, Frankfurt, 1966, S. 10 ff.

[3] Vgl. Kindleberger, C. P., International Short-Term-Capital Movements, S. 155 ff.

II. Arbitragebedingte kurzfristige Kapitalbewegungen

1. Erscheinungsformen der Arbitrage

Unter Arbitrage wird „die durch das Gewinnstreben motivierte Ausnutzung interlokaler Preisdifferenzen zwischen gleichartigen Teilmärkten für ein Gut“[4] verstanden. Arbitrageure gehen bei ihren Geschäften von einer durch vorgegebene Daten zu einem Zeitpunkt berechenbaren Kalkulationsgrundlage aus, so daß Überraschungen ausgeschlossen sind.

Zu unterscheiden sind die Differenzenarbitrage und die Ausgleichsarbitrage auf der einen und die Devisenkursarbitrage und die Zinsarbitrage auf der anderen Seite[5]. Bei der Differenzenarbitrage werden auf räumlich getrennten Teilmärkten zwei Geschäfte abgeschlossen. Dabei wird eine Menge eines Gutes auf einem Teilmarkt gekauft und zum gleichen Zeitpunkt auf einem anderen Teilmarkt zu einen höheren Preis verkauft. Der Ausgleichsarbitrageur dagegen macht nur ein Geschäft. Er vergleicht die Preise für ein Gut auf allen räumlich getrennten Teilmärkten und kauft auf dem Teilmarkt mit dem niedrigsten Preis oder verkauft auf dem Teilmarkt mit dem höchsten Preis. Im Gegensatz zur Ausgleichsarbitrage, bei der ein ohnehin erforderliches Geschäft auf dem Teilmarkt mit dem günstigsten Preis durchgeführt wird, werden bei der Differenzenarbitrage zwei kompensierende Geschäfte nur wegen interlokaler Preisdifferenzen zu einem Zeitpunkt abgeschlossen.

Devisenkursarbitrage- und Zinsarbitragegeschäfte können in der Form der Differenzenarbitrage oder der Ausgleichsarbitrage durchgeführt werden. Devisenkursarbitragegeschäfte setzen ein, wenn Bewertungsdifferenzen einer Währung zwischen örtlich getrennten Teilmärkten des Devisenmarktes bestehen. Voraussetzung für eine gewinnbringende Differenzenarbitrage zwischen zwei Teilmärkten des Devisenmarktes sind so hohe Bewertungsdifferenzen, daß der Geldkurs einer Währung in einem Land höher ist als der Briefkurs in einem anderen Land. Bei der raschen Reaktionsfähigkeit des Devisenhandels durch die eingesetzten Kommunikationsmittel sind derartige Bewertungsdifferenzen kaum noch möglich. Die Differenzenarbitrage spielt im Devisenhandel daher keine Rolle, und auch die Ausgleichsarbitrage wird schnell zu einer Anpassung der Wechselkursrelationen führen, so daß umfangreiche und lang andauernde internationale Kapitalbewegungen damit nicht verbunden sind.

---

4 Neldner, M., Die Kursbildung auf dem Devisenterminmarkt und die Devisenterminpolitik der Zentralbanken, Beiträge zur Geldlehre, Hrsg. v. R. Schilcher, Berlin 1970, S. 13.

5 Vgl. Lipfert, H., Internationaler Devisen- und Geldhandel, 2. Aufl., Frankfurt 1967, S. 122.

Bei der internationalen Zinsarbitrage werden Differenzen zwischen kurzfristigen Zinssätzen im Inland und im Ausland zur Erzielung zusätzlicher Zinserträge oder zur Vermeidung von Zinsaufwendungen genutzt. Internationale Zinsarbitragegeschäfte sind von großer Bedeutung für den kurzfristigen internationalen Kapitalverkehr der Bundesrepublik Deutschland.

2. Zinsarbitrage

Zins- oder ertragsinduzierten kurzfristigen internationalen Kapitalbewegungen liegt als primäres Motiv das Ausnutzen von Zinsdifferenzen zwischen Inland und Ausland zugrunde. Risikoüberlegungen und Wechselkurserwartungen sind von untergeordneter Bedeutung. Nach klassischer Anschauung werden kurzfristige Kapitalexporte durchgeführt, wenn die Auslandszinsen höher sind als die Inlandszinsen, und es werden Geldimporte vorgenommen, wenn der Zins im Inland höher ist als im Ausland[6].

Entscheidendes Abgrenzungskriterium internationaler Zinsarbitragegeschäfte von anderen kurzfristigen internationalen Kapitaltransaktionen ist es, daß die Zinsarbitrage immer risikolos durchgeführt wird. Kosten bzw. Erträge des Geschäftes sind ex ante bestimmbar, Überraschungen daher ausgeschlossen. Bei Fremdwährungsgeschäften ist dazu eine Sicherung vor möglichen Wechselkursverlusten erforderlich. Zinsarbitrageure werden sich daher durch Eingehen eines kompensatorischen Geschäfts am Devisenterminmarkt absichern. Bildet ein inländischer Zinsarbitrageur eine Fremdwährungseinlage im Ausland (Gläubigerarbitrage), so wird die offene Position in der Fremdwährung durch einen Verkauf am Devisenterminmarkt geschlossen, und bei einer auf Fremdwährung lautenden Kreditaufnahme im Ausland (Schuldnerarbitrage) wird das Wechselkursrisiko durch einen Devisenkauf am Terminmarkt zum Zeitpunkt der Rückzahlung des aufgenommenen Fremdwährungskredits ausgeschaltet[7]. Internationale Zinsarbitragegeschäfte bestehen deshalb immer aus zwei getrennten aber gleichzeitig vorgenommenen Transaktionen: einer kurzfristigen internationalen Kapitaltransaktion und einem Swapgeschäft. Das Swapgeschäft besteht aus einem Kauf (Verkauf) von Devisen am Devisenkassamarkt und einem simultanen Verkauf (Kauf) des gleichen Betrages am Devisenterminmarkt zum Zeitpunkt der Fälligkeit der Fremdwährungseinlage oder des Fremdwährungskredits. „Covered interest arbitrage may thus be defined as an international transfer of spot funds for short-term invest-

[6] Vgl. Keynes, J. M., A Tract on Monetary Reform, London 1924, S. 138.

[7] Gläubigerposition (Plusposition, long-position) bei Gläubigerarbitrage (owner arbitrage) und Schuldnerposition (Minusposition, short-position) bei Schuldnerarbitrage (borrower arbitrage). Vgl. Kindleberger, C. P., International Economics, Homewood, Illinois, 1953, S. 40.

ment purposes covered by a simultaneous forward transaction of the same amount in the opposite direction[8]." Die Kurssicherungskosten des Zinsarbitragegeschäfts sind dann identisch mit dem Swapsatz, der Differenz zwischen dem Kassakurs und dem Terminkurs der Fremdwährung in der das Geschäft durchgeführt wird. Entscheidend dafür, ob internationale Zinsarbitragegeschäfte zustande kommen, ist das Bestehen einer Nettozinsdifferenz, also die swapsatzbereinigte Zinsdifferenz[9].

Internationale Zinsarbitragegeschäfte können von Banken und von Nichtbanken in Form der Differenzarbitrage oder der Ausgleichsarbitrage vorgenommen werden. Zinsdifferenzenarbitragegeschäfte sind nur dann möglich, wenn unter Berücksichtigung des Swapsatzes die Sollzinsen in einem Land niedriger sind als die Habenzinsen in einem anderen Land. Bei vollständiger Freizügigkeit des internationalen Kapitalverkehrs sind dafür hohe Liquiditätsdivergenzen zwischen den Bankensystemen des Inlands und des Auslands Voraussetzung[10]. In diesem Fall aber werden Zinsausgleichsarbitragegeschäfte dazu führen, daß das starke Liquiditätsgefälle gegenüber dem Ausland und die hohen Zinsdifferenzen verringert werden. Banken des Landes mit reichlicher Liquidität und niedrigen Zinssätzen werden einen Teil ihrer liquiden Mittel kurzfristig zu den höheren Zinssätzen bei Banken im Ausland anlegen, und ausländische Banken werden sich zu den niedrigeren Zinssätzen im Inland refinanzieren. Diese internationalen Geldmarktgeschäfte der Banken führen so zu einem partiellen Liquiditätsausgleich zwischen den Bankensystemen des Inlands und des Auslands[11] und zu einer Verringerung des Zinsgefälles. Zinsdifferenzenarbitragegeschäfte sind nahezu bedeutungslos, weil der Ausgleich bereits durch die Ausgleichsarbitrage erreicht wird.

[8] Tsiang, S. C., The Theory of Forward Exchange and Effects of Government Intervention on the Forward Exchange Market, in: IMF-Staff Papers, Vol. 7, No. 1, April 1959, S. 77.

[9] Genau genommen müßte der Terminus „Zinsarbitrage" daher durch den Ausdruck „Zins-Kurs-Arbitrage" ersetzt werden. Vgl. Braun, O., Zur Theorie des Devisenterminmarktes, in: Jahrbücher für Nationalökonomie und Statistik, Bd. 177, 1965, S. 29.

[10] Abgrenzungskriterium für die Zuordnung der Banken zum inländischen Bankensystem ist es, ob Banken in wirtschaftlicher Hinsicht zu den Inlandsbanken oder den Auslandsbanken zu rechnen sind. Niederlassungen ausländischer Kreditinstitute in der Bundesrepublik sind juristisch keine deutschen Banken, sondern unselbständige Zweigstellen von Banken anderer Staaten, wirtschaftlich jedoch werden sie wie inländische Banken behandelt. Sie unterliegen der deutschen Bankenaufsicht (vgl. § 53 des Gesetzes über das Kreditwesen vom 10. Juli 1961) und der Mindestreservepflicht (§ 1 Abs. 1 der Anweisung der Deutschen Bundesbank über Mindestreserven vom 11. November 1968 in der Fassung vom 22. Oktober 1970, in Geschäftsbericht der Deutschen Bundesbank für das Jahr 1970, S. 114).

[11] Vgl. Hein, M., Das internationale Geldmarktgeschäft westdeutscher Banken, Berlin 1966, S. 17 ff.

Auch Wirtschaftsunternehmen führen internationale Zinsausgleichsarbitragegeschäfte durch. Ist im Inland die Bankenliquidität relativ knapp, sind die Zinsen für kurzfristige Bankkredite mithin relativ hoch, während im Ausland die Bankenliquidität relativ reichlich und der vergleichbare Zinssatz niedriger ist, so werden Wirtschaftsunternehmen mit Zugang zu internationalen Finanzmärkten ihren kurzfristigen Kreditbedarf zum Teil im Ausland decken, wenn die Kurssicherungskosten geringer sind als die Bruttozinsdifferenz. Es kommt zu kurzfristigen Kapitalimporten und bei Berührung der Devisenbilanz zu einer Zunahme der zentralen Währungsreserven und der liquiden Mittel der Banken. Umgekehrt führen niedrigere Einlagezinsen im Inland als im Ausland dann zu einer Verlagerung von Einlagen von Nichtbanken zu ausländischen Banken, wenn der Swapsatz diese Zinsdifferenz nicht kompensiert. Es kommt zu kurzfristigen Kapitalexporten und zu einer Verringerung des Liquiditätssaldos des inländischen Bankensystems.

Wird eine internationale kurzfristige Kapitaltransaktion zur Nutzung von Zinsdifferenzen durchgeführt, ohne das Währungsrisiko durch Eingehen eines kompensatorischen Risikos auf dem Devisenterminmarkt auszuschalten, so spricht man von spekulativer Zinsarbitrage[12]. Auch hier ist Hauptmotiv des Geschäfts das Zinsgefälle gegenüber dem Ausland. Gleichzeitig aber hat der Arbitrageur eine feste Erwartung hinsichtlich der Wechselkursentwicklung der Fremdwährung, in der er das Zinsarbitragegeschäft durchführt, die ihn veranlaßt, eine offene Position zu halten. Das Halten offener Fremdwährungspositionen ist das charakteristische Merkmal zur Kennzeichnung spekulativer kurzfristiger internationaler Kapitalbewegungen.

III. Spekulative kurzfristige Kapitalbewegungen

„Spekulation im weiteren Sinne ... (ist jedes) ... wirtschaftliche Verhalten, das von der Erwartung einer Preisveränderung ausgelöst wird. Spekulation in diesem Sinne liegt also dann vor, wenn ein Wirtschaftssubjekt aufgrund der Erwartung einer Preisveränderung ein anderes wirtschaftliches Verhalten aufweist, als es bei der Erwartung unveränderter Preise aufweisen würde[13].“ Voraussetzung spekulativer kurzfristiger internationaler Kapitalbewegungen ist die Erwartung künftiger Wechselkursänderungen. Spekulanten versuchen, aus erwarteten Bewertungsdifferenzen einer Währung an ein- und demselben Devisenmarkt im Zeitablauf entweder Gewinne zu erzielen oder Verluste zu vermeiden. Diesen unterschiedlichen Zielsetzungen entspre-

---

[12] Vgl. Dudler, Diskont- und Terminkurspolitik, S. 16.

[13] Stucken, R., Spekulation, in: HdSW, Bd. 9, S. 690.

chend wird zwischen der professionellen und der kommerziellen Devisenspekulation unterschieden[14].

Als professionelle Devisenspekulation wird ein Kauf oder ein Verkauf von Devisen am Devisenmarkt bezeichnet, der nur deshalb vorgenommen wird, um aus einer erwarteten Wechselkursänderung einen Gewinn zu erzielen[15]. Im Gegensatz zu zinsinduzierten internationalen Kapitalbewegungen werden Spekulanten immer eine offene Position in der Währung halten, in der spekuliert wird. „In no case is the speculative movement of short-term capital covered by an opposite transaction in forward exchange, since the primary purpose of the transaction is to run an exchange risk, not to avoid one[16].“ Professionelle Devisenspekulation besteht daher im Abwängen der Chance, bei richtiger Einschätzung des künftigen Wechselkurses einer Währung einen Gewinn realisieren zu können, mit dem Risiko, bei falschem Antizipieren des künftigen Wechselkurses einen Verlust zu erleiden.

Es wird unterschieden zwischen der Spekulation am Devisenterminmarkt und Devisenkassamarkt. Als reine Spekulation wird der Kauf oder der Verkauf von Devisen am Terminmarkt ohne ein kompensierendes Devisenkassamarktgeschäft bezeichnet (outright-Geschäft)[17]. Spekulanten werden dann Termindevisen nachfragen, wenn der von ihnen erwartete künftige Kassakurs einer Währung über dem gegenwärtigen Terminkurs liegt, und sie werden umgekehrt Termindevisen verkaufen, wenn sie annehmen, daß der künftige Kassakurs unter dem gegenwärtigen Terminkurs liegt. Zahlungen, internationale Kapitalbewegungen, Änderungen des Devisenbilanzsaldos und des Umfangs der liquiden Mittel der Kreditinstitute sind mit einer Termindevisenspekulation zum Zeitpunkt der Transaktion nicht verbunden, sondern erst bei Fälligkeit der Terminkontrakte.

Bei der Devisenkassamarktspekulation ist der Einsatz eigener Mittel bereits zum Zeitpunkt der Transaktion erforderlich. Wird die Aufwertung einer Währung erwartet, dann bilden Ausländer spekulative Gläubigerpositionen in dieser Währung. Sie verkaufen am Devisenkassamarkt eigene Währung gegen die aufwertungsverdächtige Valuta, weil sie annehmen, beim Rücktausch einen Aufwertungsgewinn realisieren zu können. Bei festen Wechselkursen führen Stützungskäufe der Zentralbank am Devisenmarkt zu einem Ansteigen der zentralen Währungsreserven und zu einer Ausweitung der Bankenliquidität des Lan-

[14] Vgl. Dudler, H.-J., Diskont- und Terminkurspolitik, S. 13 ff.

[15] Vgl. Kindleberger, C. P., International Short-Term Capital Movements, S. 8.

[16] Ebenda, S. 9.

[17] Vgl. Spraos, J., Speculation, Arbitrage, and Sterling, in: The Economic Journal, Vol. 69, 1959, S. 6.

des, gegen das sich die Spekulation richtet. Tritt die erwartete Aufwertung ein oder wird die Spekulation erfolgreich dementiert, dann werden spekulative Gläubigerpositionen abgebaut. Die zentralen Währungsreserven verringern sich, und die Banken verlieren liquide Mittel. Im Unterschied zur internationalen Zinsarbitrage ist Geschäftsgrundlage der Kassamarktspekulation nicht ein Zinsgefälle gegenüber dem Ausland, sondern die Erwartung einer Änderung der Wechselkurse. Zinsdifferenzen können aber einen zusätzlichen Anreiz oder aber eine Barriere für die Kassamarktspekulation bilden. Sind die kurzfristigen Zinssätze in einem Land mit einer aufwertungsverdächtigen Währung höher als im Ausland, so bildet diese Zinsdifferenz einen zusätzlichen Anreiz zur Bildung spekulativer Einlagen. Sind die Zinssätze dagegen niedriger als im Ausland, so werden Spekulanten nur dann Einlagen in diesem Land bilden, wenn der von ihnen antizipierte Aufwertungssatz höher ist als diese Zinsdifferenz.

Voraussetzung spekulativer Kapitalbewegungen ist die Möglichkeit von Änderungen der Wechselkurse. Diese Voraussetzung ist auch im System fester Wechselkurse gegeben. Die Wechselkurse am Kassamarkt können innerhalb einer Bandbreite um die festgelegte Parität schwanken, und die Währungsparitäten können bei Vorliegen eines fundamentalen Zahlungsbilanzungleichgewichts geändert werden. Je nachdem, ob die Spekulation eine Wechselkursänderung innerhalb der Bandbreite oder eine Paritätsänderung erwartet, wird zwischen Tendenzgeschäften und spekulativen Kapitalbewegungen i. e. S. unterschieden[18]. Tendenzgeschäfte sind kurzfristige internationale Kapitalbewegungen, die durch Kursänderungserwartungen innerhalb der Bandbreite ausgelöst werden, während spekulative Kapitalbewegungen erst bei einer Paritätsänderungserwartung einsetzen.

Träger der professionellen Währungsspekulation sind die am Devisenhandel teilnehmenden Banken[19]. Sie verfügen über die erforderliche Marktübersicht, über umfangreiche liquide Mittel, über die notwendigen Geschäftsverbindungen und über den erforderlichen Apparat zur raschen Durchführung spekulativer Kapitalbewegungen.

Träger der kommerziellen Spekulation dagegen sind hauptsächlich Wirtschaftsunternehmen. Als kommerzielle Spekulation werden die „von Wechselkurserwartungen determinierte(n) finanzielle(n) Dispositionen der Ex- und Importeure oder Auslandsinvestoren“ bezeichnet[20]. Im Gegensatz zur professionellen Spekulation, die Wechselkursänderungserwartungen gewinnbringend auszunutzen sucht, sind kommer-

---

18 Vgl. Lipfert, H., Internationaler Devisen- und Geldhandel, S. 188.

19 Vgl. Tsiang, S. C., The Theory of Forward Exchange, S. 78.

20 Dudler, H.-J., Diskont- und Terminkurspolitik, S. 14.

zielle Spekulanten bestrebt, sich gegen Verlustgefahren abzusichern. Zur kommerziellen Spekulation werden durch Risikoabwehr in Form des hedging[21] und durch Änderungen der Zahlungsmodalitäten im Außenhandel (terms of payment) ausgelöste kurzfristige internationale Kapitalbewegungen als Folge von Wechselkursänderungserwartungen gerechnet[22].

Hedging-Geschäfte werden von Besitzern fester Auslandsanlagen (Auslandsinvestoren) und erst in der Zukunft fälliger Auslandsforderungen (Exporteure und Importeure) durchgeführt[23]. Besteht für eine Fremdwährung, in der Inländer eine Anlage oder Forderung besitzen, die Gefahr einer Abwertung (oder für die Inlandswährung die Gefahr einer Aufwertung), so sind sie dem Risiko ausgesetzt, einen Wertverlust in Höhe des Abwertungssatzes hinnehmen zu müssen. Hedger werden deshalb bestrebt sein, eine offene Gläubigerposition in der abwertungsgefährdeten Währung durch eine gleichhohe Verschuldung in dieser Währung zu schließen. Dadurch wird das Währungsrisiko ausgeschaltet, denn im Falle der Abwertung der Auslandswährung oder der Aufwertung der Inlandswährung realisieren Hedger beim Kauf der zur Rückzahlung des Fremdwährungskredits erforderlichen Devisen am Devisenkassamarkt einen Währungsgewinn, der den Wertverlust ihrer Auslandsanlage oder Auslandsforderung ausgleicht. Durch die Aufnahme von Fremdwährungskrediten der Hedger steigt der kurzfristige Kapitalimport, und durch den Verkauf des Fremdwährungsbetrages gegen Inlandswährung am Devisenkassamarkt gerät die abwertungsverdächtige Währung weiter unter Druck. Die zentralen Währungsreserven steigen an, die Bankenliquidität nimmt zu. Professionelle und kommerzielle spekulative Kapitalbewegungen verstärken sich dann gegenseitig. Hedging-Geschäfte zur Absicherung vor möglichen Abwertungsverlusten sind nur dann erforderlich, wenn eine Wechselkursänderungserwartung vorhanden ist.

Zu den Transaktionen der kommerziellen Spekulation zählen neben den hedging-Geschäften alle von den Nichtbanken durchgeführten spekulativen temporären Verschiebungen im Außenhandelszahlungs- und -kreditverkehr (leads und lags). Gerät eine Fremdwährung an den Devisenmärkten unter spekulativen Abwertungsdruck, so werden inländische Schuldner in dieser Währung bestrebt sein, Zahlungen hinauszuschieben (lags), um einen Währungsgewinn realisieren zu können. Umgekehrt werden ausländische Schuldner in der aufwertungsverdächtigen

---

[21] Von to hedge = einzäumen, umgeben.

[22] Vgl. Dudler, H.-J., Kurzfristige internationale Kapitalbewegungen, Frankfurt 1966, S. 134.

[23] Vgl. Einzig, P., A Dynamic Theory of Forward Exchange, London 1961, S. 82.

Inlandswährung ihre erst zu einem späteren Zeitpunkt fälligen Zahlungen vorzuverlegen versuchen (leads), um einen Aufwertungsverlust zu vermeiden. Diese Dispositionen führen zu erneuten Devisenzuflüssen und zu einem verstärkten Abgabedruck auf den Wechselkurs der abwertungsgefährdeten Währung.

Kurzfristige internationale Kapitalbewegungen, die von Banken und von großen Wirtschaftsunternehmen zur Nutzung internationaler Zinsdifferenzen oder zur Absicherung vor Währungsrisiken in Form von Hedging-Geschäften durchgeführt werden, sind in der Zahlungsbilanzstatistik als kurzfristiger Kapitalverkehr relativ genau zu erfassen, ebenso wie spekulative Geldzuflüsse zu den Banken. Ungenau erfaßbar sind dagegen die Aufnahme kurzfristiger Finanzkredite mittelständischer Unternehmen im Ausland und Veränderungen der terms of payment. Die damit verbundenen kurzfristigen internationalen Kapitalbewegungen und die Veränderungen des Devisenbilanzsaldos ergeben sich als Differenz der erfaßten Positionen und Devisenbestandsveränderungen. Sie werden im Restposten der Zahlungsbilanz ausgewiesen. Die mit Paritätsänderungsspekulationen einhergehenden starken Schwankungen der Salden des Restpostens der Zahlungsbilanz in den letzten Jahren zeigen, daß die mit der kommerziellen Spekulation verbundenen, aber von der Statistik im einzelnen nicht erfaßten, internationalen Kapitalbewegungen umfangreicher waren als jene Kapitalbewegungen, die zum Zwecke der internationalen Zinsarbitrage oder der professionellen Währungsspekulation durchgeführt wurden. Transaktionen der kommerziellen Spekulation sind aber erst dann erforderlich, wenn eine Paritätsänderungserwartung besteht, gegen deren Risiken sich am Außenhandel teilnehmende Wirtschaftsunternehmen absichern. Eine Paritätsänderungserwartung kann durch Zinsarbitragetransaktionen und durch die professionelle Spekulation auch dann erzeugt werden, wenn eine Paritätsänderung aus einem fundamentalen Zahlungsbilanzungleichgewicht heraus nicht erforderlich ist.

IV. Zusammenwirken von Zinsarbitrage und Spekulation

Wird in einem System fester Wechselkurse in einem Land (Inland) aus konjunkturellen Gründen durch kreditpolitische Maßnahmen das Zinsniveau über das des Auslands angehoben, so werden internationale Zinsarbitragegeschäfte einsetzen, sofern keine administrativen Hemmnisse des internationalen Kapitalverkehrs bestehen. Ausländische Banken werden Einlagen bei Banken des Hochzinslandes bilden, inländische Banken werden Geldmarktkredite im Ausland aufnehmen, und inländische Wirtschaftsunternehmen werden einen Teil ihres Kreditbedarfs im Ausland decken.

Mit diesen Zinsarbitragegeschäften sind drei Effekte verbunden: ein Liquiditäts- und Zinseffekt, ein Wechselkurseffekt und ein Reserveeffekt. Durch die Geldimporte der Banken und der Wirtschaftsunternehmen wird das Zins- und Liquiditätsgefälle gegenüber dem Ausland verringert; die restriktive Kreditpolitik wird durch Auslandsgeldzuflüsse unterlaufen. Durch die Konvertierung von im Ausland aufgenommenen Fremdwährungskrediten gegen Inlandswährung sinken die Wechselkurse dieser Währungen am Kassamarkt, und die Zentralbank muß bei bestehender Interventionspflicht am Devisenmarkt bei Erreichen des unteren Interventionspunktes die ihr angedienten Devisen aufnehmen und damit entgegen ihren kreditpolitischen Absichten Zentralbankgeld schöpfen. Zugleich steigen die zentralen Währungsreserven an. Dabei ist es unerheblich, ob die im Ausland aufgenommenen Kredite auf eine Fremdwährung oder auf Inlandswährung lauten. Bei Fremdwährungskrediten bietet der inländische Kreditnehmer die ausländische Valuta zum Kauf an, während bei einer Kreditaufnahme in Inlandswährung der ausländische Geldgeber vor der Auszahlung des Kredits die Devisen in Inlandswährung umwandeln muß, verfügt er nicht über auf Inlandswährung lautende Depositen. In beiden Fällen entstehen Devisenzuflüsse, die die Zentralbank im System fester Wechselkurse bei Erreichen des unteren Interventionspunktes zu übernehmen hat. Versucht die Zentralbank, sich durch Abschöpfen des Liquiditätszuwachses und durch Erhöhung der Bankraten dem Druck auf die Inlandszinsen zu widersetzen, so erzeugt sie dadurch weitere arbitragebedingte Devisenzuflüsse, sie verstärkt den Abgabedruck am Devisenmarkt, und sie trägt dazu bei, daß sich die zentralen Währungsreserven weiter erhöhen.

Das aber kann dazu führen, daß neben den drei Effekten arbitragebedingter Kapitalzuflüsse ein vierter Effekt wirksam wird, der zu spekulativen Devisenzuflüssen führt: der Vertrauenseffekt. Wachsen die zentralen Währungsreserven als Folge zinsinduzierter Geldzuflüsse stark an, sinken die Wechselkurse wichtiger Valuten an den Devisenmärkten des Hochzinslandes bis zum unteren Interventionspunkt, und versucht die Zentralbank, den Zins- und Liquiditätseffekt der Auslandsgeldzuflüsse durch restriktive kreditpolitische Maßnahmen zu kompensieren, so können die Spekulanten zu der Erwartung gelangen, daß die Währung des Hochzinslandes aufgewertet wird. „Sind die Kassakurse lediglich innerhalb gewisser Schwankungsgrenzen flexibel, dann werden die Kurserwartungen der Spekulanten primär durch die Höhe der offiziellen Währungsreserven bestimmt. Denn die Wirtschaftssubjekte werten die Gold- und Devisenbestände der Zentralbank allgemein als Maßstab dafür, ob eine gegebene Parität aufrechterhalten werden kann[24].“

Erwarten professionelle Spekulanten eine Aufwertung, so werden sie am Terminmarkt und am Kassamarkt des aufwertungsverdächtigen Landes Devisen anbieten. Mit der Kassamarktspekulation steigen die zentralen Währungsreserven, und die Bankenliquidität nimmt zu. Sinkt durch die Terminmarktspekulation der Terminkurs unter den unteren Interventionspunkt am Kassamarkt, so erzielen Zinsarbitrageure bei Geldimporten neben der Zinsdifferenz einen zusätzlichen Kurssicherungsertrag. Dabei ist für Zinsarbitrageure das Niveau der Kursentwicklung an den Devisenmärkten unbedeutend. Entscheidend ist allein die Differenz zwischen dem Kassakurs und dem Terminkurs. Verstärkte zinsinduzierte Geldimporte führen dann zu einem weiteren Ansteigen der zentralen Währungsreserven und zu einer Verfestigung der Paritätsänderungserwartung der professionellen Spekulanten, die zu weiteren spekulativen Geldzuflüssen führt. Bei einer akuten Paritätsänderungserwartung werden hedging-Transaktionen und Änderungen der terms of payment der kommerziellen Spekulation zu weiteren Auslandsgeldzuflüssen führen. Zinsarbitragegeschäfte und die Transaktionen der professionellen und der kommerziellen Spekulation verstärken sich dann gegenseitig, so daß sich die Währungsbehörden gezwungen sehen können, den Wechselkurs freizugeben oder eine Währungsaufwertung vorzunehmen.

In gleicher Weise kann die internationale Zinsarbitrage im Zusammenwirken mit der professionellen und der kommerziellen Spekulation im System fester Wechselkurse eine Währungsabwertung auslösen, ohne daß ein fundamentales Zahlungsbilanzungleichgewicht im Sinne dauerhafter und umfangreicher Defizite in der Leistungsbilanz besteht. Werden im Inland die Zinssätze durch kreditpolitische Eingriffe zum Zwecke der konjunkturellen Anregung unter das Auslandszinsniveau gesenkt, so können zinsinduzierte Geldexporte zu einer Verringerung der Bankenliquidität, zu einem Kursanstieg am Devisenmarkt und zu einer Verringerung der zentralen Währungsreserven führen. Wird dadurch das Vertrauen in die Aufrechterhaltung der Währungsparität erschüttert, so kann es zu einer spekulativen Flucht aus dieser Währung und zu einer weiteren starken Verringerung der zentralen Währungsreserven kommen. Um eine drohende Zahlungsunfähigkeit gegenüber dem Ausland zu vermeiden, kann dann eine Währungsabwertung erforderlich werden, ohne damit die Ursache der Devisenreservenverluste, zinsinduzierte Kapitalexporte, zu beseitigen.

Eine Ursache für die Aufwertungsspekulation gegen die D-Mark ab März 1971 ist in den umfangreichen zinsinduzierten Auslandsgeldzuflüssen seit Beginn des Jahres 1970 zu sehen. Da im Frühjahr 1970 in

---

[24] Neldner, M., Die Kursbildung auf dem Devisenterminmarkt, S. 71.

den USA die Politik des billigen Geldes forciert wurde, während die Bundesbank ihren restriktiven kreditpolitischen Kurs beibehielt, bildete sich ein spürbares Zinsgefälle zwischen der Bundesrepublik und dem Ausland heraus[25], das zu zinsinduzierten Geldimporten führte. „Im Verlauf des Jahres 1970 haben dann die deutschen Unternehmen der anhaltenden Liquiditätsverknappung und dem Zinsanstieg im Inland mehr denn je dadurch auszuweichen versucht, daß sie verstärkt ausländische Finanzierungsquellen in Anspruch nahmen[26].“ Die Auslandsverbindlichkeiten der deutschen Unternehmenswirtschaft aus kurzfristigen Finanzkrediten stiegen dadurch im Jahre 1970 um 7 Mrd. DM auf 12 1/2 Mrd. DM an. Der Anstieg der zentralen Währungsreserven im Jahre 1970 um 22,65 Mrd. DM ist hauptsächlich auf zinsinduzierte Auslandsgeldzuflüsse zurückzuführen. Die Salden des Restpostens der Zahlungsbilanz und der kurzfristigen Kapitalverkehrsbilanz weisen für das Jahr 1970 zusammen einen Überschuß von 22,91 Mrd. DM aus. In den ersten vier Monaten des Jahres 1971 erhöhte sich die statistisch erfaßte kurzfristige Auslandsverschuldung der Wirtschaftsunternehmen nochmals um 7 Mrd. DM auf 19 1/2 Mrd. DM. Das starke Anwachsen der zentralen Währungsreserven als Folge zinsinduzierter Auslandsgeldzuflüsse blieb nicht ohne Auswirkungen auf die Währungsspekulation. Die Deutsche Bundesbank führt dazu aus: „Bis etwa zum März 1971 waren die Geldzuflüsse in die Bundesrepublik überwiegend durch das Zins- und Liquiditätsgefälle zwischen der Bundesrepublik einerseits, den Vereinigten Staaten und dem Eurodollarmarkt andererseits, bestimmt ... In der Bundesrepublik ... wurden ab März 1971 die zinsinduzierten Zuflüsse immer stärker von spekulativen Devisenbewegungen überlagert[27]“. Die Aufwertungsspekulation wiederum kann Folge des starken Anwachsens der zentralen Währungsreserven als Ergebnis des von der Bundesbank mitverursachten Zinsgefälles gegenüber dem Ausland gewesen sein, das zu Zinsarbitragegeschäften führte. Letzten Endes war diese Spekulation auf eine DM-Aufwertung und die folgende Freigabe des Wechselkurses der D-Mark also auch auf die restriktive Kreditpolitik der Deutschen Bundesbank ohne gleichzeitige wirksame Absicherung vor zinsinduzierten Auslandsgeldzuflüssen zurückzuführen. „Die starken Reservezugänge aufgrund der hohen kurzfristigen Geldimporte durch die Wirtschaftsunternehmen haben wesentlich zu der Entscheidung beigetragen, den Wechselkurs der D-Mark mit Wirkung vom 10. Mai 1971 freizugeben[28].“

---

[25] Vgl. Bank für Internationalen Zahlungsausgleich, 41. Jahresbericht, Basel 1971, S. 12 ff.

[26] Monatsberichte der Deutschen Bundesbank, November 1971, S. 23.

[27] Geschäftsbericht der Deutschen Bundesbank für das Jahr 1971, S. 32.

[28] Monatsberichte der Deutschen Bundesbank, November 1971, S. 24.

Die Erfahrung des Jahres 1971 macht deutlich, daß bei gleichgewichtiger Leistungsbilanz Paritätsänderungsspekulationen durch internationale Zinsarbitragegeschäfte mit den begleitenden Liquiditäts- und Zinseffekten, dem Wechselkurseffekt und dem Reserveneffekt ausgelöst werden können. Der internationalen Zinsarbitrage ist dann besondere Aufmerksamkeit zu widmen.

C. Die Erklärung der internationalen Zinsarbitrage in der Zinsparitätentheorie

I. Zinsparitätentheorie im System flexibler Wechselkurse

1. Darstellung

Gegenstand der Zinsparitätentheorie sind die Interdependenzen zwischen Devisenmarktgeschäften und kurzfristigen internationalen Kapitalbewegungen. Die Zinsparitätentheorie formuliert ein Gleichgewichtsmodell für die Zusammenhänge zwischen kurzfristigen inländischen und ausländischen Zinssätzen und der Kursbildung an den Devisenkassa- und -terminmärkten[1]. Im Mittelpunkt der Zinsparitätentheorie stehen die internationalen Geldmarktgeschäfte der Banken. Voraussetzung für die unbehinderte Durchführung internationaler Geldmarktgeschäfte ist ein Weltwährungssystem mit konvertiblen Währungen ohne administrative Beschränkungen des internationalen Kapitalverkehrs. Ein Kreditinstitut kann dann einen vorübergehenden Liquiditätsbedarf durch Refinanzierung bei der Zentralbank durch Verkauf liquider Aktiva oder durch Aufnahme eines Geldmarktkredits im Inland oder bei einer Bank im Ausland decken. Ausschlaggebend für die Wahl der Refinanzierungsart sind Zinsüberlegungen. Sind die ausländischen Geldmarktsätze niedriger als die alternativen Refinanzierungskosten im Inland, so werden sich die Banken vorwiegend an ausländischen Finanzplätzen refinanzieren. Dabei können sie Geldmarktkredite entweder in heimischer Währung oder aber in einer Fremdwährung aufnehmen. Bei einer Inanspruchnahme von Fremdwährungskrediten erwerben die Kreditinstitute das für Zahlungen im Inland erforderliche Zentralbankgeld erst dann, wenn sie den aufgenommenen Fremdwährungsbetrag am Devisenmarkt oder an die Zentralbank verkaufen. Ein internationales Geldmarktgeschäft liegt dann vor, wenn für eine der im Inland oder im Ausland beteiligten Banken das Geschäft auf eine Fremdwährung lautet[2].

---

1 Die erste Formulierung der Zinsparitätentheorie geht zurück auf Keynes, J. M., A Tract on Monetary Reform, S. 122 ff.; der Ausdruck „Zinsparität" wurde geprägt von Einzig, P., Some Theoretical Aspects of Forward Exchanges, in: The Economic Journal, Vol. XLVI, 1936, S. 462 ff. Erste Ansätze zur Formulierung der Zinsparitätentheorie finden sich bereits bei Deutsch, H., Transactions in Foreign Exchanges, London 1914.

2 Vgl. Brehmer, E., Struktur und Funktionsweise des Geldmarktes der Bundesrepublik Deutschland seit 1948, 2. Auflage, Tübingen 1964, S. 39 ff.

Berücksichtigt werden muß, daß mit internationalen Geldmarktgeschäften Devisenmarktgeschäfte verbunden sind. Internationale Zinsarbitragegeschäfte werden, so wird in der Zinsparitätentheorie angenommen, immer kursgesichert durchgeführt[3]. Nimmt eine inländische Bank im Ausland einen Fremdwährungskredit in Anspruch, so wird sie die erworbenen Devisen am Devisenkassamarkt gegen Inlandswährung verkaufen und den gleichen Betrag per Termin der Kreditrückzahlung am Devisenterminmarkt zurückkaufen. Diese einander kompensierenden Transaktionen am Devisenkassa- und -terminmarkt (Swapgeschäft) schalten das Wechselkursrisiko des internationalen Geldmarktgeschäfts aus. Das internationale Zinsausgleichsarbitragegeschäft als Kombination eines internationalen Geldmarktgeschäfts mit einem kurssichernden Swapgeschäft bildet eine Einheit. Zur Darstellung der Zinsparitätentheorie ist es aber sinnvoll, die beiden Geschäfte gedanklich zu trennen.

Steigen die Geldmarktsätze im Inland über die des Auslands, so werden Banken Geldmarktkredite bei ausländischen Banken aufnehmen. Wird der Geldmarktkredit in einer Auslandswährung aufgenommen, so wird die kreditnehmende Bank die aufgenommenen Devisen am Devisenkassamarkt gegen Inlandswährung verkaufen. Der Kassakurs sinkt. Zugleich wird der Devisenbetrag am Terminmarkt zur Kurssicherung zurückgekauft, und der Terminkurs dieser Valuta steigt. Die gegenläufige Bewegung des Kassakurses und des Terminkurses führt dazu, daß die ausländische Währung am Devisenterminmarkt zu einem höheren Wechselkurs gehandelt wird als am Kassamarkt: Die Devise wird mit einem Report bewertet. Nehmen Inländer im Ausland einen Kredit in eigener Währung auf, so sind damit ebenfalls Devisenhandelsgeschäfte verbunden. Der einzige Unterschied zu einer Fremdwährungskreditaufnahme besteht darin, daß die kreditgewährende ausländische Bank das kurssichernde Swapgeschäft vornimmt. Je höher der Report ist, um so höher sind die Kurssicherungskosten des internationalen Geldmarktgeschäfts, um so geringer ist aber das Nettozinsgefälle gegenüber dem Ausland[4]. Internationale Zinsarbitragegeschäfte kommen dann zum Stillstand, wenn das Zinsgefälle gegenüber dem Ausland durch den Swapsatz ausgeglichen wird. Sind die Inlandszinsen höher als die Auslandszinsen, so wird diese Zinsdifferenz im Gleichgewicht durch einen gleichhohen positiven Swapsatz, einen Report, ausgeglichen, und der Anreiz für Geldimporte verschwindet. Umgekehrt wird eine Differenz zwischen niedrigeren Inlandszinsen und höheren

---

[3] Vgl. z. B. Braun, O., Zur Theorie des Devisenterminmarktes. Wie zu zeigen sein wird, sind unter bestimmten Voraussetzungen Zinsarbitragegeschäfte auch ohne Kurssicherung möglich.

[4] Das Nettozinsgefälle ergibt sich als Zinsdifferenz gegenüber dem Ausland abzüglich Swapsatz.

Auslandszinsen im Gleichgewicht durch einen negativen Swapsatz, einen Deport, aufgehoben. Nach der Zinsparitätentheorie werden internationale Zinsdifferenzen also immer durch eine Anpassung der Swapsätze durch die kurssichernden Swapgeschäfte der Zinsarbitrageure kompensiert.

Formal läßt sich die Zinsparitätentheorie wie folgt darstellen. Dabei wird von den üblicherweise unterstellten folgenden Annahmen ausgegangen[5]:

1. Die Wechselkurse sind am Devisenkassamarkt und am Devisenterminmarkt vollständig flexibel.
2. Die Währungen sind frei konvertierbar.
3. Es bestehen keine Hemmnisse für den internationalen Kapitalverkehr.
4. Anbieter und Nachfrager von Devisen sind allein Zinsarbitrageure.
5. Zinsarbitragegeschäfte werden allein von den am Devisenhandel teilnehmenden Banken durchgeführt.
6. Zinsarbitragenebenkosten (Spesen) werden vernachlässigt.
7. Zinsarbitragegeschäfte werden nur in Form von Geldmarktkrediten mit einer Laufzeit von drei Monaten durchgeführt. Die für die internationale Zinsarbitrage relevanten Zinssätze sind daher allein die Dreimonats-Geldmarktsätze im Inland und im Ausland.
8. Devisentermingeschäfte werden nur per drei Monate abgeschlossen.

In einem Zwei-Länder-Fall, z. B. Deutschland und Großbritannien, sind damit die für die internationale Zinsarbitrage relevanten Variablen der Kassakurs und der Terminkurs des Pfund Sterlings am deutschen Devisenmarkt und die Dreimonats-Geldmarktsätze in Frankfurt und London.

Es bedeuten:

K = Kassakurs Pfund Sterling gegen DM (in DM für 1 Pfund Sterling)
T = Terminkurs Pfund Sterling gegen DM per drei Monate (in DM für 1 Pfund Sterling)
z_i = Dreimonats-Geldmarktsatz in Frankfurt in Prozent per drei Monate
z_a = Dreimonats-Geldmarktsatz in London in Prozent per drei Monate
s = Swapsatz als Prozentsatz per drei Monate, dabei ist

$$s = \frac{T - K}{K}$$

5 Vgl. Neldner, M., Die Kursbildung auf dem Devisenterminmarkt, S. 17. Zur formalen Ableitung des Zinsarbitragegleichgewichts vgl. ebenda, S. 17 ff. und Braun, O., Zur Theorie des Devisenterminmarktes, S. 19.

Eine Nettozinsdifferenz zugunsten einer Anlage liquider Mittel in London oder zugunsten einer Kreditaufnahme englischer Banken am deutschen Geldmarkt besteht, wenn gilt:

$$z_a + s > z_i$$

Es kommt zu zinsinduzierten kurzfristigen Kapitalexporten aus Deutschland. Umgekehrt besteht ein Anreiz zu Geldimporten, wenn gilt:

$$z_a + s < z_i$$

Der Anreiz für internationale Zinsarbitragegeschäfte wird aufgehoben, wenn der Swapsatz durch die Kurssicherung der Zinsarbitrageure die Zinsparität erreicht. Im Zinsarbitragegleichgewicht gleicht der Swapsatz das internationale Zinsgefälle aus

(1) $$s = z_i - z_a$$

(1a) $$z_a + s = z_i$$

Gleichung (1) und Gleichung (1 a) geben das Zinsarbitragegleichgewicht unter der Voraussetzung an, daß die Zinserträge und die Zinsaufwendungen nicht kursgesichert werden[6]. Bei Kurssicherung der Zinserträge und der Zinsaufwendungen ändert sich Gleichung (1) in

(2) $$s = \frac{z_i - z_a}{1 + z_a}$$ [7]

und Gleichung (1a) in

(2a) $$z_a + s\,(1 + z_a) = z_i$$

[6] Auf diese Vereinfachung verwies als erster Spraos, J., The Theory of Forward Exchange and Recent Practice, in: The Manchester School of Economic and Social Studies, Vol 21, 1953, S. 87 ff.

[7] Eine DM in Frankfurt zum Zinssatz z_i angelegt, ergibt bei Fälligkeit den Betrag $1 + z_i$. Den gleichen Anfangsbetrag am Kassenmarkt gegen Pfund Sterling konvertiert und in London zum Zinssatz z_a angelegt, ergibt bei Fälligkeit den Betrag $\frac{1}{K}(1 + z_a)$. Wird dieser Betrag durch Verkauf am Terminmarkt kursgesichert, so beläuft er sich, ausgedrückt in DM, auf $\frac{T}{K}(1 + z_a)$. Im Zinsarbitragegleichgewicht gilt: $\frac{T}{K}(1 + z_a) = (1 + z_i)$, bzw. $\frac{T}{K} = \frac{(1 + z_i)}{(1 + z_a)}$. Beide Seiten der Gleichung mit -1 erweitert, ergibt $\frac{T}{K} - \frac{K}{K} = \frac{(1 + z_i)}{(1 + z_a)} - \frac{(1 + z_a)}{(1 + z_a)}$ oder $s = \frac{z_i - z_a}{1 + z_a}$.

Der Ausdruck $\frac{z_i - z_a}{1 + z_a}$ in Gleichung (2) gibt dabei die Zinsparität an, also die Zinsdiffernz, die durch die Kursbildung am Devisenkassa- und -terminmarkt kompensiert werden muß, um den Anreiz für Zinsarbitragegeschäfte aufzuheben. Liegt der Swapsatz über der Zinsparität, so werden Geldexporte induziert[8]. Umgekehrt werden Geldimporte rentabel, wenn der Swapsatz unter der Zinsparität liegt. Nach Aussage der Zinsparitätentheorie werden die Devisenmarktgeschäfte der Zinsarbitrageure immer zu einer Anpassung des Swapsatzes an die Zinsparität führen, so daß zinsinduzierte kurzfristige internationale Kapitalbewegungen zum Stillstand kommen.

2. Kritik

Die Zinsparitätentheorie in dieser vereinfachten Form reicht nicht aus, um zugleich die Kursbildung an den Devisenmärkten und Richtung und Umfang zinsinduzierter kurzfristiger Kapitalbewegungen in der Realität erklären zu können. So sind häufig lang andauernde Abweichungen von Zinsdifferenzen zwischen bedeutenden internationalen Finanzplätzen von den Swapsätzen zu beobachten.

Keynes erklärte diese Abweichungen mit einer Indifferenzmarge. Danach werden Zinsarbitragegeschäfte erst durchgeführt, wenn eine Nettozinsdifferenz von 0,5 % p. a. besteht. Lang andauernde Abweichungen des Swapsatzes von der Zinsparität, die über die Indifferenzmarge hinausgehen, begründete Keynes mit der Begrenztheit von Arbitragefonds[9]. Die theoretische Diskussion beschränkte sich lange Zeit auf die Frage, ob die Keynesschen Annahmen zutreffend sind. Erst Tsiang berücksichtigte, daß neben den Zinsarbitrageuren Händler und Spekulanten als Anbieter und Nachfrager an den Devisenmärkten auftreten und die Kursbildung beeinflussen[10]. Seitdem wird versucht, Modelle zu formulieren, die den Zusammenhang zwischen internationalen Zinsdifferenzen und den Transaktionen aller Teilnehmer auf den Devisenmärkten beschreiben[11]. Empirische Überprüfungen der Aussagen der Zinsparitätentheorie wurden dagegen bisher nicht oder nur unzu-

---

[8] Das ist der Fall, wenn der Deport des Pfundes z. B. 2 % beträgt und der Auslandszins um 3 Prozentpunkte über dem Inlandszins liegt, aber auch dann, wenn das Pfund Sterling per Termin mit einem Report von 3 % bewertet wird, während der Inlandzins nur 2 Prozentpunkte höher ist als der Auslandszins. Je geringer der Report und je höher der Deport ist, um so niedriger ist der Swapsatz.

[9] Vgl. Keynes, J. M., A Tract on Monetary Reform, S. 122 ff.

[10] Tsiang, S. C., The Theory of Forward Exchange.

[11] Einen umfassenden Überblick über die Entwicklung der Zinsparitätentheorie gibt Graf, G., Zur formalen Theorie des Devisenterminmarktes, Berlin 1971.

reichend durchgeführt[12]. Eine Theorie, die als Grundlage kreditpolitischer Entscheidungen zur Beeinflussung des zinsinduzierten kurzfristigen Kapitalverkehrs dienen soll, bedarf aber einer empirischen Überprüfung. Weiter muß eine solche Theorie die institutionellen Bedingungen berücksichtigen, unter denen Wirtschaftssubjekte handeln.

Die Zinsparitätentheorie wurde unter dem Eindruck vollständig flexibler Wechselkurse formuliert. Auch neuere Untersuchungen gehen oft von den mit den Bedingungen des bestehenden Weltwährungssystems nicht übereinstimmenden Voraussetzungen vollständig flexibler Wechselkurse am Devisenkassa- und -terminmarkt aus[13]. Die begrenzte Flexibilität der Kassakurse und die damit verbundene, noch nachzuweisende, faktische Begrenzung der Flexibilität der Terminkurse und der Größe der Swapsätze müssen berücksichtigt werden. Die Aussagen der Zinsparitätentheorie gelten nur bei vollständiger Währungskonvertibilität und unter der Voraussetzung eines vollständig unbehinderten zwischenstaatlichen Kapitalverkehrs. Devisenkontrollen für den nicht mit dem zwischenstaatlichen Waren- und Leistungsverkehr verbundenen internationalen Kapitalverkehr sind aber eher Regel denn Ausnahme[14]. Auch ohne administrative Kapitalverkehrskontrollen wird versucht, mit kreditpolitischen Maßnahmen auf den internationalen Kapitalverkehr Einfluß zu nehmen. Mindestreservesätze auf Auslandsverbindlichkeiten sind für internationale Zinsarbitragegeschäfte der Banken ein Kostenfaktor wie die Kurssicherung der Transaktionen über den Devisenterminmarkt.

Läßt sich bei einer empirischen Überprüfung der Zinsparitätentheorie das Zinsarbitragegleichgewicht nicht nachweisen, so muß deshalb ge-

[12] Ansätze zur empirischen Überprüfung der Aussagen der Zinsparitätentheorie finden sich in der deutschsprachigen Literatur bei Neldner, M., Die Kursbildung auf dem Devisenterminmarkt, Janocha, P., Intervention und Kooperation der Zentralbanken auf den Devisenmärkten nach dem zweiten Weltkrieg, Tübingen 1966, Müller, H., und Westphal, U., Der kurzfristige Kapitalverkehr der Kreditinstitute der BRD 1960 - 1970, Versuch einer ökonometrischen Analyse, in: WWA, Bd. 105, H. 2, 1970, Dudler, H.-J., Kurzfristige internationale Kapitalbewegungen, Frankfurt 1966.

[13] Vgl. z. B. Neldner, M., Die Kursbildung auf dem Devisenterminmarkt, Neldner geht ausführlich auf die Terminkursbildung bei vollständig flexiblen Kassa- und Terminkursen ein. Er untersucht dann die Auswirkungen einer Devisenterminpolitik unter der Voraussetzung der vollständigen Flexibilität der Wechselkurse am Devisenterminmarkt. Ähnlich verfährt Braun, O., Zur Theorie des Devisenterminmarktes, der allerdings der begrenzten Wechselkursflexibilität am Kassamarkt mehr Beachtung widmet. Auch Graf, G., Zur formalen Theorie des Devisenterminmarktes, der mit dem Anspruch auftritt, „in dieser Studie ... die Verhältnisse an den Devisenmärkten so zu beschreiben, wie sie sich unter den in Bretton Woods (1944) vereinbarten Bedingungen ergeben", S. 170, übersieht die Begrenzung der Terminkursschwankungen.

[14] Zu den Kapitalverkehrskontrollen in Europa vgl. Walter, N., Kapitalverkehrskontrollen, S. 154 ff.

prüft werden, ob institutionelle Gegebenheiten oder administrative Hemmnisse die Abweichungen der Swapsätze von den Zinsdifferenzen begründen.

In der ursprünglichen Fassung der Zinsparitätentheorie werden die Devisenterminkurse allein von den Transaktionen der Zinsarbitrageure bestimmt[15]. Tatsächlich treten Arbitrageure, Spekulanten und Händler als Anbieter und Nachfrager auf den Devisenmärkten auf. Erklärt werden muß insbesondere das Zusammenwirken der Transaktionen der Arbitrageure und der Spekulanten unter den Bedingungen des Weltwährungssystems mit begrenzter Schwankungsbreite der Wechselkurse[16].

Zinsarbitragegeschäfte werden nicht nur von Banken, sondern in großem Umfang auch von Wirtschaftsunternehmen durchgeführt. Es ist daher zu prüfen, welche Zinsdifferenzen für internationale Zinsarbitragegeschäfte entscheidend sind. Seitdem mit dem Euro-Geldmarkt ein funktionsfähiger Außenmarkt für Währungen entstanden ist, können Zinsarbitrageure ausländische Finanzkredite in Fremdwährung oder in heimischer Währung aufnehmen.

Kurzfristige internationale Kapitalbewegungen, die durch Zinsdifferenzen oder durch Wechselkursdifferenzen ausgelöst werden, haben nicht nur Wechselkurs- und Reserveneffekte, sondern auch Liquiditäts- und Zinseffekte. Durch umfangreiche Geldimporte oder Geldexporte können die Zinssätze im Inland und im Ausland beeinflußt werden. In der Zinsparitätentheorie wird behauptet, daß der Swapsatz immer durch die Kurssicherungsgeschäfte der Zinsarbitrageure die Zinsparität erreicht. Es ist zu prüfen, ob die Swapsätze allein von den Transaktionen der Arbitrageure bestimmt werden, ob sich also die Swapsätze immer als unabhängige Variable vorgegebenen internationalen Zinsdifferenzen anpassen, oder ob sich umgekehrt unter bestimmten Voraussetzungen internationale Zinsdifferenzen vorgegebenen Swapsätzen anpassen.

Die Kritik an der Zinsparitätentheorie zeigt, daß einige offenstehende Fragen nur durch eine empirische Überprüfung der Zusammenhänge zwischen internationalen Zinsdifferenzen und der Kursbildung an den

---

[15] Vgl. Braun, O., Zur formalen Theorie ..., S. 45.

[16] Das Angebot und die Nachfrage der Händler (Importeure und Exporteure von Waren und Leistungen) an den Devisenmärkten wird hauptsächlich vom Volumen der zu finanzierenden Importe bzw. der Exporterlöse bestimmt, nicht dagegen von internationalen Zinsdifferenzen. Steigen die in ausländischer Währung fakturierten Exporterlöse, so steigt das Devisenangebot am Terminmarkt, und die Nachfrage nach Termindevisen steigt an, wenn die in ausländischer Währung fakturierten Importe zunehmen. Die Devisenmarktgeschäfte der Händler bleiben deshalb unberücksichtigt.

Devisenmärkten geklärt werden können. Andere Fragen dagegen können beantwortet werden, wenn die Zinsparitätentheorie für ein Währungssystem mit begrenzter Schwankungsbreite der Kassakurse aber de jure unbegrenzter Flexibilität der Terminkurse formuliert wird.

II. Zinsparitätentheorie im Zwei-Länder-Fall im System fester Wechselkurse

1. Voraussetzungen der Untersuchung

Zur modelltheoretischen Darstellung der Zinsparitätentheorie im System fester Wechselkurse wird vereinfachend ein Zwei-Länder-Fall, USA und Deutschland, mit den nationalen Geldmärkten New York und Frankfurt betrachtet. Zinsarbitragegeschäfte werden nur von Geschäftsbanken und nur mit einer Laufzeit von drei Monaten durchgeführt. Die relevanten Zinssätze, an denen sich die internationale Zinsarbitrage orientiert, sind deshalb die Sätze für Dreimonats-Termingelder unter Banken an den Geldmärkten in New York und in Frankfurt. Beide Geldmärkte sind für amerikanische Banken und für deutsche Banken voll zugänglich. Administrative Hemmnisse für den internationalen Kapitalverkehr bestehen nicht, und die Nominalzinsen entsprechen den Effektivzinsen[17]. Auswirkungen der Swapgeschäfte der Zinsarbitrageure werden nur am deutschen Devisenmarkt betrachtet. Die Deutsche Bundesbank interveniert am Devisenmarkt. Die maximale Schwankungsbreite des Kassakurses beträgt ± 2,25 % um den festgelegten Leitkurs.

In der Ausgangslage sind die Zinssätze für Dreimonats-Termingelder in Frankfurt und in New York gleichhoch. Der Wechselkurs des Kassadollars entspricht dem festgelegten Leitkurs. Spekulative Erwartungen hinsichtlich einer Wechselkursänderung bestehen nicht, und die Bilanz des Waren- und Dienstleistungsverkehrs ist ausgeglichen. Spekulative Kapitalbewegungen finden daher nicht statt, und die Devisennachfrage der Händler am Kassa- und Terminmarkt entspricht ihrem Angebot.

Auch die Kapitalverkehrsbilanz ist ausgeglichen. Da ein Zinsgefälle gegenüber dem Ausland nicht besteht, entspricht der Terminkurs des Dollars dem Kassakurs, der Swapsatz ist Null.

---

17 Diese Annahmen implizieren, daß in beiden Ländern gleiche Zinsermittlungsmethoden angewandt werden, und daß keine kosten- und ertragsverändernden kreditpolitischen Maßnahmen ergriffen werden. Diese Voraussetzungen sind ebenso wie die Annahme, daß beide Geldmärkte für Geschäftsbanken beider Länder für den Liquiditätsausgleich voll zugänglich sind, nur für theoretische Überlegungen zulässig. In einer empirischen Untersuchung müssen institutionelle Gegebenheiten und administrative Beschränkungen des internationalen Kapitalverkehrs berücksichtigt werden.

2. Zinsparitätentheorie bei zinsinduzierten Kapitalimporten

a) Ohne Paritätsänderungserwartung

aa) Zinsdifferenz bestimmt Swapsatz

Steigt der Zinssatz in Deutschland über den in New York, so werden kurzfristige Kapitalimporte nach Deutschland induziert. Durch die begleitenden Swapgeschäfte sinkt der Kassakurs des Dollars am deutschen Devisenmarkt, und zugleich steigt der Terminkurs. Der Dollar wird per Termin mit einem positiven Swapsatz (Report) bewertet. Zinsarbitragegeschäfte kommen zum Stillstand, wenn der Swapsatz die Zinsparität erreicht hat, so daß das Zinsgefälle durch die Kurssicherungskosten kompensiert wird.

Die Stärke der Reaktion des Kassakurses und des Terminkurses ist abhängig von Lage und Verlauf der Angebots- und Nachfragekurven am Devisenkassa- und -terminmarkt. Je elastischer die Kurven im relevanten Bereich sind, um so stärker sind die Kurseffekte der Devisenmarktgeschäfte. Bei gleichhoher Elastizität der Angebotskurve am Kassamarkt und der Nachfragekurve am Terminmarkt sinkt der Kassakurs um den gleichen Prozentsatz, wie der Terminkurs steigt. Der Kassakurs des Dollars kann aber höchstens bis zum unteren Interventionspunkt sinken, da dann die Bundesbank durch Stützungskäufe das Überschußangebot aufnehmen muß. Der Terminkurs dagegen könnte unbegrenzt steigen, weil eine Interventionspflicht am Devisenterminmarkt nicht besteht. Steigt der Terminkurs durch die Kurssicherungsnachfrage der Zinsarbitrageure aber bis auf die Höhe des oberen Interventionspunktes am Kassamarkt, so ist eine weitere Kurssicherung von Geldimporten entbehrlich, da sich die Banken bei Fälligkeit der Kreditrückzahlung Kassadollars zu diesem Kurs auch bei der Bundesbank beschaffen können[18]. Obwohl also keine rechtliche Verpflichtung zur Begrenzung der Schwankungsbreite der Terminkurse besteht, ist der obere Interventionspunkt am Kassamarkt zugleich die faktische obere Grenzlinie für die Entwicklung des Terminkurses, sofern, wie hier unterstellt, keine Paritätsänderung erwartet wird. Kontraktpartner der Zinsarbitrageure am Devisenterminmarkt sind die Spekulanten.

---

[18] Eine nicht kursgesicherte Zinsarbitrage wird in der Literatur als spekulative Zinsarbitrage bezeichnet. Vgl. Dudler, H.-J., Diskont- und Terminkurspolitik, S. 16. Liegt der Terminkurs aber am oberen Interventionspunkt am Kassamarkt, so ist nur dann eine Kurssicherung erforderlich, wenn eine Aufwertung dieser Valuta erwartet wird. Besteht keine Paritätsänderungserwartung, dann ist keine Kurssicherung des Kapitalimports erforderlich. Sachlich liegt dann keine spekulative, sondern eine reine Zinsarbitrage vor, weil das spekulative Element, die Erwartung von Wechselkursänderungen fehlt. Als spekulatives Zinsarbitragegeschäft kann also nur ein nichtkursgesicherter Geldimport bezeichnet werden, wenn der Terminkurs unter dem oberen Interventionspunkt auf dem Kassamarkt liegt.

Spekulanten werden bei steigenden Terminkursen am Terminmarkt als Anbieter auftreten, wenn sie erwarten, daß sie bei Erfüllung der Terminkontrakte Kassadevisen zu einem Kurs kaufen können, der unter dem Kurs liegt, zu dem sie Termindevisen verkaufen. Das wird dann der Fall sein, wenn der Terminkurs als Folge der Kurssicherungsnachfrage der Zinsarbitrageure am oberen Interventionspunkt am Kassamarkt liegt und wenn keine Aufwertung der Fremdwährung oder Abwertung der Inlandswährung erwartet wird. Besteht also keine Paritätsänderungsspekulation, dann werden die Transaktionen der Spekulanten dazu führen, daß die Terminkursentwicklung innerhalb der Bandbreite am Kassamarkt verläuft. In diesem Fall wird der maximal mögliche Report des Dollars bestimmt durch die Spanne zwischen oberem und unterem Interventionspunkt am Kassamarkt. Daraus folgt, daß sich der Swapsatz nur dann einer internationalen Zinsdifferenz anpassen kann, wenn die Zinsdifferenz die Bandbreite der zulässigen Kursschwankungen am Kassamarkt ncht übersteigt[19]. Die Zinsdifferenz bestimmt dann den Swapsatz, während „es bei einer internationalen Zinsdifferenz, die größer ist als die Kassakursbandbreite, zu keinen Gleichgewichtskursen auf den Devisenmärkten kommt“[20].

bb) Swapsatz bestimmt Zinsdifferenz

Sind die Zinssätze in Frankfurt um 6 Prozentpunkte höher als in New York, so ist bei einer Kassakursbandbreite von 4,5 Prozentpunkten die Zinsparität um 1,5 Prozentpunkte größer als der maximal mögliche Report des Dollars[21]. Der Swapsatz kann sich dann nicht mehr einer vorgegebenen Zinsdifferenz anpassen. Vielmehr wird sich die Zinsdifferenz gegenüber dem Ausland durch die Liquiditäts- und Zinseffekte der internationalen Kapitalbewegungen bis auf 4,5 Prozentpunkte verringern. Durch Geldimporte werden die inländischen Geldmarktsätze solange sinken, bis sich die internationale Zinsdifferenz dem maximal möglichen Swapsatz angepaßt hat. Der Swapsatz be-

---

19 Bei Kurssicherung der Zinsaufwendungen oder der Zinserträge steigt die maximal mögliche Zinsdifferenz mit dem Auslandszinssatz an. Beträgt die Kassakursbandbreite 4,5 Prozentpunkte, so ist bei einem Auslandszins von 3 % die maximal mögliche Zinsdifferenz 4,64 Prozentpunkte. Bei einem Auslandszins von 6 % beträgt sie dagegen 4,77 Prozentpunkte (vgl. Abschnitt C. I. 1., Fußn. 7).

20 Schröder, J., Zur Theorie der Devisenterminmärkte, Berlin 1969, S. 101.

21 Es dürfte allerdings unwahrscheinlich sein, daß Dreimonatsgeldsätze an verschiedenen internationalen Finanzplätzen Differenzen von 4,5 Prozentpunkten, das sind 18 Prozentpunkte p. a., aufweisen. Dabei darf aber nicht übersehen werden, daß Devisentermingeschäfte mit Laufzeiten von zwei, drei und mehr Jahren möglich sind, bei denen schon relativ geringe Zinsdifferenzen ausreichen, um die maximal möglichen Swapsätze zu überschreiten.

stimmt dann die Zinsdifferenz. Je geringer die Kassakursbandbreite und damit der maximal mögliche Swapsatz ist, um so geringer sind die möglichen internationalen Zinsdifferenzen und um so eher ist zu erwarten, daß der Swapsatz die Zinsdifferenz bestimmt.

Die maximal mögliche Zinsdifferenz gegenüber dem Ausland wird generell durch den maximal möglichen Abstand zwischen dem Kassakurs und einem faktisch fixierten Terminkurs bestimmt. Der Terminkurs wird am oberen Interventionspunkt liegen, wenn die Spekulanten annehmen, daß dieser Kurs dem künftigen Kassakurs entspricht. Nur in diesem Fall sind internationale Zinsdifferenzen in Höhe der Kassakursbandbreite möglich. Liegt der Kassakurs aber als Folge eines hohen internationalen Zinsgefälles am unteren Interventionspunkt und der Terminkurs in Höhe des oberen Interventionspunktes am Kassamarkt, so können die Spekulanten zu der Erwartung gelangen, daß der künftige Kassakurs unterhalb des oberen Interventionspunktes, aber, wenn keine Paritätsänderung erwartet wird, innerhalb der Bandbreite liegen wird. In diesem Fall werden Spekulanten Termindevisen anbieten. Dadurch sinkt der Terminkurs soweit, bis er dem antizipierten künftigen Kassakurs entspricht, zu dem die Spekulanten ihre Terminkontrakte erfüllen zu können annehmen. Bei gesunkenem Terminkurs und am unteren Interventionspunkt liegendem Kassakurs verringert sich der maximal mögliche Report. Er wird dann durch den Abstand zwischen dem von den Spekulanten fixierten Terminkurs und dem unteren Interventionspunkt am Kassamarkt begrenzt, nicht aber durch die Bandbreite der Wechselkursschwankungen am Kassamarkt[22]. Nur dann, wenn die Spekulanten einen künftigen Kassakurs antizipieren, der am oberen Interventionspunkt liegt, ist ein Swapsatz in Höhe der Bandbreite der Wechselkursschwankungen am Kassamarkt und eine internationale Zinsdifferenz in gleicher Höhe möglich. Fixieren die Spekulanten den Terminkurs dagegen auf einem niedrigeren Niveau, so verringert sich auch der maximal mögliche Swapsatz. In diesem Fall wird der Swapsatz nicht durch die Kurssicherungsgeschäfte der Zinsarbitrageure bestimmt, sondern durch die Differenz zwischen dem gegenwärtigen und dem von den Spekulanten für die Zukunft erwarteten Kassakurs. Ist dieser Swapsatz geringer als das Zinsgefälle gegenüber dem Ausland, so werden weitere zinsinduzierte Kapitalzuflüsse folgen. Die damit verbundene Anreicherung der Bankenliquidität im Inland führt zu Zinssenkungen am Geldmarkt, die solange fortdauern, bis sich das internationale Zinsgefälle dem fixierten Swapsatz angepaßt hat. Je

[22] Schröder, J., Zur Theorie der Devisenterminmärkte, S. 106 führt dagegen aus „.. je größer die Bandbreite des Devisenkassakurses ist, um so eher ist es möglich, daß der Swapsatz sich der internationalen Zinsdiffeenz anpassen kann, ohne daß die Interventionspunkte erreicht werden ...“.

niedriger der von der Spekulation für die Zukunft erwartete Kassakurs eingeschätzt wird, um so geringer ist auch die maximal mögliche Zinsdifferenz gegenüber dem Ausland. Erwarten die Spekulanten einen künftigen Kassakurs, der am unteren Interventionspunkt liegt, so sind lang andauernde internationale Zinsdifferenzen überhaupt nicht mehr möglich.

Geringe Zinsdifferenzen gegenüber dem Ausland können im allgemeinen im System fester Wechselkurse bei engen Bandbreiten durch Anpassung des Swapsatzes als Ergebnis der Devisenmarktgeschäfte der Zinsarbitrageure ausgeglichen werden. Übersteigt die Zinsdifferenz dagegen die Bandbreite der Kassakursschwankungen, so wird das Zinsarbitragegleichgewicht durch Anpassung der Zinsdifferenz an den Swapsatz erreicht. Der Swapsatz bestimmt auch immer dann die Zinsdifferenz, wenn die Spekulanten den Terminkurs unter dem Niveau fixieren, das erforderlich wäre, um bei am unteren Interventionspunkt liegendem Kassakurs das Zinsgefälle gegenüber dem Ausland auszugleichen.

b) Mit Paritätsänderungserwartung: Swapsatz und Zinsdifferenz unabhängig

Umfangreiche zinsinduzierte Kapitalzuflüsse können über die damit verbundenen drei Effekte — Liquiditäts- und Zinseffekt, Kurseffekt, Reserveneffekt — dazu führen, daß die Spekulanten zu der Erwartung einer Aufwertung der D-Mark gelangen. Eine Aufwertungsspekulation ist vor allem dann zu erwarten, wenn der Kassakurs des Dollars längere Zeit in der Nähe des unteren Interventionspunktes liegt, der Terminkurs von den Spekulanten unterhalb des Niveaus, das zum Erreichen des Zinsarbitragegleichgewichts erforderlich wäre, fixiert wird, und wenn ein verhältnismäßig langer Zeitraum erforderlich ist, um die Inlandszinsen als Folge der Erhöhung der Bankenliquidität durch Devisenankäufe der Bundesbank zu senken.

Die Senkung der für internationale Geldmarktgeschäfte der Banken hauptsächlich relevanten Zinssätze für Termingelder unter Banken aber ist vom Umfang der Auslandsgeldzuflüsse und von der Flexibilität des Kreditapparates abhängig. Haben die inländischen Geschäftsbanken ihren Kreditschöpfungsspielraum bereits annähernd ausgeschöpft, so werden Auslandsgeldzuflüsse nicht sofort zu Zinssenkungen für Termingelder am Geldmarkt führen. Die Zinsen werden erst dann nachgeben, wenn die Banken ihren eigenen Liquiditätsspielraum vergrößert haben und verstärkt als Anbieter am Geldmarkt auftreten. So setzten sich Zinssenkungen für Termingelder unter Banken in Deutschland im Jahre 1971 erst durch, nachdem die Bundesbank mit Wirkung vom 1. April die Bankraten gesenkt hatte, obwohl sich die Bankenliquidität durch Devisenankäufe der Bundesbank in den ersten drei Monaten des Jahres 1971 um rund 7,5 Mrd. DM erhöht hatte. Benötigt der Bankenapparat einen derartig langen Anpassungszeitraum zur Verringerung der Zinssätze[23], so können Spekulanten durch die umfangreichen Devisenzuflüsse und durch die schwache Bewertung des Kassadollars zu der Erwartung einer D-Mark-Aufwertung gelangen. Spekulanten werden dann solange Termindollars verkaufen, bis der von ihnen antizipierte spätere Kassakurs erreicht ist. Der untere Interventionspunkt am Kassamarkt bildet dann keine Begrenzung mehr für die Terminkursentwicklung. Außerhalb des Kursbandes am Kassamarkt liegende Terminkurse sind nur möglich, wenn eine Paritätsänderung erwartet wird. Liegt der Kassakurs des Dollars am unteren Interventionspunkt und der Terminkurs unterhalb des Bandes am Kassamarkt, so erzielen Zinsarbitrageure bei einer Kreditaufnahme im Ausland neben der Zinsdifferenz einen zusätzlichen Kursgewinn in Höhe des Deports. Der Swapsatz verringert dann nicht die Differenz zwischen den Inlandszinsen und den niedrigeren Zinsen im Ausland, sondern sie wird im Gegenteil noch vergrößert. Zinsdifferenzen und Swapsätze bestehen dann völlig unabhängig voneinander, weder bestimmt der Swapsatz die Zinsdifferenz noch läßt sich der Swapsatz aus dem internationalen Zinsgefälle erklären. Der Swapsatz wird dann allein durch die Höhe der von den Spekulanten erwarteten Paritätsänderung bestimmt. Die Abweichungen des Swapsatzes von der Zinsparität dauert dann solange an, bis die Spekulation sich durchsetzt oder dementiert wird. „Rechnen die Spekulanten ... mit einer Kassakursparitätsänderung, dann werden sie die Terminkurse ... in Höhe des nach der Paritätsänderung mit der größten Wahrscheinlichkeit erwarteten Kassakurses stabilisieren. In diesem Fall wird durch die Spekulation auf den Terminmärkten und die dadurch einsetzenden kursgesicherten Kapitalbewegungen eine Paritätsänderung unter Umständen erst recht erforderlich[24].“

3. Zinsparitätentheorie bei zinsinduzierten Kapitalexporten

Sinken die Inlandszinsen unter die Auslandszinsen, so werden kursgesicherte Geldexporte aus Deutschland einsetzen. Durch die kurs-

---

[23] Ein Grund für diesen langen Anpassungszeitraum dürfte die starke Anspannung des Geschäftsbankensystems infolge des restriktiven kreditpolitischen Kurses der Bundesbank gewesen sein. Im Jahre 1970 war das Kreditschöpfungspotential des Geschäftsbankensystems zu 83,9 v.H. ausgelastet. Dieser Auslastungsgrad lag beträchtlich über dem Durchschnitt der Jahre 1960 - 1970 in Höhe von 60,6 v.H. Vgl. Köhler, C., Potentialorientierte Kreditpolitik, Berlin 1971, Anhang, Tab. 2.

[24] Schröder, J., Zur Theorie der Devisenterminmärkte, S. 144.

sichernden Swapgeschäfte der Zinsarbitrageure steigt der Kassakurs des Dollars, und der Terminkurs sinkt. Der Termindollar wird mit einem Abschlag bewertet, und die zinsinduzierten Kapitalexporte kommen zum Stillstand, wenn der Deport des Dollars dem internationalen Zinsgefälle entspricht. Aber auch in diesem Fall kann sich der Swapsatz nicht immer und nicht unbegrenzt der Zinsparität anpassen. Die obere Grenze der Kassakursentwicklung wird durch die Interventionspflicht der Zentralbank gezogen, und das Absinken der Terminkurse wird in Höhe des unteren Interventionspunktes am Kassamarkt faktisch begrenzt. Würde der Terminkurs unter den unteren Interventionspunkt am Kassamarkt sinken, so würden Spekulanten Dollars per Termin kaufen, um sie bei Fälligkeit der Kontrakte zu dem höheren Interventionskurs an die Zentralbank zu verkaufen. Die Begrenzung des maximal möglichen Swapsatzes auf die Bandbreite der Kursentwicklung am Kassamarkt hat zur Folge, daß sich der Swapsatz nur dann dem Zinsgefälle gegenüber dem Ausland anpassen kann, wenn die Zinsdifferenz nicht größer ist als die Bandbreite. Bei höheren Zinsunterschieden werden die Zinssätze am deutschen Geldmarkt infolge der Verlagerung von Liquiditätsreserven der Banken in das Ausland steigen[25] — das Zinsarbitragegleichgewicht wird durch die Anpassung der Zinsparität an den Swapsatz erreicht. Erwarten die Spekulanten dagegen bei einem Zinsgefälle gegenüber dem Ausland in Höhe der Kassakursbandbreite einen künftigen Kassakurs, der über dem unteren Interventionspunkt liegt, so werden sie durch Termindevisenkäufe den Terminkurs in Höhe des erwarteten Kassakurses fixieren. Der Terminkurs steigt, und der Swapsatz wird durch die Kassakurserwartungen der Spekulanten bestimmt, nicht aber durch die Devisenmarktgeschäfte der Zinsarbitrageure. Die Anpassungslast zur Erreichung des Zinsarbitragegleichgewichts liegt dann allein bei den Zinssätzen; der Swapsatz bestimmt die Zinsparität.

Liegt der Kassakurs über einen längeren Zeitraum am oberen Interventionspunkt und verringern sich die zentralen Währungsreserven durch zinsinduzierte Kapitalabflüsse stark, so könnte daraus von der Spekulation geschlossen werden, daß nur durch eine Währungsabwertung die Gefahr einer außenwirtschaftlichen Zahlungsunfähigkeit abgewehrt werden kann. Der Terminkurs steigt als Folge spekulativer Nachfrage nach Termindevisen über den oberen Interventionspunkt am Kassamarkt, und der Swapsatz verringert dann das Nettozinsgefälle gegenüber dem Ausland nicht, sondern vergrößert es. Zwischen der in-

[25] Kurzfristige Geldmarktanlagen der Banken im Ausland verringern bei festen Wechselkursen nicht ihre Liquidität, sondern sie stellen eine besondere Form der Unterhaltung liquider Mittel dar. Vgl. Hein, M., Die internationalen Geldmarktgeschäfte westdeutscher Banken, Berlin 1966, S. 204.

ternationalen Zinsparität und den Swapsätzen besteht dann kein Zusammenhang mehr. „In Form eines kumulativen Prozesses kann auf diese Weise schon ein vorübergehendes, ursprünglich umkehrbares Zahlungsbilanzdefizit immer umfangreichere Reserveverluste induzieren und so eine akute Notlage heraufbeschwören[26].“ Zinsinduzierte und spekulative kurzfristige Kapitalexporte verstärken sich dann analog zum beschriebenen Fall einer Aufwertungsspekulation gegenseitig.

III. Zinsparitätentheorie im Drei-Länder-Fall im System fester Wechselkurse

1. Voraussetzungen der Untersuchung

Die bisherigen Überlegungen gingen von der vereinfachenden Annahme aus, daß allein der New Yorker Geldmarkt für internationale Zinsarbitragegeschäfte deutscher Geschäftsbanken von Bedeutung ist. Tatsächlich gibt es eine Vielzahl nationaler Geldmärkte, zwischen denen Zinsarbitragetransaktionen stattfinden können. In das bisherige Modell soll deshalb ein weiteres Land, Großbritannien, einbezogen werden, um zu prüfen, ob die bisherigen Ergebnisse auch für multilaterale Beziehungen Gültigkeit haben. Außerdem soll in Erweiterung der bisherigen Überlegungen untersucht werden, welche Änderungen der Aussagen der Zinsparitätentheorie sich ergeben, wenn der Zugang zu nationalen Geldmärkten für Ausländer in unterschiedlichem Ausmaß beschränkt ist.

Untersucht werden die Reaktionen der Wechselkurse an den Kassa- und Terminmärkten und die Folgewirkungen, die zum multilateralen Zinsarbitrage- und Devisenkursarbitragegleichgewicht führen, wenn an einem der drei Geldmärkte Frankfurt, London oder New York der Zinssatz für Dreimonats-Termingelder unter Banken isoliert verändert wird. Zunächst wird dargestellt, wie der Anpassungsvorgang bei einer isolierten Zinserhöhung in Deutschland abläuft. Anschließend wird gezeigt, welche Änderungen sich ergeben, wenn die Zinserhöhung in Deutschland von einer Zinssenkung in Großbritannien begleitet wird.

Die multilaterale Beziehung dieses Modells läßt sich in drei bilaterale Beziehungen zerlegen. Es sind die folgenden drei Devisenmärkte zu beachten[27]:

---

[26] Neldner, M., Die Kursbildung auf dem Devisenterminmarkt, S. 71.

[27] Die Wechselkurse an den Devisenmärkten für DM in London, für DM in New York und für Pfund Sterling in New York ergeben sich als reziproke Werte der Wechselkurse an den drei betrachteten Devisenmärkten. Sie müssen deshalb nicht gesondert berücksichtigt werden.

1. Devisenmarkt für Dollar gegen DM (Devisenmarkt Frankfurt)
2. Devisenmarkt für Pfund Sterling gegen DM (Devisenmarkt Frankfurt)
3. Devisenmarkt für Dollar gegen Pfund Sterling (Devisenmarkt London).

Zinsdifferenzen können bestehen zwischen

1. Frankfurt und New York
2. Frankfurt und London
3. London und New York.

Werden die drei Devisenmärkte und die drei Zinsdifferenzen jeweils isoliert betrachtet, so behalten die Ergebnisse des Zwei-Länder-Falles ihre Gültigkeit. Im Drei-Länder-Fall muß aber berücksichtigt werden, daß sich die Wechselkurse in gegenseitiger Abhängigkeit bilden. Autonome Änderungen eines Wechselkurses ziehen Dreiecks-Devisenkursarbitragegeschäfte nach sich, die auch die übrigen Wechselkurse beeinflussen.

In der Ausgangslage besteht ein multilaterales Zinsarbitragegleichgewicht, das durch folgende Konstellation gekennzeichnet ist:

1. die Zinssätze für Dreimonats-Termingeld in Frankfurt, New York und London sind gleichhoch
2. die Kassakurse sind gleichhoch wie die jeweiligen Terminkurse. Sie entsprechen den festgelegten Währungsparitäten bzw. Leitkursen[28].

Im folgenden soll das Zinsarbitragegleichgewicht formal dargestellt werden. Dabei bedeuten:

K_1 = Kassakurs Dollar gegen DM (in DM je Dollar)

K_2 = Kassakurs Pfund Sterling gegen DM (in DM je Pfund Sterling)

K_3 = Kassakurs Dollar gegen Pfund Sterling (in Pfund Sterling je Dollar)

T_1 = Dreimonats-Terminkurs Dollar gegen DM (in DM je Dollar)

---

[28] Dabei werden die beim Washingtoner Realignment vom 17./18. 12. 1971 vereinbarten Paritäten bzw. offiziellen Leitkurse angesetzt. Damit bestehen folgende Paritäten und Interventionspunkte der Währungen an den drei Devisenmärkten:

	Parität	oberer Interventionspunkt	unterer Interventionspunkt
DM je Dollar	3,2225 DM	3,2950 DM	3,1500 DM
DM je Pfund Sterling	8,3969 DM	8,5858 DM	8,2070 DM
Pfund Sterling je Dollar ...	0,383772 £	0,392407 £	0,375137 £

T_2 = Dreimonats-Terminkurs Pfund Sterling gegen DM (in DM je Pfund Sterling)

T_3 = Dreimonats-Terminkurs Dollar gegen Pfund Sterling (in Pfund Sterling je Dollar)

z_1 = Dreimonats-Geldmarktsatz in Frankfurt (in Prozent per drei Monate)

z_2 = Dreimonats-Geldmarktsatz in London (in Prozent per drei Monate)

z_3 = Dreimonats-Geldmarktsatz in New York (in Prozent per drei Monate)

s_1 = Swapsatz des Dollars gegenüber DM (in Prozent per drei Monate)

s_2 = Swapsatz des Pfund Sterlings gegenüber DM (in Prozent per drei Monate)

s_3 = Swapsatz des Dollars gegenüber Pfund Sterling (in Prozent per drei Monate)[29]

Die Kassakurse befinden sich untereinander im Gleichgewicht:

$$K_1 = K_2 \times K_3$$

Auch die Terminkurse sind im Gleichgewicht:

$$T_1 = T_2 \times T_3$$ [30]

Es besteht also ein Devisenkursarbitragegleichgewicht sowohl an den Kassamärkten als auch an den Terminmärkten. Da

$$z_1 = z_2 = z_3$$

ist, also keine internationalen Zinsdifferenzen bestehen, muß im Zinsarbitragegleichgewicht auch gelten:

$$K_1 = K_2 \times K_3 = T_2 \times T_3 = T_1$$

Das multilaterale Zinsarbitragegleichgewicht ist gekennzeichnet durch:

$$s_1 = z_1 - z_3 = s_2 = z_1 - z_2 = s_3 = z_2 - z_3 = 0$$

Die Swapsätze entsprechen im Zinsarbitragegleichgewicht den jeweiligen Zinsparitäten. Für die bilateralen Beziehungen der drei Länder untereinander gilt deshalb:

1. Zinsarbitragegleichggewicht zwischen Deutschland und den USA

$$s_1 = z_1 - z_3$$

2. Zinsarbitragegleichgewicht zwischen Deutschland und Großbritannien

$$s_2 = z_1 - z_2$$

---

[29] Die jeweiligen Swapsätze ergeben sich als $s = (T - K)/K$.

[30] Vgl. Spraos, J., The Theory of Forward Exchange, S. 89 ff.

3. Zinsarbitragegleichgewicht zwischen Großbritannien und den USA

$$s_3 = z_2 - z_3$$

Dieses multilaterale Zinsarbitragegleichgewicht soll nun durch eine autonome Zinserhöhung in Deutschland gestört werden.

2. Zinsparitäten bei zinsinduzierten Kapitalimporten

a) *Ohne spekulative Fixierung der Terminkurse*

aa) Ohne Hemmnisse für den internationalen Kapitalverkehr

Werden die Geldmarktzinsen in Deutschland über die Zinsen im Ausland angehoben, die in London und New York gleichhoch sind, so werden deutsche Zinsarbitrageure Geldmarktkredite sowohl in London als auch in New York aufnehmen, wenn der Marktzutritt für Ausländer an diesen Finanzplätzen nicht beschränkt ist. Würden deutsche Zinsarbitrageure kursgesicherte Geldmarktkredite zunächst nur in New York aufnehmen, so würde der Kassakurs des Dollars am deutschen Devisenmarkt K_1 sinken, und der Terminkurs T_1 stiege an. Eine Kreditaufnahme deutscher Zinsarbitrageure in New York wäre dann mit Kurssicherungskosten, dem Report des Dollars am deutschen Devisenmarkt, belastet, während diese Kostenbelastung mit einer Kreditaufnahme in London nicht verbunden wäre. Das größere Nettozinsgefälle gegenüber London würde eine steigende Mittelaufnahme deutscher Zinsarbitrageure am Londoner Geldmarkt induzieren, und die begleitenden Devisenmarktgeschäfte würden zu einer Höherbewertung des Pfundes am Terminmarkt als am Kassamarkt in Deutschland führen. Die kursgesicherte Kreditaufnahme deutscher Zinsarbitrageure in London und in New York wird solange fortdauern, bis die Swapsätze des Dollars s_1 und des Pfundes s_2 am deutschen Devisenmarkt gleichhoch sind und das Zinsgefälle zwischen Deutschland und dem Ausland kompensieren. Entsprechen die Swapsätze der Zinsdifferenz, so besteht kein Zinsanreiz mehr für eine Kreditaufnahme im Ausland, und die Geldimporte kommen zum Stillstand. Sind die Geldmärkte für die Banken der beteiligten Länder voll zugänglich, bestehen also keine Hemmnisse für den internationalen Kapitalverkehr, so lassen sich die Ergebnisse des Zwei-Länder-Modells ohne Einschränkung auf den Drei-Länder-Fall übertragen, der sich dann in drei gleichartige bilaterale Beziehungen aufspalten läßt.

Durch die Devisenmarktgeschäfte der Zinsarbitrageure wird nicht nur das multilaterale Zinsarbitragegleichgewicht, sondern zugleich das multilaterale Devisenkursarbitragegleichgewicht erreicht. Die Kassakurse des Dollars K_1 und des Pfund Sterlings K_2 am deutschen Devisenmarkt sinken, während die Terminkurse T_1 und T_2 steigen. Aus den Gleichgewichtsbedingungen für die Kassa- und Terminkurse ist ersichtlich, daß bei einem gleichhohen Absinken von K_1 und K_2 der Wechselkurs des Dollars in London K_3 konstant bleibt. Analog bleibt T_3 unverändert, wenn T_1 und T_2 um einen gleichen Prozentsatz steigen[31]. Ob K_1, K_2, T_1 und T_2 durch die Swapgeschäfte der Zinsarbitrageure allerdings so reagieren, daß T_3 und K_3 unverändert bleiben, hängt ab von den Nachfrage- und Angebotselastizitäten an den Devisenmärkten. Verändern sich T_3 und K_3, so kommt es zu Dreiecks-Devisenkursarbitragegeschäften.

bb) Mit Hemmnissen für den internationalen Kapitalverkehr

Zwischen dem Modellfall des vollständig unbehinderten internationalen Kapitalverkehrs und dem anderen Extrem des vollständigen Verbots zwischenstaatlicher Kapitalbewegungen bestehen in der wirtschaftlichen Realität verschiedene Formen der Behinderung kurzfristiger internationaler Kapitalbewegungen. Diese Behinderungen können entweder institutioneller Art sein oder sie können administrativ verordnet werden. Zu administrativen Hemmnissen zählen neben Kapitalverkehrskontrollen alle kreditpolitischen Maßnahmen zur Beeinflussung der Kosten und Erträge internationaler Zinsarbitragegeschäfte, auf die im empirischen Teil der Arbeit eingegangen wird. Institutionelle Hemmnisse in der freien Beweglichkeit des Kapitals können darin bestehen, daß durch unterschiedliche Strukturen der Banksysteme und der Geldmärkte in einzelnen Ländern die Aufnahme von kurzfristigen Krediten zu Geldmarktkonditionen für ausländische Banken nicht möglich ist. Die Auswirkungen derartiger institutioneller Hemmnisse auf die internationale Zinsarbitrage sollen im folgenden dargestellt werden.

Sind der Londoner und der New Yorker Geldmarkt für deutsche Banken aus institutionellen Gründen nicht zugänglich, während ausländische Banken freien Zugang zum deutschen Geldmarkt haben, so werden Zinsarbitragegeschäfte bei Zinserhöhungen in Deutschland nur von Ausländern durchgeführt. Durch die Kurssicherungsgeschäfte der ausländischen Zinsarbitrageure werden die Kassakurse des Dollars und des Pfund Sterlings am deutschen Devisenmarkt sinken, und die Terminkurse werden steigen, bis die sich herausbildenden Reports der Zinsdifferenz zwischen Deutschland und den ausländischen Geldmärk-

[31] Sinkt z. B. K_1 von 3,2225 DM auf 3,2000 DM, während T_1 von 3,2225 DM auf 3,2500 DM steigt, so muß im Gleichgewicht K_2 von 8,3969 DM auf 8,3383 DM sinken und T_2 muß auf 8,4686 DM steigen. Der die Zinsdifferenzen ausgleichende Report des Dollars und des Pfund Sterlings beträgt dann jeweils 1,56 % per drei Monate.

ten entsprechen. Solange also zumindest der deutsche Geldmarkt für Ausländer voll zugänglich ist, behalten die bisherigen Ergebnisse ihre Gültigkeit.

Die Ergebnisse ändern sich dann, wenn der deutsche Geldmarkt für englische Banken und der Londoner Geldmarkt für deutsche Banken nicht zugänglich ist. In diesem Fall können deutsche Geschäftsbanken bei einem Zinsanstieg in Deutschland Kredite nur in New York aufnehmen. Sinkt durch das damit einhergehende verstärkte Dollarangebot am Devisenmarkt K_1, während K_2 und K_3 unverändert den jeweiligen Paritäten entsprechen, so werden deutsche Geldimporteure das Zinsarbitragegeschäft New York-Frankfurt durch ein Dreiecks-Devisenkursarbitragegeschäft ergänzen. Deutsche Zinsarbitrageure werden die in New York aufgenommenen Dollarbeträge in London am Kassamarkt gegen Pfund Sterling und die Sterlingbeträge in Deutschland gegen D-Mark verkaufen. Folglich sinken der Kassakurs des Dollars in London K_3 und der Pfundkurs am deutschen Devisenkassamarkt K_2. Entsprechend der Gleichgewichtsbedingung für das Devisenkursarbitragegleichgewicht am Kassamarkt muß das Produkt aus K_2 und K_3 um den gleichen Prozentsatz sinken wie K_1. Die Devisenkursarbitrage führt daher solange zu einer Anpassung der Kassakurse untereinander, bis Vorteile aus Dreiecksgeschäften aufgehoben werden. In welchem Verhältnis K_2 und K_3 als Folge eines gesunkenen Dollarkurses in Deutschland K_1 sinken werden, hängt ab von den Angebots- und Nachfrageelastizitäten auf den einzelnen Märkten.

Durch die Kurssicherungsnachfrage der deutschen Zinsarbitrageure steigt der Terminkurs des Dollars in Deutschland T_1, während die Terminkurse des Pfundes T_2 und des Dollars am Londoner Devisenmarkt T_3 zunächst unverändert bleiben. Das Arbitragegleichgewicht zwischen diesen drei Terminkursen ist gestört. Folglich werden deutsche Zinsarbitrageure ihre Kurssicherungsgeschäfte zur Verringerung der Kurssicherungskosten in Form eines Dreiecksgeschäfts abwickeln. Sie erwerben in Deutschland Terminpfunde zum Kurs T_2 und verkaufen sie in London gegen Termindollar zum Kurs T_3. T_2 und T_3 steigen an. Die Devisenkursarbitragegeschäfte kommen dann zum Stillstand, wenn das Produkt aus T_2 und T_3 dem Terminkurs T_1 entspricht.

Die gegenläufige Entwicklung des Kassakurses und des Terminkurses des Dollars am Londoner Devisenmarkt als Folge der Devisenarbitragegeschäfte deutscher Zinsarbitrageure führt dazu, daß der Termindollar in London mit einem Report im Vergleich zum Kassadollar bewertet wird. Da die Geldmarktsätze in London und in New York aber annahmegemäß gleichhoch sind, werden kursgesicherte Geldanlagen englischer Zinsarbitrageure in den USA lohnend, und zwar nicht, um ein

Zinsgefälle, sondern um Kursdifferenzen zwischen dem Devisenkassa- und dem Devisenterminmarkt zu nutzen[32]. Die Geldexporte aus Großbritannien in die USA kommen erst dann zum Stillstand, wenn sich als Folge der Geldexporte die Zinsen in Großbritannien soweit erhöht haben, bis die Zinsdifferenz gegenüber den USA dem Swapsatz des Dollars entspricht. Die Zinsdifferenz zwischen London und New York paßt sich dann einem vorgegebenen Swapsatz an.

Das multilaterale Zinsarbitrage- und Devisenkursarbitragegleichgewicht ergibt sich erst aus einem Zusammenwirken von Devisenkursarbitrage und Zinsarbitrage. Der Swapsatz des Dollars am deutschen Devisenmarkt s_1 paßt sich an die Zinsdifferenz zwischen Deutschland und den USA an, während der Swapsatz des Dollars am englischen Devisenmarkt s_3 Folge von Dreiecks-Devisenkursarbitragegeschäften deutscher Zinsarbitrageure ist. Die Zinsdifferenz zwischen London und New York gleicht sich diesem Swapsatz an. Das Pfund Sterling wird am deutschen Devisenmarkt als Folge der Devisenkursarbitrage mit einem Report bewertet, obwohl Zinsarbitragegeschäfte zwischen Deutschland und Großbritannien nicht möglich sind. Im neuen Zinsarbitragegleichgewicht müssen dann die Bedingungen gelten:

(1) $$s_1 = z_1 - z_3 \; ; \; s_1 > 0$$

(2) $$s_2 > 0$$

(3) $$s_3 = z_2 - z_3 \; ; \; s_3 > 0 \; .$$

Schließlich soll angenommen werden, daß der Londoner Geldmarkt vollständig isoliert ist. Zwischen den Geldmärkten Frankfurt und New York auf der einen und dem Londoner Geldmarkt auf der anderen Seite können Zinsarbitragegeschäfte nicht stattfinden. Bei einer Zinserhöhung in Deutschland werden deutsche Zinsarbitrageure deshalb kursgesicherte Geldmarktkredite nur in den USA aufnehmen. Demzufolge sinkt K_1, und T_1 steigt solange, bis sich ein Report für den Dreimonats-Dollar am deutschen Devisenmarkt herausgebildet hat, der der Zinsparität zwischen Frankfurt und New York entspricht. Durch Devisenkursarbitragegeschäfte werden bei einer Veränderung der Dollarkurse in Deutschland auch die übrigen Wechselkurse beeinflußt, bis das Produkt des Dollarkurses in London K_3 (T_3) und des Pfundkurses in Deutschland K_2 (T_2) dem Dollarkurs in Deutschland K_1 (T_1) entspricht. Durch sinkende Kassakurse K_2 und K_3 und durch das Ansteigen der Terminkurse T_2 und T_3 werden sich Terminprämien für das Pfund Sterling herausbilden, obwohl Zinsarbitragegeschäfte mit dem Londoner Geldmarkt nicht möglich sind. Diese Swapsätze entsprechen nicht Zins-

[32] Lipfert bezeichnet das als „indirekte „Zinsarbitrage". Vgl. Lipfert, H., Internationaler Devisen- und Geldhandel, S. 107.

differenzen zwischen den jeweiligen Geldmärkten, sondern sind allein Folge der Devisenkursarbitrage. Im neuen Gleichgewicht entspricht der Swapsatz des Dollars gegenüber der D-Mark s_1 der Summe der Swapsätze des Pfund Sterlings gegenüber der D-Mark s_2 und des Dollars gegenüber dem Pfund Sterling s_3. Das simultane Zinsarbitrage- und Devisenkursarbitragegleichgewicht ist erreicht, wenn gilt:

$$s_1 = s_2 + s_3 = z_1 - z_3$$

Das Verhältnis der Kassa- und Terminkurse untereinander sowie die Swapsätze s_2 und s_3 werden allein durch die Devisenkursarbitrage bestimmt, während der Swapsatz s_1 sich, als Folge der Devisenmarktgeschäfte der Zinsarbitrageure, dem Zinsgefälle zwischen Deutschland und den USA angleicht. Swapsätze können also allein auf Hemmnisse für den kurzfristigen internationalen Kapitalverkehr zurückzuführen sein. Entsprechen die Swapsätze nicht den Zinsparitäten, so ist zu prüfen, ob Behinderungen des zwischenstaatlichen Kapitalverkehrs bestehen, die das Erreichen des Zinsarbitragegleichgewichts verhindern.

b) Mit spekulativer Fixierung der Terminkurse

Im folgenden sollen die Devisenmarktgeschäfte der Spekulanten berücksichtigt werden. Dabei wird ausgegangen von einem multilateralen Zinsarbitrage- und Devisenkursarbitragegleichgewicht. Die Zinsen in Deutschland sind höher als in London und in New York, die an diesen beiden Geldmärkten gleichhoch sind. Der internationale Kapitalverkehr wird nicht behindert. Die Swapsätze entsprechen damit den jeweiligen Zinsdifferenzen. Als Folge der Devisenmarktgeschäfte der Zinsarbitrageure liegen die Kassakurse des Dollars K_1 und des Pfundes K_2 in Deutschland in der Nähe des unteren Interventionspunktes, die entsprechenden Terminkurse T_1 und T_2 liegen in der Nähe des oberen Interventionspunktes. Die Wechselkurse des Dollars in London K_3 und T_3 sind gleichhoch und entsprechen der Pfund Sterling/Dollar-Parität.

Nehmen die Spekulanten an, daß zwar keine Paritätsänderungen zu erwarten sind, die künftigen Kassakurse in Deutschland K_1 und K_2 aber unterhalb des oberen Interventionspunktes liegen werden, so werden sie solange Termindollars und Terminpfunde anbieten, bis die Terminkurse dieser beiden Valuten den erwarteten künftigen Kassakursen entsprechen. Durch diese Fixierung der Terminkurse sinken die Kurssicherungskosten der Zinsarbitrageure. Deutsche Geschäftsbanken werden deshalb verstärkt Geldmarktkredite im Ausland aufnehmen, und durch das zunehmende Devisenangebot an den Kassamärkten sinken die Kassakurse K_1 und K_2, maximal bis zum jeweiligen unteren Interventionspunkt. Können sich die Swapsätze s_1 und s_2 infolge der Fixierung der Terminkurse durch die Spekulanten und der Begrenzung der Schwankungsbreite der Kassakurse nicht an die Zinsparitäten anpassen, so werden sich, wie im Zwei-Länder-Fall, die Zinsparitäten den Swapsätzen angleichen. Die Zinssätze im Inland werden sinken; Swapsätze bestimmen die Zinsdifferenzen. Die Ergebnisse des Zwei-Länder-Falls behalten ihre Gültigkeit, wenn sich ein Mehr-Länder-Fall in mehrere gleichartige bilaterale Beziehungen aufspalten läßt. Das ist dann der Fall, wenn Währungsindifferenz besteht.

Erwarten die Spekulanten dagegen einen künftigen Kassakurs des Dollars K_1, der unter dem gegenwärtigen Terminkurs T_1 liegt, während sie gleichzeitig annehmen, daß der Terminkurs des Pfundes T_2 dem künftigen Kassakurs K_2 entspricht, so ist die Währungsindifferenz aufgehoben. Die Spekulanten schätzen den künftigen Kassakurs des Dollars schwächer ein als den des Pfund Sterlings. Sie werden deshalb Termindollars verstärkt anbieten, und der Terminkurs des Dollars T_1 sinkt. Bei gegebenem Kassakurs des Dollars K_1 und gesunkenem Terminkurs ist der Report des Dollars s_1 geringer als der Report des Pfundes s_2 am deutschen Devisenmarkt. Die unterschiedlichen Kurssicherungskosten werden deshalb zu einer verstärkten Kreditnachfrage deutscher Zinsarbitrageure in den USA führen. Folglich sinkt der Kassakurs des Dollars K_1, im Extremfall bis zum unteren Interventionspunkt, und das Zinsarbitragegleichgewicht zwischen Frankfurt und New York wird erreicht. Durch den gesunkenen Dollarkurs in Deutschland bei unveränderten Wechselkursen des Pfundes in Frankfurt und des Dollars in London ist aber das Devisenkursarbitragegleichgewicht zwischen den einzelnen Kassa- und Terminmärkten gestört. Es kommt zu Dreiecks-Devisenkursarbitragegeschäften. Deutsche Zinsarbitrageure werden in New York aufgenommene Dollarbeträge am Londoner Devisenkassamarkt gegen Pfund Sterling und den dort erzielten Erlös in Deutschland gegen D-Mark verkaufen. K_2 und K_3 sinken solange, bis sich zwischen den Devisenkassamärkten das Devisenkursarbitragegleichgewicht einstellt. Bei gesunkenem Kassakurs des Pfundes in Deutschland K_2 und gleichbleibendem Terminkurs T_2 wird das Zinsarbitragegleichgewicht zwischen Frankfurt und London gestört, da der Report des Pfundes größer ist als die Zinsdifferenz. Die Geldimporte aus Großbritannien gehen zurück, und durch die verringerte Kurssicherungsnachfrage nach Terminpfunden sinkt der Terminkurs T_2 solange, bis das Zinsarbitragegleichgewicht wieder erreicht ist. Durch den gesunkenen Kassakurs des Dollars in London K_3 bei zunächst gleichbleibendem Terminkurs T_3 ist auch das Zinsarbitragegleichgewicht zwischen London und New York gestört. Der Termindollar wird in London mit einem Report bewertet, obwohl ein Zinsgefälle gegenüber New York nicht besteht. Da der Terminkurs des Dollars in London T_3 höher ist als der Quotient der Terminkurse T_1 und T_2 am deutschen Devisenmarkt, werden Devisenkursarbitrageure in Deutschland Termindollars kaufen und in London verkaufen. Folglich sinkt T_3, und das multilaterale Zinsarbitrage- und Devisenkursarbitragegleichgewicht ist erreicht.

Das multilaterale Gleichgewicht wird also durch folgenden Anpassungsvorgang erreicht: T_1 wird durch die Spekulanten auf einem niedrigeren Niveau fixiert, als es der Zinsparität zwischen Frankfurt und New York entspricht. Der Swapsatz s_1 ist damit geringer als das entsprechende Zinsgefälle. Es werden verstärkte Geldimporte deutscher Zinsarbitrageure aus den USA einsetzen, und durch den sinkenden Kassakurs des Dollars am deutschen Devisenmarkt K_1 paßt sich der Swapsatz des Dollars s_1 der Zinsdifferenz zwischen dem deutschen Geldmarkt und dem amerikanischen Geldmarkt an. Durch Devisenkursarbitragegeschäfte sinken auch die Kassakurse K_2 und K_3, und zwar solange, bis das Devisenkursarbitragegleichgewicht zwischen den Kassamärkten erreicht wird. Dadurch steigt der Report des Pfundes in Deutschland s_2 über die Zinsdifferenz zwischen den Geldmärkten Frankfurt und London. Die Geldimporte aus Großbritannien gehen zurück, und die verringerte Kurssicherungsnachfrage deutscher Zinsarbitrageure führt zu einem Absinken des Terminkurses des Pfundes T_2, das solange fortdauert, bis der Swapsatz des Pfundes s_2 der internationalen Zinsdifferenz entspricht. Schließlich sinkt auch T_3 als Folge der Devisenkursarbitrage, und das multilaterale Gleichgewicht stellt sich ein.

Dieser Anpassungsmechanismus funktioniert aber nur dann, wenn der Kassakurs des Dollars in Deutschland K_1 noch einen genügend großen Spielraum nach unten hat, damit sich der Swapsatz s_1 bei spekulativ fixiertem Terminkurs T_1 an die Zinsdifferenz zwischen Frankfurt und New York anpassen kann. Erwartet die Spekulation dagegen einen künftigen Kassakurs des Dollars, der am unteren Interventionspunkt liegt, und wird der Terminkurs auf diesem Niveau fixiert, so werden deutsche Zinsarbitrageure Geldmarktkredite nur noch in New York aufnehmen, und zwar solange, bis sich die Inlandszinsen an die niedrigeren Zinssätze in New York und London angepaßt haben. Der Swapsatz bestimmt dann das Zinsgefälle. Im neuen Gleichgewicht entsprechen die Kassakurse den Terminkursen der jeweiligen Währung, weil internationale Zinsdifferenzen nicht mehr bestehen.

Erwartet die Spekulation eine Aufwertung der D-Mark, so werden die Terminkurse des Dollars und des Pfund Sterlings am deutschen Devisenmarkt unter den unteren Interventionspunkt am Kassamarkt absinken. Wie im Zwei-Länder-Fall besteht dann kein Zusammenhang zwischen Swapsätzen und internationalen Zinsdifferenzen.

3. Zinsparitätentheorie bei unterschiedlichen Zinsgefällen

Abschließend soll der Fall betrachtet werden, daß eine Zinserhöhung in Deutschland von 5 % auf 7 % von einer gleichzeitigen Zinssenkung in Großbritannien von 5 % auf 3 % begleitet wird, während der Zinssatz in New York nach wie vor 5 % beträgt. Vorausgesetzt wird, daß keine Behinderungen des internationalen Kapitalverkehrs bestehen, und daß die Wechselkurse innerhalb der Bandbreiten allein von den Devisenmarktgeschäften der Arbitrageure bestimmt werden.

Durch die Änderungen der Zinssätze in London und in Frankfurt werden deutsche Zinsarbitrageure Geldmarktkredite sowohl in London als auch in New York aufnehmen, während amerikanische Banken Geldmarktkredite in London nachfragen werden. Durch die damit einhergehenden Devisenmarktgeschäfte der Zinsarbitrageure werden am deutschen Devisenmarkt die Kassakurse K_1 und K_2 sinken, und die Terminkurse T_1 und T_2 werden steigen. Am Londoner Devisenmarkt steigt der Kassakurs des Dollars K_3 und der Terminkurs T_3 sinkt. Bei der angenommenen Zinskonstellation und bei gleichhohen Angebots- und Nachfrageelastizitäten an allen Devisenmärkten sinkt K_1 um ein v. H., T_1 steigt um ein v. H., K_2 sinkt und T_2 steigt um jeweils zwei v. H., während K_3 um ein v. H. steigt und T_3 um ein v. H. sinkt[33]. Die Swapsätze entsprechen dann den jeweiligen Zinsdifferenzen, und die Kurse an den Kassamärkten und den Terminmärkten befinden sich untereinander im Gleichgewicht. Das multilaterale Zinsarbitragegleichgewicht und Devisenkursarbitragegleichgewicht wird in diesem Fall allein durch die mit internationalen Geldmarktgeschäften verbundenen Swapgeschäfte erreicht.

Bei unterschiedlich hohen Angebots- und Nachfrageelastizitäten an den Devisenmärkten dagegen wird das neue Gleichgewicht erst durch ein Zusammenwirken von Zinsarbitrage und Devisenkursarbitrage erreicht. Ist die Angebotselastizität für Kassadollars am deutschen Devisenmarkt geringer als die Nachfrageelastizität für Termindollars, während alle übrigen Elastizitäten gleichhoch sind, so sinkt der Kassakurs des Dollars infolge des Devisenangebots der Zinsarbitrageure um einen geringeren Prozentsatz (z. B. um 0,5 v. H.) als der Terminkurs durch die

[33] Entsprechen im Ausgangsgleichgewicht alle Kassakurse und Terminkurse den jeweiligen Paritäten, so ergibt sich im neuen Gleichgewicht die folgende Konstellation:

Geldmarktsätze	Kassakurse	Terminkurse	Swapsätze
$z_1 = 7\,\%$	$K_1 = 3{,}1900$ DM	$T_1 = 3{,}2547$ DM	$s_1 = +2\,\%$
$z_2 = 3\,\%$	$K_2 = 8{,}2292$ DM	$T_2 = 8{,}5650$ DM	$s_2 = +4\,\%$
$z_3 = 5\,\%$	$K_3 = 0{,}38762$ £	$T_3 = 0{,}379934$ £	$s_3 = -2\,\%$

Kurssicherungsnachfrage (z. B. um 1,5 v. H.) ansteigt. Zwar ist auch in diesem Fall das multilaterale Zinsarbitragegleichgewicht erreicht — die Swapsätze entsprechen den Zinsdifferenzen —, jedoch ist das Gleichgewicht zwischen den Wechselkursen an den Devisenmärkten gestört. Es werden Dreiecks-Devisenkursarbitragegeschäfte einsetzen. Devisenkursarbitrageure werden in Deutschland am Kassamarkt Pfund Sterling kaufen, für den erzielten Pfundbetrag am Londoner Devisenmarkt Dollars nachfragen, um diesen Dollarbetrag dann am deutschen Devisenkassamarkt gegen DM zu verkaufen. Durch diese Transaktionen steigt K_2, und K_3 und K_1 sinken solange, bis das Gleichgewicht zwischen den Kassamärkten erreicht ist und daher Devisenkursarbitragegewinne nicht mehr möglich sind. Entsprechend führen die Transaktionen der Devisenkursarbitrageure zu einem Gleichgewicht zwischen den Devisenterminmärkten, wenn der Terminkurs des Dollars T_1 als Folge einer hohen Nachfrageelastizität überproportional angestiegen ist. Arbitrageure werden dann in Deutschland Terminpfunde nachfragen, den Erlös in London gegen Termindollars verkaufen, um den erzielten Dollarbetrag am deutschen Devisenterminmarkt gewinnbringend zu verkaufen. Folglich werden T_2 und T_3 sinken und T_1 wird steigen, bis das neue Gleichgewicht zwischen den drei Terminkursen erreicht ist. Durch die gegenläufigen Bewegungen des Kassa- und Terminkurses der jeweiligen Währung werden die Swapsätze nicht verändert, das multilaterale Zinsarbitragegleichgewicht also nicht gestört. Die Geschäfte der Devisenkursarbitrageure führen allein zum Arbitragegleichgewicht zwischen den einzelnen Kassakursen und Terminkursen untereinander. Allgemein gilt, daß bei isolierter Erhöhung eines Kassakurses oder Terminkurses das Produkt der übrigen Kassakurse oder Terminkurse steigt. Umgekehrt sinkt das Produkt der anderen Wechselkurse, wenn eine Währung an einem Devisenmarkt niedriger bewertet wird. Das Ausmaß der Kursänderungen aber hängt allein von den Angebots- und Nachfrageelastizitäten an den einzelnen Devisenmärkten ab.

Bei unterschiedlich hohen Angebots- und Nachfrageelastizitäten an den Devisenmärkten wird bei einer Zinserhöhung in Deutschland und gleichzeitiger Zinssenkung am Londoner Geldmarkt das simultane Zinsarbitrage- und Devisenkursarbitragegleichgewicht erst durch ein Zusammenwirken von Zinsarbitrage und Devisenkursarbitrage erreicht. Durch die Devisenkursarbitrage wird jederzeit eine Anpassung der einzelnen Kassa- und Terminkurse entsprechend der Gleichgewichtsbedingung für das Devisenkursarbitragegleichgewicht realisiert, während die Zinsausgleichsarbitrage dann zu einer Anpassung der Swapsätze an internationale Zinsdifferenzen führt, wenn, wie hier angenommen, die Terminkurse nicht durch die Kassakurserwartungen der Spekulanten fixiert werden.

IV. Zusammenfassung

Es hat sich gezeigt, daß die Aussagen der Zinsparitätentheorie in ihrer ursprünglichen Fassung Änderungen erfahren, wenn

- — durch Zentralbankinterventionen die Kassakursschwankungen innerhalb einer festgesetzen Bandbreite gehalten werden,
- — die Entwicklung der Terminkurse von den Kassakurserwartungen der Spekulanten bestimmt wird,
- — die in der Zinsparitätentheorie üblicherweise unterstellte bilaterale Beziehung durch Einbeziehung eines dritten Landes erweitert wird und wenn
- — institutionelle Hemmnisse die freie Beweglichkeit des Kapitals in unterschiedlichem Ausmaß begrenzen.

Unter Einbeziehung dieser realitätsnäheren Randbedingungen ergeben sich zusammengefaßt die folgenden Aussagen der Zinsparitätentheorie:

1. Ohne Paritätsänderungserwartungen kann der Swapsatz einer Währung an einem Devisenmarkt nicht größer sein als die Bandbreite der zulässigen Wechselkursschwankungen am Devisenkassamarkt. Der Swapsatz kann sich also nur dann der Zinsparität anpassen, wenn das internationale Zinsgefälle nicht größer ist als die Bandbreite. Die Zinsdifferenz bestimmt dann den Swapsatz.
2. Bei größeren Zinsdifferenzen werden die durch internationale Kapitalbewegungen ausgelösten Liquiditäts- und Zinseffekte zu einer Verringerung des Zinsgefälles auf die Bandbreite führen. Der Swapsatz bestimmt in diesem Fall die Zinsdifferenz.
3. Wird der Terminkurs von den Spekulanten innerhalb der Bandbreite fixiert, so kann sich der Swapsatz einer vorgegebenen Zinsdiferenz nur dann anpassen, wenn der Kassakurs noch einen genügend großen Spielraum innerhalb des Bandes bis zum jeweiligen Interventionspunkt hat. Anderenfalls bestimmt der durch die Kassakurserwartungen der Spekulanten und die Interventionspunkte am Devisenmarkt fixierte Swapsatz die Zinsdifferenz.
4. Bei einer Paritätsänderungsspekulation fixieren die Spekulanten die Terminkurse außerhalb der Bandbreite der Wechselkurse am Devisenkassamarkt. Es besteht kein Zusammenhang mehr zwischen internationalen Zinsdifferenzen und Swapsätzen. Weder bestimmt die Zinsdifferenz den Swapsatz, noch der Swapsatz die Zinsdifferenz.
5. Im Mehr-Länder-Fall wird das multilaterale Gleichgewicht erst durch ein Zusammenwirken von Zinsarbitrage und Devisenkursar-

bitrage erreicht, wenn die Angebots- und Nachfrageelastizitäten an den einzelnen Devisenmärkten unterschiedlich hoch sind oder wenn Spekulanten, ohne eine Paritätsänderung zu erwarten, annehmen, daß der Terminkurs einer Währung dem künftigen Kassakurs nicht entspricht. Die Swapsätze passen sich dann durch die Geschäfte der Zinsarbitrageure den Zinsdifferenzen an, während die Konstellation der einzelnen Kassa- und Terminkurse untereinander durch die Transaktionen der Devisenkursarbitrageure bestimmt wird.

6. Bei partiellen Hemmnissen des internationalen Kapitalverkehrs können Swapsätze für einzelne Währungen allein Folge von Devisenkursarbitragegeschäften sein, die dann erst Zinsarbitragegeschäfte nach sich ziehen. Die Zinsparität paßt sich auch in diesem Fall dem Swapsatz an.

7. Ist der kurzfristige internationale Kapitalverkehr in einem Land vollständig unterbunden, so werden sich als Folge der Devisenkursarbitrage am Devisenmarkt dieses Landes und für die Währung dieses Landes im Ausland Swapsätze herausbilden, die von den internationalen Zinsdifferenzen abweichen. Swapsätze und Zinsdifferenzen sind dann unabhängig voneinander.

Bei Annahme realitätsnäherer Voraussetzungen müssen die Aussagen der Zinsparitätentheorie modifiziert werden. Swapsätze können zwar Folge von Zinsdifferenzen sein, sie können aber auch ihrerseits Zinsdifferenzen bestimmen, und Swapsätze können unabhängig von der Höhe des internationalen Zinsgefälles bestehen. Die Komplexität der Realität kann in modelltheoretischen Überlegungen nur unvollständig berücksichtigt werden. In einem realitätsnahen Modell zur Erklärung zinsinduzierter kurzfristiger internationaler Kapitalbewegungen müssen alle institutionellen Gegebenheiten berücksichtigt werden. Ändern sich die institutionellen Voraussetzungen, so muß auch das Modell geändert werden. Die große Anzahl möglicher institutioneller Einflüsse auf die internationale Zinsarbitrage und die ständigen Änderungen auf diesem Gebiet lassen es als zweckmäßiger erscheinen, die Zusammenhänge zwischen internationalen Zinsdifferenzen und der Kursbildung an den Devisenmärkten empirisch zu untersuchen.

D. Empirische Überprüfung der Zinsparitätentheorie

I. Ergebnisse bereits vorliegender Untersuchungen

1. Einleitung

Die internationale Zinsarbitrage und die Zusammenhänge zwischen der Kursbildung an den Devisenmärkten und internationalen Zinsdifferenzen waren bislang vorwiegend Gegenstand theoretischer Überlegungen. Bereits vorliegende empirische Untersuchungen auf diesem Gebiet haben die umfassendere Fragestellung zum Gegenstand, welche Determinanten Richtung und Umfang des kurzfristigen internationalen Kapitalverkehr bestimmen. Methodischer Ansatz und Ergebnisse dieser Untersuchungen, die hauptsächlich in den angelsächsischen Ländern durchgeführt wurden, sind zum Teil unterschiedlich[1]. Aus der Reihe der Untersuchungen, die die Bestimmungsgründe des kurzfristigen Kapitalverkehrs der USA zum Gegenstand haben, soll auf die Arbeiten von Bell, Kenen und Stein eingegangen werden, weil sie sich in angewandter Methode und in den Ergebnissen stark unterscheiden.

Drei Untersuchungen befassen sich empirisch mit den Bestimmungsgründen von Komponenten des kurzfristigen Kapitalverkehrs der Bundesrepublik Deutschland[2]. Die Untersuchungsergebnisse dieser Arbeiten sollen dargestellt werden.

---

[1] Bell, Ph. W., Private Capital Movements and the U. S. Balance-of-Payment Position. In: Factors Affecting the United States Balance of Payment. Compilation of Studies prepared for the Subcommittee on International Exchange and Payment of the Joint Economic Committee, Congress of the United States, 87th Congress, 2nd Session, Washington 1962, S. 395 ff.; Kenen, P. B., Short-Term Capital Movements and the U. S. Balance of Payment, Hearings before the Joint Economic Committee, Congress of the United States, 88th Congress, 1st Session, Washington 1963, S. 153 ff.; Stein, J. L., International Short-Term Capital Movements, in: The American Economic Review, Vol. 55, 1965, S. 40 ff.; Branson, W. H., Financial Capital Flows in the United States Balance of Payment, Contributions to Economic Analysis of Capital Movements: The United States-Canadian Case, in: Journal of Political Economy, Vol. 77, 1969, S. 512 ff.; Arndt, S. W., International Short-Term Capital Movements: A Distributed Lag Model of Speculation in Foreign Exchange, in: Econometrica, Vol. 36, 1968, S. 59 ff.; Willet, Th. D. und Forte, F., Interest Rate Policy and External Balance, in: The Quarterly Journal of Economy, Vol. 83, 1969 No. 2, S. 242 ff.; Hodjera, Z., Short-Term Capital Movements of the United Kingdom, 1963 - 1967, in: Journal of Political Economy, Vol. 79, No. 4, 1971, S. 739 ff.

[2] Branson, W. H., und Hill, R. D., Capital Movements among Major OECD Countries: Some Preliminary Results, in: The Journal of Finance, Vol. 26,

2. Untersuchungen für die Vereinigten Staaten

Bell versucht, mit Hilfe multipler Regressionsgleichungen die kurzfristigen Forderungen und Verbindlichkeiten des privaten Sektors der USA gegenüber dem Ausland im Zeitraum von 1957 bis 1959 zu erklären[3]. Bell verwendet Vierteljahreswerte. Die unabhängigen Variablen seines Modells sind Zinssätze für Schatzwechsel, Kassakurse und Terminkurse sowie die amerikanischen Exporte von Gütern und Leistungen. Die Zinssätze verwendet Bell in unterschiedlicher Weise. Er regressiert die kurzfristigen Forderungen und Verbindlichkeiten der USA gegenüber dem Ausland mit Zinssätzen, mit Bruttozinsdifferenzen und mit Nettozinsdifferenzen, um die Regressionsgleichung zu finden, die den privaten kurzfristigen Kapitalverkehr der USA am besten erklärt. Eine theoretische Begründung für diese unterschiedlichen Ansätze bietet Bell nicht.

Bell kommt zu dem Ergebnis, daß der Bestand der amerikanischen privaten kurzfristigen Auslandsforderungen hauptsächlich von den amerikanischen Exporten bestimmt wird, während Zinsdifferenzen kaum von Bedeutung sind. Nur bei der Ermittlung der Bestimmungsgleichung der kurzfristigen Forderungen in Auslandswährung gegenüber Europa zeigt sich eine geringe Abhängigkeit von Nettozinsdifferenzen zwischen den Schatzwechselrenditen in den USA und in Großbritannien.

Auch die privaten kurzfristigen Dollarverbindlichkeiten der USA gegenüber dem Ausland sind nach Bells Untersuchung kaum zinsabhängig. Die Bruttozinsdifferenz war in keinem Fall eine signifikante Erklärungsvariable. Nur in einem Fall hatte der Regressionskoeffizient der Nettozinsdifferenz das richtige Vorzeichen bei gleichzeitiger Absicherung gegenüber der Nullhypothese. Bell schließt aus seinen Untersuchungen, daß Zinsüberlegungen für den kurzfristigen Kapitalverkehr der USA kaum eine Rolle spielen.

Kenen[4] bestimmt Regressionsgleichungen zur Erklärung von Veränderungen der Auslandsforderungen und -verbindlichkeiten der amerikanischen Geschäftsbanken und der Wirtschaftsunternehmen im Zeitraum von 1958 bis 1961 auf der Basis von Vierteljahreswerten. Als Erklärungsvariablen verwendet Kenen unter anderem verschiedene Zins-

---

1971, No. 2, S. 269 ff.; Ou, C. C. F., Demand for Short-Term Foreign Assets by the German Banks, in: The Journal of Finance, Vol. 27, No. 3, S. 653 ff.; Müller, H., und Westphal, U. Der kurzfristige internationale Kapitalverkehr der Kreditinstitute der Bundesrepublik Deutschland, 1960 - 1970, Versuch einer ökonometrischen Analyse, in: Weltwirtschaftliches Archiv, Bd. 105, 1970, S. 395 ff.

[3] Bell, Ph. W., Private Capital Movements.

[4] Kenen, P. B., Short-Term Capital Movements.

differenzen, nämlich Differenzen zwischen dem Zinssatz für Schatzwechsel in den USA und dem Dreimonats-Euro-Dollarsatz bzw. dem Zinssatz für Schatzwechsel in Kanada, sowie Differenzen zwischen Zinssätzen für Bankakzepte in Großbritannien und für kurzfristige Bankkredite in den USA, jeweils ohne und mit Kurssicherungskosten.

Im einzelnen kommt Kenen zu folgenden Untersuchungsergebnissen:

— Die Veränderungen der kurzfristigen Auslandsforderungen und -verbindlichkeiten des gesamten privaten Sektors in den USA sind zinsabhängig.

— Nettozinsdifferenzen haben einen höheren Erklärungswert für den kurzfristigen Kapitalverkehr als Bruttozinsdifferenzen.

— Eine Zinsabhängigkeit der Kreditgewährung amerikanischer Banken an Ausländer läßt sich nicht feststellen. Die Geldmarktanlagen europäischer Banken in den USA sind dagegen zinsabhängig.

— Dollarforderungen amerikanischer Banken gegenüber dem Ausland sind hoch korreliert mit der Differenz zwischen dem Euro-Dollar-Satz und dem Zinssatz für Schatzwechsel in den USA.

— Die Dollarverbindlichkeiten amerikanischer Banken gegenüber Europa lassen sich vor allem mit Nettozinsdifferenzen zwischen Schatzwechseln in Großbritannien und in den USA erklären.

— Ein Zusammenhang zwischen kurzfristigen Auslandsforderungen und amerikanischen Exporten ist nicht festzustellen.

Kenens Untersuchungsergebnisse unterscheiden sich diametral von denen Bells. Kenen stellt eine starke Zinsabhängigkeit des kurzfristigen Kapitalverkehrs fest, während nach Bell Zinsdifferenzen eine unbedeutende Rolle spielen. Bell erklärt den kurzfristigen Kapitalverkehr hauptsächlich mit dem Umfang der amerikanischen Exporte, während der Export von Gütern und Leistungen bei Kenen keine signifikante Erklärungsvariable ist. Die unterschiedlichen Ergebnisse von Bell und Kenen sind zum Teil darauf zurückzuführen, daß Kenen im Gegensatz zu Bell den Einfluß unterschiedlicher Zinsdifferenzen testet, und daß er die Transaktionen der Geschäftsbanken von denen der Wirtschaftsunternehmen trennt. Von Bedeutung ist aber auch der in diesen beiden Untersuchungen gewählte unterschiedliche methodische Ansatz. Bell verwendet den stock-Ansatz, d. h. er regressiert den Bestand der kurzfristigen Auslandsforderungen und -verbindlichkeiten mit verschiedenen Einflußgrößen, während Kenen vom flow-Ansatz ausgeht, also Bestandsveränderungen zu erklären versucht. In beiden Untersuchungen kommt übereinstimmend zum Ausdruck, daß Nettozinsdifferenzen einen größeren Erklärungwert für die kurzfristigen privaten Auslandsforderungen und -verbindlichkeiten haben als Bruttozinsdifferenzen. Dabei wird die hohe Autokorrelation zwischen Swapsätzen und Nettozinsdifferenzen nicht beachtet. Die Swapsätze werden entscheidend von den Transaktionen der Zinsarbitrageure bestimmt, die sich wiederum in der Nettoauslandposition der USA niederschlagen. Die Erklärungsvariable — die Nettozinsdiferenz — wird also zum Teil bestimmt von der abhängigen Variablen — dem kurzfristigen Kapitalverkehr. Diese starke Autokorrelation zwischen Nettozinsdifferenzen und Swapsätzen wird nicht eliminiert. Darüber hinaus führt die Verwendung von Nettozinsdifferenzen zu einem „confounding of speculative and interest induced movements of short-term capital“[5]. Swapsätze und Nettozinsdifferenzen können ebenso wie Umfang und Richtung des kurzfristigen internationalen Kapitalverkehrs Folge von Paritätsänderungsspekulationen sein. Die spekulative Komponente wird in beiden Untersuchungen nicht gesondert berücksichtigt. Schließlich ist festzustellen, daß sich beide Untersuchungen auf nur zwölf Quartalswerte stützen. Es ist fraglich, ob Regressionsanalysen auf der Basis derart kurzer Reihen allein zu abschließenden Ergebnissen führen können.

Die Untersuchung von Stein geht aus von einer Kritik an den Untersuchungen von Kenen und Bell[6]. Stein ermittelt Regressionsgleichungen zur Erklärung der Forderungen und der Verbindlichkeiten der amerikanischen Banken gegenüber dem Ausland. Dabei berücksichtigt er spekulative kurzfristige Kapitalbewegungen, eliminiert Substitutionseffekte zwischen den verschiedenen Formen der Anlage liquider Mittel der Banken und überprüft, ob die Verwendung des stock-Ansatzes oder des flow-Ansatzes zu besseren Ergebnissen führt. Stein verwendet gesonderte Erklärungsvariablen für den zinsinduzierten und für den spekulativen kurzfristigen internationalen Kapitalverkehr. Den zinsinduzierten kurzfristigen Kapitalverkehr sieht er in Abhängigkeit von Differenzen zwischen Zinssätzen für Schatzwechsel in den USA und in Großbritannien. Die Auswahl der Zinssätze begründet er damit, daß „any study of the impact of monetary policy must contain the policy variables as independent variables“[7]. Die spekulative Komponente des kurzfristigen internationalen Kapitalverkehrs berücksichtigt er in einem Schätzwert, der auf Differenzen zwischen der Kassakursentwicklung und der Entwicklung der Terminkurse bei gegebenen Zinsdifferenzen basiert[8].

[5] Stein, J. L., International Short-Term Capital Movements, S. 40.

[6] Stein, J. L., International Short-Term Capital Movements.

[7] Stein, J. L., S. 57

[8] Stein kritisiert zu recht, daß Kenen und Bell das Spekulationsmotiv für kurzfristige internationale Kapitalbewegungen nicht berücksichtigt haben. Stein verweist darauf, daß im Zeitraum von August bis November 1961 die Anlagen liquider Mittel ausländischer Banken in den USA stark zunahmen,

Stein verzichtet auf die Verwendung unterschiedlicher Zinsdifferenzen in einer Regressionsgleichung, um Substitutionseffekte zwischen verschiedenen Anlageformen liquider Mittel in den USA auszuschalten[9]. Schließlich untersucht Stein, ob die Verwendung von stocks oder flows zu besseren Ergebnissen führt. Dazu regressiert er Bestandsveränderungen und Bestände der kurzfristigen Auslandsforderungen und kurzfristigen Auslandsverbindlichkeiten mit den gleichen Einflußfaktoren.

Ähnlich wie Kenen kommt Stein zu dem Ergebnis, daß internationale Zinsdifferenzen von großer Bedeutung für die Auslandsposition der amerikanischen Banken sind. Bestände und Bestandsveränderungen der kurzfristigen Forderungen amerikanischer Banken gegenüber dem Ausland sind eng korreliert mit Differenzen zwischen den Zinssätzen für Schatzwechselkredite in Großbritannien und in den USA. Die kurzfristigen Verbindlichkeiten der Banken gegenüber dem Ausland dagegen sind kaum zinsabhängig, sondern sind eng korreliert mit der Spekulationsvariablen. In beiden Fällen führt der flow-Ansatz zu besseren Ergebnissen. Die statistisch meßbaren Zusammenhänge zwischen Bestandsveränderungen der kurzfristigen Auslandsforderungen und Auslandsverbindlichkeiten der amerikanischen Banken und den unabhängigen Variablen sind stärker als die Zusammenhänge zwischen Beständen und den Erklärungsvariablen.

Die Untersuchung von Stein führt über die Arbeiten von Bell und Kenen hinaus. Aber auch bei Stein bleiben wichtige Fragen unbeantwortet. So stellt Stein fest, daß zwar die Geldexporte amerikanischer Banken zinsabhängig sind, nicht jedoch die Geldimporte. Es ist schwer vorstellbar, daß amerikanische Geschäftsbanken zinsgünstigere Refinanzierungsquellen im Ausland nicht in Anspruch nehmen sollten, wenn keine Behinderungen des internationalen Kapitalverkehr bestehen. Eine Erklärung für dieses überraschende Ergebnis bietet Stein nicht.

In keiner dieser drei amerikanischen Untersuchungen wird der Versuch unternommen, zu erklären, aus welchen Gründen Bestände oder

---

obwohl die Schatzwechselrendite in Großbritannien höher war als in den USA. Ursache für die Zunahme der liquiden Anlagen von Ausländern in den USA war nicht das Zinsgefälle gegenüber dem Ausland, sondern die Spekulation auf eine Pfundabwertung, die sich in hohen Reports für den Dollar am Londoner Devisenmarkt auswirkte. Dadurch wurde das Zinsgefälle zugunsten einer Anlage liquider Mittel in englischen Schatzwechseln überkompensiert, und kursgesicherte Anlagen englischer Banken in amerikanischen Schatzwechseln brachten einen Kurssicherungsgewinn. Zur Ermittlung des Schätzwertes für die spekulative Komponente vgl. Stein, J. L., S. 45 ff.

[9] Stein weist signifikante negative Korrelationen zwischen verschiedenen Formen der Anlage liquider Mittel von Ausländern in den USA nach. Steigen z. B. die Anlagen englischer Nichtbanken in amerikanischen Schatzwechseln, so verringern sich ihre Einlagen bei amerikanischen Banken und umgekehrt.

Bestandsveränderungen kurzfristiger Forderungen und/oder Verbindlichkeiten der Banken und/oder der Nichtbanken gegenüber dem Ausland von Änderungen des internationalen Zinsgefälles unabhängig sind. Auf möglicherweise bestehende institutionelle Beschränkungen oder administrative Behinderungen des internationalen Kapitalverkehrs, die das effektive Zinsgefälle gegenüber dem Ausland beeinflussen, den kurzfristigen Kapitalverkehr mit dem Ausland erschweren oder sogar unterbinden, wird nicht eingegangen. Vielfach fehlt die ökonomische Interpretation der statistischen Berechnungen. Nur bei Stein findet sich eine Erklärung für die Auswahl der Zinssätze, an denen das internationale Zinsgefälle gemessen wird. Aber auch Stein verwendet nur Zinssätze, die für das Aktivgeschäft der Banken, nicht dagegen für ihr Passivgeschäft, von Bedeutung sind. Die Vermutung liegt nahe, daß die Ergebnisse dieser drei Untersuchungen anders ausgefallen wären, wenn zunächst überprüft worden wäre, welche Relevanz verschiedene kurzfristige Zinssätze in den USA und im Ausland für die internationale Zinsarbitrage besitzen. Weiterführende empirische Untersuchungen über den Umfang des zinsinduzierten kurzfristigen internationalen Kapitalverkehr sind erst dann erfolgversprechend, wenn die für die internationale Zinsarbitrage relevante Zinsdifferenz bekannt ist.

3. Untersuchungen für die Bundesrepublik Deutschland

Branson und Hill bestimmen Regressionsgleichungen zur Erklärung der Kapitalverkehrsbilanzsalden von sechs OECD-Ländern, darunter der Bundesrepublik Deutschland, für den Zeitraum von 1960 bis 1969[10].

Bei der Ermittlung der Bestimmungsgleichung für Kapitalverkehrsbilanzsalden der Bundesrepublik gehen sie davon aus, daß „the U.S. and U.K. short-term rates should be interpreted as the best set among a number of sets of foreign interest rates“[11]. Branson und Hill können mit einer multiplen Regressionsgleichung, in die als unabhängige Variablen Differenzen zwischen Schatzwechselzinssätzen in Deutschland und in den USA bzw. in Großbritannien, sowie Differenzen zwischen Zinssätzen für Staatsanleihen in diesen Ländern eingehen, rund 67 v. H. der Salden der Kapitalverkehrsbilanz der Bundesrepublik erklären.

Branson und Hill verwenden Bruttozinsdifferenzen. Kurssicherungskosten oder Kurssicherungserträge, die internationale Kapitalbewegungen induzieren können, wenn die Swapsätze als Folge spekulativer Erwartungen vom internationalen Zinsgefälle abweichen, werden eben-

---

[10] Branson, W. H., und Hill, R. D., Capital Movements among Major OECD, countries.

[11] Branson, W. H., und Hill, R. D., Capital Movements among Major OECD Countries, S. 277.

sowenig berücksichtigt, wie spekulative Kapitalbewegungen. Sie beziehen in ihre Untersuchung das Jahr 1969 nicht ein, weil „german capital movements were particularly pushed by speculative pressures in 1969“[12].

Es ist fraglich, ob Differenzen zwischen Zinssätzen für Schatzwechsel in Deutschland und im Ausland die von Branson und Hill angenommene große Bedeutung für den internationalen Kapitalverkehr der Bundesrepublik Deutschland haben. Der Schatzwechselabgabesatz ist in Deutschland nur einer unter mehreren anderen Bestimmungsgründen der Zinsentwicklung an den monetären Märkten. Seine hauptsächliche Funktion beschränkt sich darauf, daß er eine untere Bremslinie für die Zinsentwicklung am Geldmarkt bildet[13]. Er reflektiert also nicht unmittelbar den mittelfristigen Liquiditätsbedarf des Geschäftsbankensystems wie der Zinssatz für Schatzwechselkredite in den angelsächsischen Ländern. Ansatz und Ergebnisse dieser Untersuchung sind daher deshalb unbefriedigend, weil die institutionellen Bedingungen des monetären Sektors in der Bundesrepublik und das spekulative Motiv internationaler Kapitalbewegungen nicht berücksichtigt wurden.

Ou bestimmt eine Regressionsgleichung zur Erklärung des Anteils der ausländischen Geldmarktanlagen an den gesamten liquiden Anlagen der deutschen Geschäftsbanken im Zeitraum von 1963 bis 1968[14]. Die unabhängigen Variablen seines Modells sind Bruttozinsdifferenzen gegenüber dem Ausland, das Niveau kurzfristiger Zinssätze in Deutschland, die Kurssicherungskosten ausländischer Geldmarktanlagen und eine Größe für die Veränderung der Bankenliquidität. Als Maßstab für das internationale Zinsgefälle verwendet Ou die Differenz zwischen dem Schatzwechselabgabesatz in der Bundesrepublik und dem Dreimonats-Euro-Dollar-Satz. Für das Niveau kurzfristiger Zinssätze in Deutschland berechnet Ou das arithmetische Mittel aus dem Tagesgeldsatz, dem Dreimonats-Geldmarkt-Satz und dem durchschnittlichen Zinssatz für festverzinsliche Wertpapiere. Die Kurssicherungskosten werden angegeben durch den Swapsatz des Dreimonats-Dollars am deutschen Devisenmarkt. Änderungen der Bankenliquidität mißt Ou mit Veränderungen des Bargeldumlaufs, Transaktionen der Deutschen Bundesbank mit öffentlichen Haushalten und Änderungen der Auslandsanlagen der Banken.

Ou kann mit seinem Modell rund 70 v. H. der Veränderungen der ausländischen Geldmarktanlagen deutscher Kreditinstitute an den ge-

---

12 Ebenda, S. 277.

13 Vgl. Köhler, Cl., Geldwirtschaft, S. 163 ff.

14 Ou, C. C. F., Demand for Short-Term Foreign Assets by the German Banks.

samten liquiden Anlagen erklären. Das beste Ergebnis erhält er, wenn er neben der Zinsdifferenz den Swapsatz des Dollars und Veränderungen der Bankenliquidität ohne Abzug der Mindestreserven berücksichtigt und für Veränderungen des Zinsniveaus in Deutschland einen timelag von einem Monat einführt.

Auch in dieser Untersuchung werden die institutionellen Bedingungen des monetären Sektors in der Bundesrepublik nur unzureichend erfaßt. Das wird deutlich in der Variablen zur Berücksichtigung von Veränderungen der Bankenliquidität[15] und in der Überschätzung der Bedeutung des Schatzwechselabgabesatzes für den Liquiditätsausgleich der Banken. Im Gegensatz zu Branson und Hill begründet Ou dagegen die Auswahl des kurzfristigen Auslandszinssatzes zur Bestimmung des internationalen Zinsgefälles. Ou wählt den Dreimonats-Euro-Dollar-Satz, weil „the euro-currency markets ... absorb the largest portions of total funds invested abroad by german banks“[16]. Ou stellt fest, daß „governmental restrictions on capital flows have been numerous and their impact is rather substantial“[17]. Diese ökonomischen Rahmenbedingungen werden von Ou aber deshalb nicht in die Untersuchung einbezogen, weil „preliminary statistical experiments did not produce satisfactory results“[18]. Zugleich aber stellt er fest: „One of the main reasons for the unsatisfactory results in this field is the everchanging international economic settings which introduce many specific factors in the system, many of which are almost impossible to include[19].“ Es ist Ou zuzustimmen, daß die Vielfalt der Wirklichkeit nicht immer vollständig

---

15 Der Umfang der liquiden Mittel der Banken wird in der Bundesrepublik Deutschland nur durch Transaktionen der Deutschen Bundesbank mit Nichtbanken beeinflußt. Diese Transaktionen können entweder aus Markteinflüssen resultieren (Auslandsgeschäft der Zentralbank, Kassentransaktionen öffentlicher Haushalte mit der Zentralbank, Bargeldumlauf und Direktgeschäfte der Zentralbank mit der Wirtschaft) oder sie können kreditpolitische Eingriffe darstellen. Die kreditpolitischen Instrumente zur Beeinflussung des Umfangs der liquiden Mittel der Banken sind: Offenmarktpolitik mit Nichtbanken, Offenmarktpolitik in langfristigen Wertpapieren mit Banken, Einlagen/Schuldenpolitik und Refinanzierungskontingentpolitik. Von diesen liquiditätsbestimmenden Transaktionen der Zentralbank berücksichtigt Ou nur zwei Marktfaktoren, nämlich den Bargeldumlauf und die öffentlichen Kassentransaktionen. Veränderungen der Auslandsanlagen dagegen beeinflussen den Umfang der liquiden Mittel der Banken dann nicht, wenn feste Wechselkurse bestehen. Änderungen des Bestandes der Geldmarktanlagen der Banken im Ausland beeinflussen nur die Verwendung, nicht aber den Umfang der liquiden Mittel der Banken. Vgl. Köhler, Cl., Geldwirtschaft, a.a.O., S. 82 ff.

16 Ou, C. C. F., Demand for Short-Term Foreign Assets by the German Banks, S. 655.

17 Ebenda, S. 653.

18 Ou, C. C. F., Demand for Short-Term Foreign Assets by the German Banks, S. 657.

19 Ebenda, S. 653.

in einer statistischen Untersuchung erfaßt werden kann. Empirische Untersuchungen können sich dann nicht allein mit Regressionsanalysen begnügen, wenn wichtige institutionelle Bedingungen darin unberücksichtigt bleiben.

Müller und Westphal stellen sich die Aufgabe, „die Bestimmungsfaktoren des kurzfristigen Kapitalverkehrs der Kreditinstitute der Bundesrepblik“[20] zu untersuchen, um den „Einfluß der geld- und devisenpolitischen Maßnahmen der Deutschen Bundesbank auf den kurzfristigen internationalen Kapitalverkehr eingehend zu analysieren“[21].

Sie ermitteln auf der Basis von Monatsdurchschnittswerten Schätzgleichungen zur Erklärung des Anteils der kurzfristigen Auslandsforderungen und Auslandsverbindlichkeiten am Bruttovermögen der deutschen Kreditinstitute im Zeitraum von Juli 1960 bis Mai 1970. Als unabhängige Variablen verwenden sie die Bruttozinsdifferenz zwischen dem Dreimonats-Geldmarktsatz in Deutschland und dem Dreimonats-Euro-Dollar-Satz, Veränderungen der freien Liquiditätsreserven, sowie Schätzwerte für die swappolitischen Interventionen der Deutschen Bundesbank und der Wechselkurserwartungen. Für den Dreimonats-Euro-Dollar-Satz entscheiden sie sich in Übereinstimmung mit der Praxis der Deutschen Bundesbank[22] deshalb, weil der Euro-Dollarmarkt zu einer von deutschen Kreditinstituten bevorzugten Anlage- und Refinanzierungsalternative zum deutschen Geldmarkt geworden sei. Mit der Zinsdifferenz zwischen Dreimonats-Euro-Dollar und Dreimonatsgeld unter Banken am deutschen Geldmarkt als unabhängige Variable können Müller und Westphal allein 81,3 v. H. des Swapsatzes des Dreimonats-Dollars am deutschen Devisenmarkt erklären. Damit steht für die Verfasser fest, daß Zinsdifferenzen zwischen dem deutschen Geldmarkt und dem Euro-Dollarmarkt entscheidend sind für internationale Zinsarbitragegeschäfte.

Müller und Westphal stellen eine starke Zinsabhängigkeit der kurzfristigen Auslandsforderungen der Banken fest. Sie erklären mit ihren Regressionsgleichungen rund zwei Drittel der Varianz des Anteils der kurzfristigen Auslandsforderungen am Bruttovermögen der Kreditinstitute. Der entscheidende Bestimmungsfaktor ist dabei die Zinsdifferenz zwischen dem deutschen Geldmarkt und dem Euro-Dollarmarkt. Alle anderen Einflußfaktoren sind dagegen fast bedeutungslos. Müller und Westphal schließen aus ihrer Untersuchung, „daß ein Ansteigen (Sin-

---

[20] Müller, H., und Westphal, U., Der kurzfristige internationale Kapitalverkehr der Kreditinstitute der Bundesrepublik Deutschland 1960 - 1970, S. 395.

[21] Ebenda, S. 398.

[22] Vgl. Geschäftsbericht der Deutschen Bundesbank für das Jahr 1969, S. 52.

ken) des Zinssatzes für Dreimonatsgeld auf dem Euro-Dollarmarkt (deutschen Geldmarkt) um einen Prozentpunkt den Anteil der kurzfristigen Auslandsforderungen am Geschäftsvolumen der Kreditinstitute — unter sonst gleichen Bedingungen — um rund 0,25 Prozentpunkte erhöht"[23].

Bei der Ermittlung der Schätzgleichungen zur Bestimmung des Anteils der Auslandsverbindlichkeiten am Bruttovermögen der Kreditinstitute zeigt sich dagegen keine eindeutige Zinsabhängigkeit. Die Verfasser führen dieses Ergebnis darauf zurück, daß die Verzinsung von Auslandseinlagen durch die wechselnden devisenpolitischen Regelungen beschränkt war und diese Beschränkung in einer statistischen Untersuchung kaum zu erfassen sind. Der größte statistische Zusammenhang der Auslandsverbindlichkeiten besteht mit Wechselkurserwartungen. Alle anderen Einflußfaktoren haben dagegen einen sehr geringen, oft statistisch nicht gesicherten Erklärungswert. Daraus schließen die Verfasser, daß sich Spekulationen auf eine Aufwertung der D-Mark stärker in einer Zunahme der kurzfristigen Auslandsverbindlichkeiten als in einer Abnahme der Auslandsforderungen niederschlagen.

Die Untersuchung von Müller und Westphal ist die einzige eingehende Analyse der Bestimmungsgründe eines Teils des kurzfristigen Kapitalverkehrs der Bundesrepublik Deutschland. Bei der Ermittlung der für die internationale Zinsarbitrage relevanten Zinsdifferenz beschränken sich die Verfasser auf eine Überprüfung des statistischen Zusammenhangs zwischen einer ausgewählten Zinsdifferenz und dem Swapsatz. Dabei verwenden sie Monatsdurchschnittswerte. Aus dem errechneten hohen Wert für das Bestimmtheitsmaß schließen die Verfasser, daß sich die Zinsarbitragegeschäfte der Banken an diesem Zinsgefälle orientieren. Diese Schlußfolgerung ist nicht zwingend. Banken haben täglich Entscheidungen zu treffen über die Aufnahme von Geldmarktkrediten oder die Anlage liquider Mittel. Werden zur Ermittlung der Zinsdifferenz, an der sich die internationale Zinsarbitrage hauptsächlich orientiert, Monatsdurchschnittswerte aus täglichen Angaben herangezogen, so besteht die Gefahr, daß die ökonomischen Zusammenhänge nicht erfaßt werden, da verschiedene kurzfristige Zinssätze innerhalb eines Monats die gleiche trendmäßige Entwicklung aufweisen. Neben die Ermittlung des Zusammenhanges zwischen Zinsdifferenzen und Swapsätzen mit Hilfe statistischer Methoden unter Verwendung von Tageswerten muß die ökonomische Erklärung treten. Hohe Werte für statistische Abhängigkeitsmaße können theoretische Begründungen nicht ersetzen.

---

[23] Müller, H., und Westphal, U., Der kurzfristige internationale Kapitalverkehr, S. 425.

Werden auf der Basis derartiger Untersuchungsergebnisse Analysen über die Wirksamkeit zentralbankpolitischer Instrumente zur raschen Verringerung des Zinsgefälles gegenüber dem Ausland angestellt, so besteht die Gefahr für Fehlschlüsse. Ohne genaue Kenntnis des Ablaufs der internationalen Zinsarbitrage und der Zinsdifferenzen, an denen sich Zinsarbitrageure orientieren, also ohne theoretische Konzeption, sind empirische Untersuchungen, die sich auf eine Bestimmung von Regressionsgleichungen nach dem Prinzip des best fit zur Erklärung des kurzfristigen internationalen Kapitalverkehrs beschränken, nicht erfolgversprechend.

II. Einführung in die folgende empirische Untersuchung

Ziel der folgenden empirischen Untersuchung ist es, die Zinssätze im Inland und im Ausland und damit die Zinsdifferenz zu ermitteln, an der sich der zinsinduzierte kurzfristige Kapitalverkehr der Bundesrepublik Deutschland orientiert.

In den bereits vorliegenden empirischen Untersuchungen werden unterschiedliche Zinsdifferenzen als Maß für das internationale Zinsgefälle verwendet. Branson und Hill verwenden Differenzen zwischen Zinssätzen für Schatzwechselkredite in verschiedenen Ländern, Ou Differenzen zwischen dem Schatzwechselabgabesatz in Deutschland und dem Dreimonats-Euro-Dollar-Satz, und Müller/Westphal benutzen als Maßstab für das Zinsgefälle gegenüber dem Ausland die Zinsdifferenzen zwischen Dreimonatsgeld unter Banken in Deutschland und Dreimonats-Euro-Dollar. Für den Unternehmensbereich stellt die Deutsche Bundesbank das internationale Zinsgefälle als Differenz zwischen dem um 3,5 Prozentpunkte erhöhten Diskontsatz und dem um einen Nichtbankenaufschlag von 0,5 Prozentpunkten erhöhten Dreimonats-Euro-Dollar-Satz dar[24]. Da alle kurzfristigen Zinssätze eines einheitlichen Währungsgebietes in engem Zusammenhang stehen, wird sich zwischen allen genannten Zinsdifferenzen und den Swapsätzen ein mehr oder weniger straffer statistischer Zusammenhang feststellen lassen, ohne daß klar herauskommt, an welcher Zinsdifferenz sich deutsche Zinsarbitrageure primär orientieren.

Von besonderer Bedeutung für die Zinsarbitrage sind die internationalen Geldmarktgeschäfte der Banken. Sie nehmen zugleich am Devisenhandel teil, sie verfügen über die erforderlichen Bankverbindungen mit dem Ausland, haben Marktübersicht und den erforderlichen Apparat zur Durchführung internationaler Zinsarbitragegeschäfte. In erster Linie werden daher Geschäftsbanken internationale Zinsdiffe-

---

[24] Vgl. Monatsberichte der Deutschen Bundesbank, September 1972, S. 40.

renzen zur Erzielung zusätzlicher Erträge oder zur Vermeidung zusätzlicher Kosten nutzen. Bestehen keine Hemmnisse für den kurzfristigen internationalen Kapitalverkehr, so werden die internationalen Geldmarktgeschäfte der Banken in Kombination mit Devisenmarktgeschäften rasch zu einem Abbau internationaler Nettozinsdifferenzen führen.

Internationale Zinsarbitragegeschäfte der Wirtschaftsunternehmen sind dagegen oft erst Folge der Transaktionen der Geschäftsbanken. Sind die liquiden Mittel der Banken knapp und die Geldmarktsätze im Inland hoch, so werden sich inländische Geschäftsbanken teilweise im Ausland refinanzieren, und sie werden ihren Kunden nahelegen, Kredite im Ausland aufzunehmen. Die Banken können dadurch eine weitere Inanspruchnahme ihrer knappen Liquidität vermeiden und zugleich bei einer Verwendung der von Wirtschaftsunternehmen im Ausland aufgenommenen Kredite für Zahlungen im Inland mit einer Zunahme der Einlagen rechnen. Differenzen zwischen inländischen und ausländischen Geldmarktsätzen können deshalb als Maßstab für das internationale Zinsgefälle sowohl für den Bankenbereich als auch für den Nichtbankensektor verwendet werden[25]. Werden Nichtbanken Aufschläge zu den unter Banken taxierten Geldmarktsätzen berechnet, so ist das Zinsgefälle für den Unternehmenssektor nur dann unterschiedlich zu dem des Bankenbereichs, wenn die Nichtbankenzuschläge im Inland und im Ausland divergieren. Aus diesen Gründen werden die Zusammenhänge zwischen internationalen Geldmarktzinsdifferenzen und der Kursbildung an den Devisenmärkten überprüft. Orientiert sich die internationale Zinsarbitrage hauptsächlich an Differenzen zwischen Geldmarktsätzen an internationalen Finanzplätzen, so muß ein straffer Zusammenhang zwischen diesen Zinsdifferenzen und den Swapsätzen der jeweiligen Valuta bestehen.

Die modellmäßige Untersuchung des Ablaufs der internationalen Zinsarbitrage hat gezeigt, daß es eine unzweckmäßige Vereinfachung ist, das internationale Zinsgefälle allein gegenüber einem ausländischen Finanzplatz zu bestimmen. Vielmehr bestehen soviel Zinsgefälle gegenüber dem Ausland, wie es ausländische Finanzplätze gibt, mit denen Kapitalverkehrsbeziehungen möglich sind. Werden alle relevanten Zinsdifferenzen in die Untersuchung einbezogen, so werden die Zusammenhänge zwischen den einzelnen Zinssätzen, den Zinsdifferenzen

[25] Dafür spricht auch, daß seit der Aufhebung der Zinsbindung am 1. 7. 1967 sich die Banken bei der Festsetzung der Zinssätze für kurzfristige Kredite an Nichtbanken verstärkt am Umfang der liquiden Mittel orientieren. Der Sachverständigenrat ging sogar so weit, festzustellen, daß seit der Zinsfreigabe ein geschlossener Geldmarkt für Banken nicht mehr existiert, sondern daß seitdem auch erste Adressen aus dem Unternehmenssektor Zugang zum Geldmarkt haben. Vgl. Sachverständigenrat zur Begutachtung der gesamtwirtschaftlichen Entwicklung, Jahresgutachten 1967/1968, Stabilität im Wachstum, Stuttgart und Mainz 1967, Ziff. 170.

und den Swapsätzen unüberschaubar. Deshalb sollen die Zusammenhänge zwischen Zinsdifferenzen zwischen Geldmärkten für D-Mark und Geldmärkten für US-Dollar bzw. Pfund Sterling und den Swapsätzen für diese Valuten am deutschen Devisenmarkt empirisch überprüft werden. US-Dollar und Pfund Sterling werden deshalb gewählt, weil diese beiden Währungen wichtige Transaktionswährungen für den internationalen Handel sind, und weil den Finanzplätzen New York und London zentrale Bedeutung für die Außenhandelsfinanzierung und für die Aufnahme kurzfristiger Finanzkredite bzw. für die Anlage liquider Mittel beigemessen wird.

Seitdem mit dem Euro-Geldmarkt ein funktionsfähiger Außenmarkt für Währungen entstanden ist, sind für die internationale Zinsarbitrage neben Zinsdifferenzen zwischen nationalen Geldmärkten auch Zinsdifferenzen zwischen nationalen Geldmärkten und dem Euro-Geldmarkt, sowie Zinsunterschiede zwischen den verschiedenen am Euro-Geldmarkt gehandelten Währungen zu beachten.

Um einen ersten Anhaltspunkt dafür zu gewinnen, an welcher Zinsdifferenz sich die internationale Zinsarbitrage orientiert, werden die statistischen Zusammenhänge zwischen Swapsätzen des Dollars und des Pfundes am deutschen Devisenmarkt mit unterschiedlichen Zinsdifferenzen untersucht. Dabei werden, soweit das statistische Material es erlaubt, Tageswerte für Zinsdifferenzen und Swapsätze verwendet. Bei der Anwendung statistischer Untersuchungsmethoden darf aber nicht übersehen werden, daß die Aussagekraft der Ergebnisse beschränkt ist. Gute Werte für statistische Abhängigkeitsmaße sind noch keine Garantie dafür, daß die zugrunde liegenden theoretischen Überlegungen von den Beobachtungen bestätigt werden. So läßt ein hoher Korrelationskoeffizient als Schätzwert für den Zusammenhang in der normalverteilten Grundgesamtheit[26] zwischen einer Zinsdifferenz gegenüber dem

---

[26] Die Korrelationsanalyse hat die Abhängigkeit zweier zufälliger Variabler zum Gegenstand. Sie geht dabei von der Voraussetzung aus, daß die beiden Zufallsvariablen eine zweidimensionale Normalverteilung aufweisen. Der Korrelationskoeffizient r ist ein Schätzwert für den Zusammenhang in der normalverteilten Grundgesamtheit. Man bezeichnet ihn als Produktmoment-Korrelationskoeffizienten nach Bravais und Pearson. Er beschreibt den linearen Zusammenhang zwischen zwei Zufallsvariablen. Ist der Korrelationskoeffizient gleich plus Eins oder gleich minus Eins, dann liegt eine vollständige Korrelation vor: Die den Wertepaaren der Zufallsvariablen entsprechenden Punkte liegen alle auf einer geraden Linie. Der Unterschied zwischen positiven und negativen Werten für r besteht nicht in der Stärke des Zusammenhangs, sondern in der Richtung. Bei positivem r sind große Werte der einen Variablen mit großen Werten der anderen Variablen verbunden. Es besteht eine positive Korrelation. Zwei Variable nennt man unkorreliert, wenn r gleich Null ist, und um so stärker korreliert, je näher r bei Eins liegt. Unabhängige zufällige Variable sind unkorreliert. Vgl. Sachs, L., Statistische Auswertungsmethoden, 2. Aufl., Heidelberg und New York, 1969, S. 374 ff.

Ausland und dem Swapsatz einer Währung am deutschen Devisenmarkt allein nicht den Schluß zu, daß sich die Transaktionen deutscher Zinsarbitrageure an dieser Zinsdifferenz orientieren. Mit Hilfe statistischer Untersuchungsmethoden können keine Kausalzusammenhänge aufgedeckt werden. Auch bei einem straffen statistischen Zusammenhang zwischen einer Zinsdifferenz und Swapsätzen einer Währung bleibt ungeklärt, ob diese Zinsdifferenz den Swapsatz bestimmt oder umgekehrt die Zinsdifferenz sich einem fixierten Swapsatz anpaßt. Will die empirische Analyse sich den Vorwurf ersparen, „measurement without theory“ zu sein, so muß neben die Beschreibung der Zusammenhänge mit Hilfe statistischer Methoden die ökonomische Erklärung der Abhängigkeiten auf der Basis eines theoretischen Konzepts treten. Dabei sind die institutionellen Gegebenheiten zu berücksichtigen.

III. Überprüfung der Zinsparitätentheorie anhand von Zinsdifferenzen zwischen Geldmärkten für D-Mark und Geldmärkten für US-Dollar

1. Die Bedeutung des Zinsgefälles zwischen dem deutschen Geldmarkt und dem amerikanischen Geldmarkt für die internationale Zinsarbitrage

a) Die Struktur des amerikanischen Geldmarktes

Die Abgrenzung des Geldmarktes von den übrigen monetären Märkten muß auf der Basis der institutionellen Bedingungen des jeweiligen monetären Systems vorgenommen werden. Eine Abgrenzung des Geldmarktes als Markt für den partiellen Liquiditätsausgleich unter Banken von anderen monetären Märkten, wie in Deutschland üblich[27], ist in den USA nicht gebräuchlich. Die Finanzmärkte in den USA werden in den Geldmarkt und in den Kapitalmarkt unterteilt. Alleiniges Abgrenzungskriterium ist die Dauer der Mittelbereitstellung[28]. Die Überlassung finanzieller Mittel mit einer Dauer von einem Jahr und länger wird dem Kapitalmarkt zugerechnet, während Kreditbeziehungen mit einer Befristung von unter einem Jahr zum Geldmarkt zählen.

Objekte des amerikanischen Geldmarktes sind Geldmarktpapiere privater und öffentlicher Emittenten und Geldmarktdarlehen. Im einzelnen lassen sich die in Tabelle 1 aufgeführten Marktobjekte unterscheiden.

---

[27] Vgl. Brehmer, E., Struktur und Funktionsweise des Geldmarktes der Bundesrepublik Deutschland seit 1948, 2. Aufl., Tübingen 1964.

[28] Vgl. Nowak, R., Der Finanzmarkt New York, Eine ökonomische Analyse des objektivierten Geld- und Kapitalmarktes in den USA, Bankwirtschaftliche Schriftenreihe, hrsg. von Hintner, O. und Linhardt, H., Bd. 9, Köln und Opladen 1967, S. 4 ff.

Tabelle 1

Marktobjekte des amerikanischen Geldmarktes

Marktobjekt	Laufzeit
Geldmarktpapiere	
1. der Bundesregierung	
a) treasury bills	3, 6, 9 und 12 Monate
b) treasury notes	Restlaufzeit von unter einem Jahr
c) treasury bonds	Restlaufzeit von unter einem Jahr
2. des privaten Sektors	
a) commercial papers	3 bis 6 Monate
b) bankers' acceptances	3 Monate
c) certificates of deposit	zumeist 3 bis 6 Monate
Geldmarktdarlehen	
federal funds	zumeist ein Tag

Quelle: Wilson, J. S. G., Money Markets in the United States of America, in: Banca Nazionale del Lavore, Quarterly Review, No. 95, 1970, S. 343 ff.

Marktteilnehmer des amerikanischen Geldmarktes sind öffentliche Stellen, das Federal Reserve System, der private Sektor der USA (Geschäftsbanken, Wirtschaftsunternehmen und private Haushalte) und das Ausland. Die amerikanische Bundesregierung emittiert treasury bills, die vom Federal Open Market Committee am Geldmarkt plaziert werden. Treasury notes — Schuldverschreibungen der Bundesregierung mit Laufzeiten von einem Jahr bis zu sieben Jahren — werden wie treasury bonds — Staatsanleihen mit einer Laufzeit von mindestens sieben Jahren — am Kapitalmarkt emittiert. Umlaufende treasury notes und treasury bonds mit einer Restlaufzeit von unter einem Jahr werden dagegen dem Geldmarkt zugerechnet. Bundesregierung, Staaten und Gemeinden legen liquide Mittel, z. B. Kassenüberschüsse, verzinslich am Geldmarkt an. Wirtschaftsunternehmen und Geschäftsbanken treten sowohl als Emittenten von Geldmarktpapieren — commercial papers, bankers' acceptances und certificates of deposit — als auch als Anleger am Geldmarkt auf. Private Haushalte der USA können ebenso wie private und öffentliche Stellen des Auslands liquide Mittel verzinslich in Geldmarktpapieren anlegen. Der Marktbereich für

Geldmarktkredite (federal funds) ist dagegen für amerikanische Nichtbanken und für Ausländer verschlossen. Federal funds sind Zentralbankguthaben der dem Federal Reserve System angeschlossenen Geschäftsbanken, die vor allem zum Ausgleich der Mindestreservepositionen zwischen den Geschäftsbanken gehandelt werden. Der Markt für federal funds bewältigt den kurzfristigen partiellen Liquiditätsausgleich unter den Banken. „Über 95 Prozent aller Geschäfte lauten über 24 Stunden (Tagesgeld); nur selten werden längere Zeiträume überbrückt[29].“ Für die internationale Zinsarbitrage ist der Marktbereich für Geldmarktdarlehen nicht zugänglich, sondern allein der Marktbereich für Geldmarktpapiere.

Verzinsung und Liquiditätsgrad der am amerikanischen Geldmarkt gehandelten Titel sind unterschiedlich. Der Liquiditätsgrad der Geldmarktpapiere wird von der Aufnahmefähigkeit der Zirkulationsmärkte für umlaufende Geldmarkttitel bestimmt. Generell gilt, daß die Aufnahmefähigkeit der Zirkulationsmärkte mit dem Volumen der umlaufenden Geldmarkttitel ansteigt. Die folgende Tabelle zeigt den Umlauf der verschiedenen Arten von Geldmarktpapieren in den USA Ende 1971.

Das Umlaufsvolumen von Geldmarktpapieren der amerikanischen Bundesregierung ist größer als das von Geldmarktpapieren privater Emittenten. Dementsprechend ist auch der Zirkulationsmarkt für umlaufende Geldmarktpapiere des amerikanischen Schatzamtes besonders aufnahmefähig, ein Verkauf dieser Papiere vor dem Fälligkeitstermin jederzeit möglich. Eine kurzfristige Anlage liquider Mittel deutscher Zinsarbitrageure in treasury notes und treasury bonds mit einer Restlaufzeit von unter einem Jahr kommt dennoch nicht in Betracht. Treasury notes und treasury bonds werden vom Federal Reserve System im Auftrag des Schatzamtes über government securities dealers[30] zum Nennwert in Umlauf gebracht. Diese Wertpapiere sind mit Zinsscheinen versehen, und sie werden zu festgelegten Terminen verzinst. Die Rücknahme bei Fälligkeit geschieht zum Nominalwert. Bei Annäherung an den Fälligkeitstermin verringert sich zwar das Kursrisiko einer Anlage, aber eine kurzfristige Mittelanlage in treasury notes und treasury bonds mit einer Restlaufzeit von unter einem Jahr zwischen zwei Zinsterminen erbringt keinen Zinsertrag. Die maximale Verzinsung von treasury bonds ist auf 4,5 % p. a. limitiert; eine Anlage in diesen Papieren daher wenig attraktiv[31]. Der Zinsertrag einer kurz-

---

29 Nowak, R., Der Finanzmarkt New York, S. 187.

30 Dazu zählen neben acht Geschäftsbanken elf Nichtbanken. Vgl. Wilson, J. S. G., Money Markets in the United States of America, S. 346.

31 Diese Zinslimitierung hatte zur Folge, daß seit 1965 keine treasury bonds mehr emittiert werden konnten. Vgl. Wilson, J. S. G., Money Markets in the United States of America, S. 345.

Tabelle 2

Umlauf von Geldmarktpapieren in den USA Ende Dezember 1971

Arten	Umlauf in Mio. Dollar	Anteil am Gesamtumlauf in v.H.
Bundestitel:		
treasury bills	97 505	51,1
andere[a])	21 636	11,3
zusammen	119 141	62,4
Geldmarktpapiere privater Emittenten:		
commercial papers	29 934	15,7
bankers' acceptances	7 889	4,1
certificates of deposit[b])	34 018	17,8
zusammen	71 841	37,6
Gesamtvolumen aller im Umlauf befindlichen Geldmarktpapiere	190 982	100,0

a) Treasury notes and treasury bonds mit einer Restlaufzeit von unter einem Jahr.
b) Mit einem Nennwert von 100 000 Dollar und mehr.
Quelle: Federal Reserve Bulletin, April 1972, tables A 30, A 33, A 40.

fristigen Mittelanlage in notes und bonds über einen Zinstermin hinweg wird darüber hinaus dadurch geschmälert, daß government securities dealers bei der Rücknahme der Papiere einen Diskontabschlag in Rechnung stellen. Treasury notes und treasury bonds sind daher als Gegenstand der internationalen Zinsarbitrage ohne Bedeutung.

Treasury bills bringen keine laufenden Zinseinnahmen. Sie werden als einzige Bundestitel mit einem Abschlag (Diskont) emittiert und gehandelt, der sich mit Annäherung an den Fälligkeitstermin immer mehr verringert. Sie werden zum Nominalwert zurückgenommen. Die Zinssätze für Schatzwechsel sind nach der Laufzeit von drei, sechs, neun und zwölf Monaten gestaffelt. Treasury bills mit einer Laufzeit von drei Monaten haben den größten Anteil an den umlaufenden und neu emittierten Schatzwechseln.

Die Marktbereiche für federal funds und für treasury bills bilden „the core of the national money market"[32] der USA. Die dort getätigten

[32] Wilson, J. S. G., Money Markets in the United States, S. 343.

Umsätze machen etwa 90 v. H. aller Geldmarkttransaktionen aus[33]. Während der Zinssatz für federal funds den täglich wechselnden Liquiditätsbedarf der Geschäftsbanken wiedergibt, ist der Zinssatz für Schatzwechselkredite der amerikanischen Bundesregierung zugleich Indikator für den mittelfristigen Liquiditätsbedarf des privaten Sektors und für den Kurs der amerikanischen Kreditpolitik. Das ist auf die dominierende Rolle der Offenmarktpolitik innerhalb des kreditpolitischen Instrumentariums des Federal Reserve Systems zurückzuführen. „The Federal Reserve System uses open market purchases and sales of United States government securities as its most flexible means of influencing bank reserve positions and the availability of bank credit[34].“ Einfluß auf die Liquiditätsreserven und auf das Kreditschöpfungspotential des Bankensystems wird durch Variation des Emissionsvolumens von Schatzwechseln und durch Käufe und Verkäufe umlaufender treasury bills ausgeübt. Die Emission neuer Schatzwechsel wird in einer für jedermann offenen Versteigerung (Tenderverfahren) vorgenommen. Der größte Teil der Umsätze wird aber über die großen Geschäftsbanken in New York und darauf spezialisierte Händler abgewickelt[35]. Das Emissionsvolumen wird wöchentlich vom Schatzamt ausgeschrieben. Das Federal Reserve System nimmt als fiscal agent des Staates Kaufofferten der Interessenten entgegen und teilt nach Eingang aller Gebote den geplanten Emissionsbetrag zu, beginnend mit dem Bewerber, der den höchsten Preis zu zahlen bereit ist. Im Unterschied zu der Bundesrepublik, in der das Zinsfestsetzungsverfahren bei der Abgabe von Schatzwechseln angewandt wird[36], gibt es in den USA daher keinen einheitlichen Ausgabekurs für eine Serie. Der mittlere Emissionskurs wird aus den beiden Extremwerten der Versteigerung ermittelt, der als Anhaltspunkt für den Marktsatz der umlaufenden Schatzwechsel dient. Das Federal Reserve System hält zur Geldmarktregulierung ständig einen hohen Anteil der umlaufenden treasury bills in eigenem Bestand[37]. Soll ein restriktiver Effekt auf den Wirtschaftsablauf ausgeübt werden, so tritt das Federal Reserve System auch am Zirkulationsmarkt als Verkäufer von treasury bills auf. Das zunehmende Angebot wird nur bei einem erhöhten Diskont, also mit steigender Verzinsung, abgenommen. Umgekehrt sinkt die Verzinsung, wenn das Federal Reserve System als Käufer von Schatzwechseln auftritt und

---

33 Vgl. Nowak, R., Der Finanzmarkt New York, S. 225.

34 Meek, P., Open Market Operations, Federal Reserve Bank of New York, 1969, S. 6.

35 Zur technischen Abwicklung der Offenmarktgeschäfte in den USA vgl. Meek, P., Open Market Operations.

36 Vgl. Köhler, Cl., Geldwirtschaft, S. 164.

37 Ende Dezember 1971 hielt das Federal Reserve System Schatzwechsel in einem Betrag von 31,0 Mrd. Dollar bei einem Gesamtumlauf von 97,5 Mrd. Dollar. Quelle: Federal Reserve Bulletin, February 1972, table A 44.

dadurch dem Bankensystem Liquidität zuführt. Durch Offenmarktgeschäfte wird nicht nur die Verzinsung von Schatzwechseln bestimmt, sondern es werden zugleich andere Geldmarktsätze und die Zinssätze für Bankkredite beeinflußt. So läßt sich ein straffer statistischer Zusammenhang, ausgedrückt in den Werten der Korrelationskoeffizienten, für die Verzinsung von Geldanlagen in treasury bills und der prime rate[38] ($r = +0{,}8662$), sowie den Zinssätzen für federal funds ($r = +0{,}9419$), für bankers' acceptances ($r = 0{,}9814$) und für commercial papers ($r = +0{,}9675$) feststellen[39]. Dabei ist der statistisch meßbare Zusammenhang zwischen den Zinssätzen für treasury bills und Zinssätzen für Geldmarktpapiere privater Emittenten gleicher Laufzeit etwas größer als mit den Zinssätzen für Tagesgeld (federal funds) oder der prime rate, dem Basiszins für kurzfristige Bankkredite an erste Adressen.

Die Zinssätze für dreimonatige Schatzwechsel sind von zentraler Bedeutung für das Klima an allen monetären Märkten der USA. Änderungen der Verzinsung von treasury bills beeinflussen in gleicher Richtung die Zinssätze an den anderen Märkten. Im Rahmen des amerikanischen Geldmarktes ist der Marktbereich für umlaufende treasury bills von größerer Bedeutung als der Emissionsmarkt. Liquide Mittel können jederzeit verzinslich in umlaufenden Schatzwechseln angelegt werden, und die hohe Aufnahmefähigkeit des Zirkulationsmaktes ermöglicht einen jederzeitigen Verkauf der Papiere mit jeder Restlaufzeit bis zur Fälligkeit. Banken und Wirtschaftsunternehmen, Staaten und Gemeinden sowie private Haushalte in den USA legen daher Liquiditätsreserven bevorzugt in treasury bills an[40], obwohl die Zinssätze für treasury bills am unteren Ende der Zinsskala für Geldmarktpapiere liegen, etwa 0,5 bis 1 Prozentpunkt unter den Zinssätzen für Geldmarkttitel privater Emittenten — bankers' acceptances, commercial papers und certificates of deposit. Auch Ausländer halten liquide Mittel in treasury bills. Der Markt für treasury bills ist der Bereich des amerikanischen Geldmarktes, der am stärksten internationalisiert ist[41]. Traditionsgemäß legen ausländische Notenbanken den

---

[38] Als prime rate wird der Zinssatz bezeichnet, den die führenden amerikanischen Banken ihrem jeweiligen „most creditworthy customer" für kurzfristige Kredite in Rechnung stellen. Die prime rate übt die Funktion eines Basiszinses aus. Allen anderen Kunden werden Kreditzinsen berechnet, die um einen bestimmten Prozentsatz über der prime rate liegen. Der Kreis der Kunden, denen die Stufe der höchsten Kreditwürdigkeit zuerkannt wird, ist sehr eng. Vgl. o. V., The Prime Rate, in: Federal Reserve Bank of New York, Review, vol. 44, 1962, S. 54 ff.

[39] Berechnet für den Zeitraum von Januar 1967 bis Juli 1971 auf der Basis von Monatsdurchschnittswerten nach Angaben im Federal Reserve Bulletin, lfd. Ausgaben.

[40] Vgl. Wilson, J. S. G., Money Markets in the United States of America, S. 345.

[41] Vgl. Nowak, R., Der Finanzmarkt New York, S. 204.

größten Teil ihrer Dollarreserven in treasury bills an[42]. Ende 1971 hielten Ausländer Wertpapiere des amerikanischen Schatzamtes im Wert von 46,9 Mrd. Dollar[43]. Das entspricht einem Anteil von 11,1 v. H. des Gesamtumlaufs. Darin enthalten sind nicht marktfähige notes, die speziell für den Internationalen Währungsfonds emittiert wurden, Anlagen ausländischer Zentralbanken und Geldanlagen des privaten Sektors des Auslands. Für die internationale Zinsarbitrage eignen sich von den amerikanischen Bundestiteln allein treasury bills. Bei der Bestimmung des Zinsgefälles zwischen dem deutschen Geldmarkt und dem amerikanischen Geldmarkt müssen daher die Zinssätze von Dreimonats-treasury bills berücksichtigt werden.

Neben einer Anlage liquider Mittel deutscher Zinsarbitrageure in treasury bills kommen Anlagen in bankers' acceptances, in commercial papers und in certificates of deposit in Betracht. Bankers' acceptances sind von Geschäftsbanken akzeptierte Tratten, die von Wirtschaftsunternehmen auf die akzeptierenden Banken gezogen wurden. Gemäß Federal Reserve Act dürfen bankers' acceptances nur für die Finanzierung des internationalen Handels und die Lagerung dafür vorgesehener Waren ausgestellt werden[44].

Ende 1971 hielten die accepting banks 44 v. H. des Gesamtumlaufs von Bankakzepten im Wert von 7,889 Mrd. Dollar, 7 v. H. dieser Geldmarktpapiere befanden sich im Bestand des Federal Reserve Systems, und 49 v. H. der Bankakzepte wurden von Finanzierungsgesellschaften, von Wirtschaftsunternehmen und von Ausländern gehalten. Nur 23 v. H. der Ende 1971 im Besitz von accepting banks befindlichen Bankakzepte, das entspricht einem Betrag von 0,8 Mrd. Dollar, waren am Geldmarkt angekauft worden, während 77 v. H. eigene Akzepte waren[45]. Daraus wird ersichtlich, daß das Bankakzept im Rahmen des amerikanischen Geldmarktes von geringer Bedeutung ist. Nur etwa 1 v. H. der täglichen Umsätze am amerikanischen Geldmarkt werden in bankers' acceptances abgewickelt[46]. Ein Teil dieser Umsätze geschieht dabei nicht aufgrund von Geldmarktbedürfnissen, sondern als Austausch zwischen selbstdiskontierenden Akzeptbanken, um die bei einer Veräußerung an

---

[42] Im Jahre 1971 erhöhten sich die Dollarreserven der Zentralbanken außerhalb der USA um 29,8 Mrd. Im gleichen Zeitraum stieg die Anlage ausländischer Notenbanken in amerikanischen Bundestiteln um 26,3 Mrd. Dollar. Vgl. Balbach, A., Will Capital Reflows Induce Domestic Interest Rate Changes?, in: Federal Reserve Bank of St. Louis, Review, July 1972, S. 3.

[43] Vgl. Federal Reserve Bulletin, February 1972, table A 44.

[44] Vgl. Hein, M., Die internationalen Geldmarktgeschäfte westdeutscher Banken, S. 53.

[45] Vgl. Federal Reserve Bulletin, February 1972, table A 33.

[46] Vgl. Nowak, R., Der Finanzmarkt New York, S. 225.

Nichtbanken erforderliche zweite Bankunterschrift zu erhalten[47]. Ein aufnahmefähiger Zirkulationsmarkt, der es erlaubt, Bankakzepte jederzeit vor Fälligkeit zu veräußern, besteht nicht. Das Bankakzept dürfte daher für ausländische Anleger als Alternative zu einer Geldanlage in Schatzwechseln von geringer Bedeutung sein. Da eine Anlage liquider Mittel durch ausländische Zinsarbitrageure aber möglich ist, sollen auch die Zinssätze für bankers' acceptances bei der Bestimmung des Zinsgefälles zwischen dem deutschen Geldmarkt und dem Geldmarkt der USA berücksichtigt werden.

Commercial papers sind Solawechsel erster Industrie- und Handelsunternehmen. In der statistischen Erfassung werden dazu auch finance papers gerechnet, Solawechsel der Sales-Finance Companies, das sind Spezialinstitute zur Absatzfinanzierung von Konsumgütern. Commercial papers dürfen gemäß Federal Reserve Act nicht von Banken ausgestellt werden. Bis zur partiellen Aufhebung der Regulation Q am 24. 6. 1970, die Höchstzinssätze für Termin- und Spareinlagen verordnete, war es aber üblich, daß Geschäftsbanken unter Einschaltung anderer Unternehmen commercial papers unterbrachten. „ ‚Bank-related' papers consists of commercial papers issued by bank holding companies, affiliates of bank holding companies, or affiliates of banks, in order to obtain access to additional resources at time when the interest rate ceilings applied under Regulation Q made it virtually impossible to attract a suffiicent volume of funds in the form of negotiable time deposits[48]."

Commercial papers werden mit einem Blankoindossament versehen in den Verkehr gebracht und von commercial paper houses bzw. von commercial paper dealers unter Abzug eines Diskonts und einer Provision fest übernommen. Nachfrager von commercial papers sind vornehmlich kleinere und mittlere commercial banks, für die diese Papiere eine erstklassige und hochliquide Anlageform darstellen. Die Bedeutung der commercial papers für den amerikanischen Geldmarkt wird hauptsächlich durch die Struktur des amerikanischen Bankwesens bestimmt. Nur in einigen Staaten der USA ist es den Banken gestattet, Filialen außerhalb der Region der Hauptniederlassung zu gründen[49]. Durch die Ausgabe von „bank-related" commercial papers können kleinere Banken ihr Geschäft über die Grenzen ihres regionalen Bereichs hinaus ausdehnen. Commercial papers fungieren so als „Mittler zwischen den lokalen Kreditmärkten, sie besorgen den interregionalen Liqui-

---

[47] Vgl. Nowak, R., Der Finanzmarkt New York, S. 182.

[48] Wilson, J. S. G., Money Markets in the United States, S. 365.

[49] Zu den einzelstaatlichen Regelungen vgl. Whittlesey, C. R., Fredman, A. M., und Herman, E. S., Money and Banking, New York 1964, S. 531 ff.

ditätsausgleich und machen dadurch das gesamte Bankensystem elastischer"[50].

Commercial papers können nur in Ausnahmefällen vor Fälligkeit vom Erwerber verwertet werden[51]. Dabei berechnen die commercial paper houses den Inhabern einen Zinsabschlag von etwa 1/8 % p. a. Neuerdings können aber commercial banks beim Erwerb von commercial papers mit den commercial paper houses eine „Master Note Agreement" schließen. Dabei verpflichtet sich das commercial paper house, die abgegebenen Papiere kurzzeitig in Pension zu nehmen, wenn die Liquiditätslage der aufnehmenden Bank das erforderlich werden läßt. Ein Diskont wird dabei nicht berechnet[52].

Anlagen von Ausländern in commercial papers sind möglich. Die Bedeutung dieser Geldmarktpapiere für die internationale Zinsarbitrage dürfte aber geringer sein als die hochliquider treasury bills.

Certificates of deposit sind von Geschäftsbanken ausgestellte Bescheinigungen über Einlagen, gegen deren Vorlage die Banken die Depositen auszahlen. Sie dienen der Aufnahme von Termingeldern. Die am Geldmarkt gehandelten Stücke lauten über mindestens 0,5 Mio. Dollar, meist über 1 Mio. Dollar oder ein Vielfaches davon. Die Zertifikate können mit allen Laufzeiten über dreißig Tage ausgegeben werden, die meisten lauten auf Laufzeiten zwischen drei und sechs Monaten. Die Zinssätze für certificates of deposit liegen in der Regel zusammen mit den Zinssätzen für commercial papers am oberen Ende der Zinsskala der Geldmarktpapiere, etwa 0,5 bis 1,0 Prozentpunkte über den Zinssätzen für treasury bills. Mit Hilfe der übertragbaren, in ihrer Verzinsung nicht gebundenen, certificates of deposit umgingen die amerikanischen Banken die für das Passivgeschäft restriktiven Regulation Q. Vor der Aufhebung der Regulation Q lagen die Zinssätze für certificates of deposit daher meistens über den Regulation Q-Obergrenzen[53].

Abnehmer der certificates of deposit sind hauptsächlich Wirtschaftsunternehmen, die mit diesen Papieren eine hochverzinsliche Anlagemöglichkeit liquider Mittel zwischen den großen Steuerzahlungsterminen haben. Da neben dem Emissionsmarkt ein aufnahmefähiger Zirkulationsmarkt für diese Geldmarktpapiere besteht, ist die Verfügbarkeit über in certificates of deposit angelegte liquide Mittel nicht beschränkt. Certificates of deposit kommen auch für die Anlage liquider Mittel durch Ausländer in Betracht.

---

50 Nowak, R., Der Finanzmarkt New York, S. 177.

51 Vgl. Lipfert, H., Internationaler Devisen- und Geldhandel, S. 130.

52 Vgl. Wilson, J. S. G., Money Markets in the United States, S. 367.

53 Vgl. Bank für Internationalen Zahlungsausgleich, 40. Jahresbericht, Basel 1970, Schaubild S. 177.

Unter den Marktobjekten des amerikanischen Geldmarktes bieten sich in erster Linie certificates of deposit und treasury bills für eine Geldanlage durch Ausländer an. Beide Geldmarktpapiere stellen hochliquide Anlageformen dar. Certificates of deposit werden höher verzinst als treasury bills, haben aber den Nachteil, daß sie nur in großen Stückelungen abgegeben werden. Bankers' acceptances und commercial papers haben einen geringeren Liquiditätsgrad. Gleichwohl sind Geldanlagen durch Ausländer in diesen Wertpapieren möglich. Bei der Bestimmung des Zinsgefälles zwischen dem deutschen Geldmarkt und dem amerikanischen Geldmarkt sollen daher die Zinssätze für treasury bills, certificates of deposit, commercial papers und bankers' acceptances berücksichtigt werden.

b) Untersuchungsergebnisse

Orientieren sich die Transaktionen deutscher Zinsarbitrageure an den amerikanischen Geldmarktsätzen, so müßten die Swapsätze des Dreimonats-Dollars am deutschen Devisenmarkt den Zinsdifferenzen zwischen dem deutschen Geldmarkt und dem amerikanischen Geldmarkt entsprechen. Steigen z. B. die Zinssätze amerikanischer Geldmarktpapiere über den Dreimonats-Geldmarktsatz in Deutschland, so würden Geldexporte aus der Bundesrepublik in die USA einsetzen. Die Devisenmarktgeschäfte deutscher Zinsarbitrageure würden zu einer Höherbewertung des Dollars am deutschen Devisenkassamarkt als im Dreimonats-Terminmarkt führen, und die Geldexporte kämen zum Stillstand, wenn der Terminabschlag (Deport) des Dollars am deutschen Devisenmarkt der Zinsdifferenz zwischen Deutschland und den USA entspricht, das Zinsarbitragegleichgewicht also erreicht ist. In der statistischen Untersuchung der Abhängigkeiten müßte das in hohen Werten der Korrelationskoeffizienten für den Zusammenhang zwischen Swapsätzen des Dreimonats-Dollars in Deutschland und Zinsdifferenzen zwischen dem deutschen und dem amerikanischen Geldmarkt zum Ausdruck kommen.

Die Zusammenhänge zwischen dem Zinsgefälle zwischen dem deutschen Geldmarkt und dem amerikanischen Geldmarkt — gemessen an Zinsdifferenzen zwischen dem Dreimonats-Geldmarktsatz in Deutschland und Zinssätzen für Dreimonats-treasury bills, certificates of deposit, commercial papers und bankers' acceptances in den USA — und Swapsätzen des Dreimonats-Dollars am deutschen Devisenmarkt wurden für den Zeitraum von Januar 1968 bis März 1972 ermittelt. Für Zinsdifferenzen und Swapsätze mußten Monatsdurchschnitte aus täglichen Angaben verwendet werden, da tägliche Werte der amerikanischen Geldmarktsätze nicht vorliegen[54]. Die Berechnungen ergaben die in der folgenden Tabelle angegebenen Werte der Korrelationskoeffizienten für den statistischen Zusammenhang von Zinsdifferenzen zwischen dem deutschen Geldmarkt und dem Geldmarkt der USA mit Swapsätzen des Dreimonats-Dollars in Deutschland.

Tabelle 3

Korrelationskoeffizienten für den statistischen Zusammenhang von Swapsätzen des Dollars mit Zinsdifferenzen zwischen dem deutschen Geldmarkt und dem amerikanischen Geldmarkt (Januar 1968 bis März 1972)

	Dreimonats-Geldmarktsatz in Deutschland minus Zinssatz für			
	bankers' acceptances	commercial papers	certificates of deposit	treasury bills
Dreimonats-Swapsatz des Dollars	$r = + 0{,}8448$	$r = + 0{,}8245$	$r = + 0{,}8151$	$r = + 0{,}8187$

Alle Korrelationskoeffizienten weisen einen relativ straffen Zusammenhang zwischen Swapsätzen des Dollars und diesen Zinsdifferenzen aus. Eine Erhöhung des Zinsgefälles zugunsten einer Anlage liquider Mittel am amerikanischen Geldmarkt war mit einer Erhöhung des Terminabschlags des Dollars am deutschen Devisenmarkt verbunden, und der Deport des Dollars verringerte sich, wenn dieser Zinsanreiz zurückging. Die hohen Werte der Korrelationskoeffizienten lassen aber nicht den Schluß zu, daß sich die Transaktionen deutscher Zinsarbitrageure an Zinsdifferenzen zwischen dem deutschen Geldmarkt und dem amerikanischen Geldmarkt orientieren. In keinem Monat des Untersuchungszeitraums entsprachen die Swapsätze des Dollars den Zinsdifferenzen, das Zinsarbitragegleichgewicht zwischen diesen beiden Geldmärkten wurde niemals erreicht.

Von Anfang 1968 bis Oktober 1969 lag der Dreimonats-Geldmarktsatz in Deutschland unter den Zinssätzen amerikanischer Geldmarktpapiere (vgl. Abb. 4). In diesem Zeitraum wurde der Dollar am deutschen Dreimonats-Devisenterminmarkt mit Deports bewertet, ein Ergebnis, das nach den Aussagen der Zinsparitätentheorie erwartet wird. Die Terminabschläge waren aber durchweg höher als die Zinsdifferenzen. Sie schwankten zwischen 2,1 % p. a. im Februar 1968 und 7 % im

[54] *Quellen:* Zinssätze für commercial papers, bankers' acceptances und treasury bills: Federal Reserve Bulletin; Swapsätze und Zinssätze für Dreimonatsgeld in Deutschland: Monatsberichte der Deutschen Bundesbank; Zinssätze für certificates of deposit: Balbach, A., Will Capital Reflows Induce Domestic Interest Rate Changes?, S. 3.

Mai 1969[55]. Die hohen Deports hatten zur Folge, daß der Zinsanreiz für eine Geldanlage deutscher Zinsarbitrageure in amerikanischen Geldmarktpapieren nicht nur kompensiert wurde, sondern die hohen Kurssicherungskosten führten zu einer höheren Nettoverzinsung einer Anlage am deutschen Geldmarkt. Diese Nettozinsdifferenzen erreichten Mitte des Jahres 1969 eine Höhe von rund 5 Prozentpunkten (vgl. Abb. 4).

Vom Herbst 1969 bis zum Ende des Untersuchungszeitraumes im März 1972 waren die Dreimonats-Geldmarktsätze in Deutschland höher als die Zinssätze amerikanischer Geldmarktpapiere. Hätten die Zinssätze am amerikanischen Geldmarkt maßgebliche Bedeutung für die Transaktionen deutscher Zinsarbitrageure, so hätte in diesem Zeitraum der Dollar am deutschen Dreimonats-Devisenterminmarkt mit Reports bewertet werden müssen. Tatsächlich wurde der Dollar aber nur in 12 Monaten mit Terminprämien gehandelt, während in 18 Monaten der Terminkurs unter dem Kassakurs lag. Wurde der Dollar am deutschen Devisenmarkt mit Reports gehandelt, so waren sie zu gering, um die Zinsdifferenzen auszugleichen. Die Swapsätze des Dollars erreichten nie die Werte, die erforderlich gewesen wären, um das Zinsgefälle zwischen dem amerikanischen Geldmarkt und dem deutschen Geldmarkt zu kompensieren. Es bestanden immer Nettozinsdifferenzen zugunsten einer Anlage am deutschen Geldmarkt. Sie schwankten zwischen 0,5 Prozentpunkten zu Beginn des Jahres 1968 und mehr als 5 Prozentpunkten im August 1971 (vgl. Abb. 4).

Wie im Verlauf des Untersuchungszeitraums, so führte auch im Durchschnitt die Kursbildung des Dollars am deutschen Devisenmarkt nicht zu einer Kompensation des Zinsgefälles zwischen dem deutschen und dem amerikanischen Geldmarkt. Im Gegenteil waren im Durchschnitt die Nettozinsdifferenzen größer als die Bruttozinsdifferenzen.

Der durchschnittliche Terminabschlag des Dollars am deutschen Devisenmarkt von 1,95 % p. a. im Zeitraum von Januar 1968 bis März 1972 läßt sich nicht mit dem Zinsgefälle zwischen dem deutschen und dem amerikanischen Geldmarkt erklären. Es bestanden im Durchschnitt hohe Nettozinsvorteile zugunsten einer Anlage liquider Mittel am deutschen Geldmarkt. Wird dieses Ergebnis — Nettozinsdifferenzen von durchschnittlich 1,89 Prozentpunkten bis 2,87 Prozentpunkten — der Aussage der Zinsparitätentheorie — Nettozinsdifferenz von Null im Zinsarbitragegleichgewicht — gegenübergestellt, so zeigt sich, daß der amerikanische Geldmarkt von geringer Bedeutung für die Transaktionen deutscher Zinsarbitrageure ist.

---

[55] Die hohen Terminabschläge des Dollars im Jahre 1969 waren Folge der erwarteten Aufwertung der D-Mark.

Abb. 4 : Zum Zinsarbitragegleichgewicht zwischen dem deutschen Geldmarkt und dem Geldmarkt New York

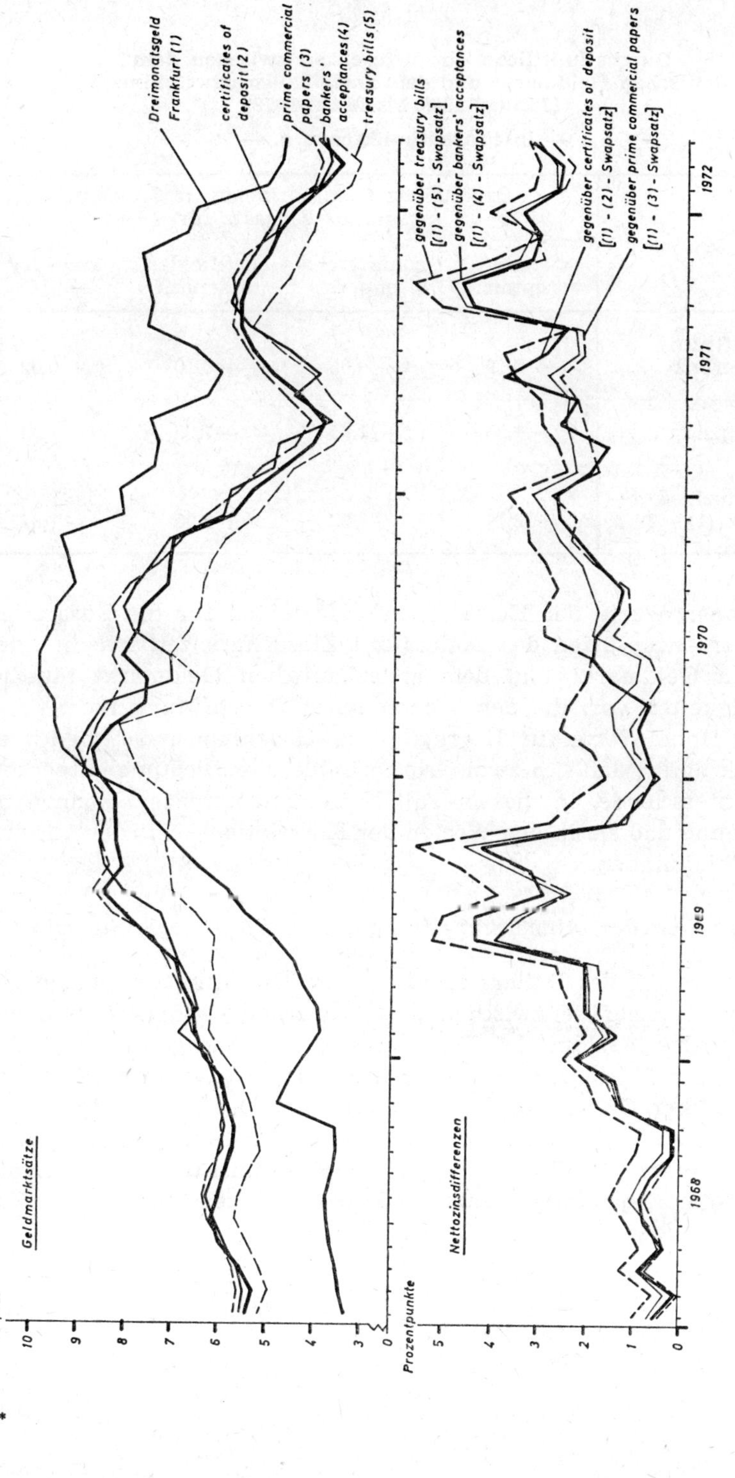

Quelle: Zinssätze für treasury bills, bankers' acceptances und prime commercial papers: Federal Reserve Bulletin
Zinssätze für certificates of deposit: Anatol Balbach, Will Capital Reflows Induce Domestic Interest Changes?, in Review, Federal Reserve Bank of St. Louis, July 1972, S. 3
Zinssätze für Dreimonatsgeld Frankfurt und Swapsätze: Monatsberichte der Deutschen Bundesbank

Tabelle 4

Durchschnittliche Zinsdifferenzen zwischen dem deutschen Geldmarkt und dem amerikanischen Geldmarkt (Januar 1968 bis März 1972)

— in Prozentpunkten p. a. —

	Dreimonats-Geldmarktsatz in Frankfurt minus Zinssatz für			
	bankers' acceptances	commercial papers	certificates of deposit	treasury bills
(1) Bruttozinsdifferenz	+ 0,19	— 0,06	+ 0,10	+ 0,92
(2) Swapsatz	— 1,95	— 1,95	— 1,95	— 1,95
(3) Nettozinsdifferenz (1) - (2) ..	+ 2,14	+ 1,89	+ 2,05	+ 2,87

Die hohen Werte der Korrelationskoeffizienten für die Zusammenhänge von Swapsätzen des Dollars mit Zinsdifferenzen zwischen dem deutschen Geldmarkt und dem amerikanischen Geldmarkt täuschen Abhängigkeiten vor, die der ökonomischen Überprüfung nicht standhalten[56]. Hohe Werte für Korrelationskoeffizienten sind lediglich ein Ausdruck dafür, daß sich zwei Größen in gleicher Richtung entwickeln. Niveauunterschiede, in diesem Fall Nettozinsdifferenzen, können bestehen, ohne daß sie in den Werten der Korrelationskoeffizienten ihren Niederschlag finden.

c) *Ursachen der Abweichungen vom Zinsarbitragegleichgewicht*

Die Swapsätze des Dollars am deutschen Devisenmarkt entsprechen nicht dem Zinsgefälle zwischen dem deutschen Geldmarkt und dem amerikanischen Geldmarkt. Das Zinsarbitragegleichgewicht zwischen diesen beiden Märkten wird weder dann erreicht, wenn die Zinssätze amerikanischer Geldmarktpapiere unter dem Dreimonats-Geldmarktsatz in Deutschland liegen, noch dann, wenn umgekehrt ein Zinsanreiz zugunsten einer Mittelanlage deutscher Kreditinstitute in amerikanischen Geldmarktpapieren besteht. Für diese Abweichungen vom Zinsarbitragegleichgewicht und für die geringe Bedeutung des amerikani-

[56] Müller, H., und Westphal, U., Der kurzfristige internationale Kapitalverkehr, ermitteln die zur Erklärung internationaler Geldmarktgeschäfte deutscher Kreditinstitute verwendete Zinsdifferenz allein mit Hilfe einer Korrelationsrechnung (vgl. Abschnitt D. I. 2. dieser Arbeit).

schen Geldmarktes für die Unterhaltung von Liquiditätsreserven deutscher Kreditinstitute sind drei, im einzelnen zu erläuternde, Ursachen maßgeblich:

1. Der amerikanische Geldmarkt ist für Ausländer, und damit auch für deutsche Kreditinstitute, nur für eine Anlage liquider Mittel zugänglich. Eine Refinanzierung deutscher Geschäftsbanken am amerikanischen Geldmarkt zu den in Deutschland üblichen Geldmarktkonditionen ist dagegen nicht möglich.
2. Die für die internationale Zinsarbitrage relevanten Zinssätze amerikanischer Geldmarktpapiere orientieren sich an den Zinssätzen für treasury bills. Sie sind im Vergleich mit den Zinssätzen am Euro-Dollarmarkt zu niedrig, um Anlagen von Ausländern anzuziehen.
3. Als Folge der Währungskrisen in den letzten Jahren sind die deutschen Geschäftsbanken zunehmend dazu übergegangen, in amerikanischen Geldmarktpapieren gehaltene Dollarreserven aufzulösen.

Aufgabe eines Geldmarktes ist es, partielle Liquiditätsdivergenzen zwischen den Geschäftsbanken auszugleichen. Banken müssen die Möglichkeit haben, am Geldmarkt liquide Mittel verzinslich anzulegen und einen Liquiditätsbedarf zu decken. Der amerikanische Geldmarkt ist aber nur für die Anlage liquider Mittel internationalisiert, nicht für die Mittelaufnahme. Er bietet Ausländern Geldmarkttitel, nicht dagegen Geldmarktkredite. Das ist zurückzuführen auf die institutionellen Gegebenheiten des amerikanischen Geldmarktes. Während z. B. in Deutschland Geldmarktgeschäfte als Liquiditätsbeziehungen zwischen Banken getrennt werden von Einlagen- und Kreditgeschäften zwischen Banken und Nichtbanken[57], wird diese Unterscheidung in den USA nicht vorgenommen. Die Interbankeinlagen in den USA werden zum allgemeinen Passivgeschäft der Banken gerechnet. Die maximalen Zinssätze für Interbankeinlagen unterliegen ebenso wie die Zinssätze für Einlagen von Nichtbankenkunden den Vorschriften der Regulation Q[58]. Danach dürfen Sichteinlagen nicht verzinst werden[59]. Sichteinlagen werden negativ definiert als alle Einlagen, die weder Termineinlagen noch Spareinlagen sind. Als Termineinlagen gelten alle Einlagen mit

[57] Interbankeinlagen in Deutschland unterliegen nicht der Mindestreservepflicht (vgl. Anweisung der Deutschen Bundesbank über Mindestreserven vom 11. November 1968 in der Fassung vom 16. April 1972, § 2, Abs. 1, in: Geschäftsbericht der Deutschen Bundesbank für das Jahr 1971, S. 120).

[58] Zur Bedeutung der Regulation Q für die amerikanische Kreditpolitik vgl. Ruebling, Ch., The Administration of Regulation Q, in: Review, Federal Reserve Bank of St. Louis, February 1970, S. 29 ff.

[59] „No member bank of the Federal Reserve System shall, directly or indirectly by any device whatsoever, pay any interest on any demand deposit." (Federal Reserve Act, Regulation Q, sec. 2 a.)

einer Laufzeit von dreißig Tagen und darüber[60]. Daraus folgt, daß in den USA ein Handel von Geldmarktdarlehen mit einer Laufzeit unter dreißig Tagen nicht zulässig ist. Eine Ausnahme bildet der Markt für federal funds (Tagesgeld), der nur deshalb möglich ist, weil nach amerikanischer Rechtsprechung durch den Handel von Tagesgeld unter amerikanischen Banken keine Kreditbeziehungen entstehen[61]. Bis zur partiellen Aufhebung der Regulation Q für Termineinlagen mit Laufzeiten von 30 bis 89 Tagen für Beträge ab 100 000 Dollar am 24. 6. 1970[62] wurden vom Board of Governors des Federal Reserve System für Einlagen aller Laufzeiten Zinsobergrenzen festgesetzt, die nicht überschritten werden durften[63]. Seitdem sind die amerikanischen Banken frei in der Festsetzung der Zinssätze für Einlagen mit Laufzeiten zwischen 30 und 89 Tagen. Die partielle Suspendierung der Regulation Q hat aber nicht zu einer Differenzierung der Zinssätze für Interbankeinlagen und Einlagen von Nichtbanken und damit zur Bildung eines eigenständigen Interbankenmarktes für Termingeld geführt, weil die Interbankeinlagen nach wie vor den allgemeinen Mindestreservebestimmungen unterliegen.

Auch für das Aktivgeschäft der Banken wird in den USA keine Differenzierung zwischen einer Mittelbereitstellung an Banken oder an Nichtbanken vorgenommen. Geldaufnehmenden ausländischen Geschäftsbanken werden daher in den USA Zinssätze in Rechnung gestellt, die über der prime rate, dem Sollzinssatz führender amerikanischer Banken an erste Adressen in den USA, liegen[64]. Hinzu kommt noch die Kostenbelastung aus dem Zwang, bei der kreditgewährenden Bank compensating balances unterhalten zu müssen. Compensating balances sind Einlagen in Höhe von 10 bis 20 v. H. des zur Verfügung gestellten Kreditbetrages, die der Kreditnehmer bei der kreditierenden Bank zu unterhalten hat[65]. Da compensating balances in der Regel in Form

---

[60] Vgl. Federal Reserve Act, Regulation Q, sec. 1.

[61] Vgl. Nowak, R., Der Finanzmarkt New York, S. 187.

[62] Die partielle Aufhebung der Regulation Q wurde im Anschluß an den Konkurs der größten amerikanischen Eisenbahngesellschaft vorgenommen, um eine Liquiditätskrise der Banken zu vermeiden. Vgl. o. V., Reserve Suspends Interest Ceilings for Big Deposits, in: The Wall Street Journal vom 24. 6. 1970, abgedruckt in: Deutsche Bundesbank, Auszüge aus Presseartikeln, Nr. 25 vom 30. 6. 1970, S. 13.

[63] „No member bank shall pay interest on any time deposit or savings deposit at a rate in excess of such applicable maximum rate as the Board of Governors of the Federal Reserve System shall prescribe from time to time." (Federal Reserve Act, Regulation Q, sec. 3 a.)

[64] Nach Brandes, H., Der Euro-Dollarmarkt, S. 97, erfüllen nur wenige außeramerikanische Banken die Voraussetzung für eine Kreditgewährung zur prime rate.

[65] Vgl. Altman, O. L., Foreign Markets for Dollars, Sterling, and other Currencies, in: IMF-Staff Papers, vol. 8, No. 3, December 1961, S. 329; Com-

nichtverzinslicher Sichteinlagen zu halten sind, liegen die effektiven Zinskosten einer Kreditaufnahme ausländischer Banken in den USA beträchtlich über der prime rate[66]. Die Zinsspanne zwischen Interbankkrediten und Interbankeinlagen, die in Europa etwa 1/8 bis 3/8 Prozentpunkte beträgt, ist in den USA für europäische Maßstäbe außerordentlich hoch. Sie wird von der Schweizerischen Bankgesellschaft für den Zeitraum von 1960 bis 1969 auf 3,4 bis 3,8 Prozentpunkte beziffert[67]. Aber auch zu diesen hohen Zinssätzen ist es ausländischen Banken nicht immer möglich, Bankkredite in den USA zu erhalten. Die amerikanischen Finanzmärkte sind rein binnenorientiert; sie sind allein auf die Bedürfnisse des amerikanischen Marktes ausgerichtet. Einzig hebt hervor: „Many foreign banks and commercial firms were unable to satisfy their dollar requirements in full through borrowing in New York“[68]. Die Binnenorientiertheit der amerikanischen Geschäftsbanken führt Einzig darauf zurück, daß sie „too fully occupied with expanding domestic credit requirements to be too keen on increasing their foreign committments suddenly and substantially“ sind[69].

Die Schwierigkeiten einer Kreditaufnahme von Ausländern in den USA wurden mit der Einführung des „Voluntary Foreign Credit Restraint Programme“ im Februar 1965 verschärft. Danach verpflichten sich die amerikanischen Banken zur Entlastung der amerikanischen Zahlungsbilanz ihre Ausleihungen an Ausländer, und somit auch an ausländische Banken, auf vom Federal Reserve Board festgelegte Richtsätze zu begrenzen[70].

Institutionelle Gegebenheiten und die Binnenorientiertheit der amerikanischen Finanzmärkte haben zur Folge, daß die Interbankbeziehungen zwischen Deutschland und den USA einbahnig verlaufen. Der amerikanische Geldmarkt bietet deutschen Geschäftsbanken Anlagemöglichkeiten für Liquiditätsüberschüsse durch Erwerb amerikanischer Geldmarkttitel, nicht dagegen die Deckung eines Liquiditätsbedarfs zu in

mittee for Invisible Transactions, Capital Market Study, Structure of Interest Rates in some OECD Countries, Hrsg. OECD, Paris 1967, S. 76 u. S. 79; Brandes, H., Der Euro-Dollarmarkt, S. 98; Die Schweizerische Bankgesellschaft, Nationale Zinsstrukturen und internationales Zinsgefälle, Zürich 1970, S. 31, gibt die compensating balances mit 20 - 25 v.H. des eingeräumten Kreditbetrages an.

66 Nur in Ausnahmen können compensating balances in Form verzinslicher Termineinlagen unterhalten werden. Vgl. Altman, O. L., Foreign Markets for Dollars, S. 329.

67 Schweizerische Bankgesellschaft, Nationale Zinsstrukturen und internationales Zinsgefälle, S. 38.

68 Einzig, P., Character and Significance of the Euro-Dollar Market, in: The Commercial and Financial Chronicle, vol. 200, No. 6406, vom 24. 9. 1964.

69 Einzig, P., The Euro-Dollar System, 2. Aufl., London 1965, S. 35.

70 Vgl. Clendenning, W., The Euro-Dollar Market, Oxford 1970, S. 86.

Deutschland üblichen Geldmarktkonditionen. Der Geldmarkt New York eignet sich daher lediglich für die Reservehaltung deutscher Banken[71]. Er ist dagegen keine Refinanzierungsquelle, die in Konkurrenz zum deutschen Geldmarkt treten könnte.

Das Zinsgefälle zwischen dem deutschen Geldmarkt und dem Geldmarkt der USA könnte für die Transaktionen deutscher Zinsarbitrageure nur dann eine Rolle spielen, wenn ein Zinsanreiz zugunsten einer Anlage in amerikanischen Geldmarktpapieren besteht, nicht dagegen in Zeiträumen, in denen die deutschen Geldmarktsätze über den amerikanischen Geldmarktsätzen liegen. Von Januar 1968 bis Oktober 1969 war die Verzinsung einer Anlage in amerikanischen Geldmarktpapieren höher als der Zinssatz für Dreimonats-Termingeld am deutschen Geldmarkt[72]. Trotzdem entsprachen die Swapsätze des Dreimonats-Dollars am deutschen Devisenmarkt nicht den Zinsdifferenzen zwischen dem deutschen Geldmarkt und dem amerikanischen Geldmarkt. Es bestand immer ein Nettozinsvorteil zugunsten einer Anlage am deutschen Geldmarkt. Das ist darauf zurückzuführen, daß die Zinssätze für Dreimonats-Einlagen am Euro-Dollarmarkt im gleichen Zeitraum ständig beträchtlich — zwischen 0,6 und 4,6 Prozentpunkten — über den amerikanischen Geldmarktsätzen lagen[73]. Die Zinssätze am New Yorker Geldmarkt waren daher nicht attraktiv genug, um liquide Mittel deutscher Zinsarbitrageure anzusehen, da diese Mittel zu höheren Zinssätzen am Euro-Dollarmarkt plaziert werden konnten.

Das hatte zur Folge, daß der Bestand ausländischer Geldmarktpapiere deutscher Kreditinstitute von Ende 1967 bis Ende Juni 1968 um 331 Mio. DM abgebaut wurde (vgl. Tab. 5), während im gleichen Zeitraum die Forderungen inländischer Kreditinstitute an ausländische Banken um 559 Mio. DM anstiegen[74].

Obwohl die Zinssätze am Euro-Dollarmarkt höher waren als die Zinssätze am amerikanischen Geldmarkt, hielten die deutschen Geschäftsbanken bis Mitte des Jahres 1968 noch einen verhältnismäßig hohen Bestand ausländischer Geldmarktpapiere. Es ist anzunehmen, daß es sich dabei hauptsächlich um amerikanische Geldmarktpapiere handelte, die erworben wurden, um für den Devisenhandel erforderliche Dollarreserven verzinslich anzulegen.

Devisenkassamarktgeschäfte werden mit zweiwerktätiger Erfüllung geschlossen. Die verkaufende Bank muß sicherstellen, daß der Käufer

71 Vgl. Nowak, R., Der Finanzmarkt New York, S. 218.

72 Vgl. Abb. 4: Zum Zinsarbitragegleichgewicht zwischen dem deutschen Geldmarkt und dem Geldmarkt New York.

73 Vgl. Monatsberichte der Deutschen Bundesbank, Tab. V, 8. Geldmarktsätze im Ausland, lfd. Ausgaben.

74 Vgl. Monatsberichte der Deutschen Bundesbank, Mai 1969, S. 67.

Tabelle 5

Ausländische Geldmarktpapiere im Bestand deutscher Kreditinstitute

Stand am Ende des Berichtszeitraums	Bestand in Mio. DM[a)]
1967 Dezember	977
1968 März	628
Juni	646
September	355
Dezember	155
1969 März	66
Juni	91
September	25
Dezember	49
1970 März	50
Juni	90
September	90
Dezember	40
1971 März	39
Juni	—
September	—
Dezember	—
1972 März	6
Juni	3

a) Einschließlich als Geldmarktanlage erworbener Auslandswechsel.

Quelle: Monatsberichte der Deutschen Bundesbank.

zwei Tage nach Vertragsabschluß über die Devisen verfügen kann[75]. Am Devisenhandel teilnehmende Banken müssen daher stets über ausreichende Devisenbestände verfügen. Der Devisenhandel wird auf Dollarbasis abgewickelt[76]. Dollarreserven in New York können entweder als Einlagen bei amerikanischen Geschäftsbanken gehalten werden, oder sie können in amerikanischen Geldmarktpapieren angelegt werden. Da Sichteinlagen in den USA gemäß den Bestimmungen der Regulation Q nicht verzinst werden dürfen, bietet sich eine verzinsliche Anlage in amerikanischen Geldmarktpapieren an. Treasury bills dürften unter den amerikanischen Geldmarktpapieren die bevorzugte Anlageform von Dollarreserven für den Devisenhandel darstellen, weil der aufnahmefähige Markt für umlaufende Schatzwechsel es ermöglicht,

75 Vgl. Lipfert, H., Internationaler Devisen- und Geldhandel, S. 66.

76 Beim Devisenhandel in Deutschland werden nur Wechselkurse gegenüber dem Dollar genannt. Der Wechselkurs z. B. des Pfundes wird aus der cross rate ermittelt, die sich aus den Wechselkursen des Dollars in London und in Deutschland ergibt.

Dollaranlagen in diesen Geldmarkttiteln jederzeit in Dollardepositen umzuwandeln.

Ab Mitte 1968 ist ein weiterer scharfer Abfall der Bestände ausländischer Geldmarktpapiere bei deutschen Kreditinstituten zu verzeichnen. (Vgl. Tab. 5.) Das ist zurückzuführen auf die im zweiten Halbjahr 1968 einsetzende Erwartung auf eine DM-Aufwertung. Diese Spekulation drückte sich aus in steigenden Terminabschlägen des Dollars. Der Deport des Dreimonats-Dollars in Deutschland stieg von 2,5 % im August 1968 über 4,2 % im Dezember 1968 bis auf 7 % im Mai 1969. Wird aber die Aufwertung der D-Mark oder die Abwertung des Dollars erwartet, so unterliegen nicht kursgesicherte Dollaranlagen deutscher Kreditinstitute für den Devisenhandel dem Währungsrisiko. Tritt die Paritätsänderung ein, dann verringert sich der DM-Wert der Dollaranlagen in Höhe des Aufwertungssatzes der D-Mark. Das Währungsrisiko wird verringert, wenn bei einer erwarteten Aufwertung der D-Mark bzw. einer Abwertung des Dollars auch die Verzinsung von Dollaranlagen steigt. Das ist bei einer Anlage in treasury bills nicht gegeben. Die Zinssätze für treasury bills werden durch Offenmarktgeschäfte des Federal Reserve System allein entsprechend den Erfordernissen der amerikanischen Kreditpolitik bestimmt. Die Kursbildung des Dollars an den Devisenmärkten ist für die Zinsbildung am amerikanischen Geldmarkt ohne Bedeutung. Übersteigt das Währungsrisiko die Verzinsung einer Dollaranlage in amerikanischen Schatzwechseln, dann werden deutsche Geschäftsbanken ihre Dollarreserven in New York auflösen und sie in Anlageformen halten, die über eine in New York erzielbare Verzinsung hinaus eine Prämie für das Währungsrisiko bieten. Diese Risikoprämie bietet eine Einlage am Euro-Dollarmarkt. So stiegen in der Spekulationsperiode der Jahre 1968/1969 die Zinssätze für Dreimonats-Euro-Dollar von 6 % im Juni 1968 auf 11,1 % im September 1969, während der Emissionssatz für Dreimonats-treasury bills in New York im gleichen Zeitraum nur von 5,5 % auf 7,1 % anzog. Es ist daher anzunehmen, daß der Rückgang der Bestände ausländischer Geldmarktpapiere bei deutschen Kreditinstituten von 646 Mio. DM Ende Juni 1968 auf 25 Mio. DM Ende September 1969 auf eine Umschichtung von Dollarreserven für den Devisenhandel aus amerikanischen Geldmarktpapieren in täglich fällige Forderungen am Euro-Dollarmarkt zurückzuführen ist[77]. Nach der Aufwertung der D-Mark im Oktober

[77] Der Nachweis für diese Umschichtung für den Zeitraum von Juni 1968 bis September 1969 ist nicht möglich, weil die Bundesbank in ihrer Berichterstattung die Forderungen inländischer Kreditinstitute an ausländischen Banken erst seit Dezember 1968 getrennt nach täglich fälligen und befristeten Forderungen ausweist. Die Zunahme täglich fälliger Forderungen inländischer Kreditinstitute gegenüber ausländischen Banken von 2,3 Mrd. DM Ende Dezember 1968 auf 4,1 Mrd. DM Ende September 1969 stützt aber die These. Vgl. Monatsberichte der Deutschen Bundesbank, März 1970, S. 69.

1969 und damit verringertem Währungsrisiko, nahm der Bestand ausländischer Geldmarktpapiere bei inländischen Kreditinstituten wieder leicht zu (vgl. Tab. 5), ohne aber auch nur annähernd die Größenordnung von 1968 zu erreichen. Während der Periode flexibler Wechselkurse der D-Mark im Jahre 1971 hielten die deutschen Geschäftsbanken keine ausländischen Geldmarktpapiere. Auch nach der Rückkehr zu festen Wechselkursen im Dezember 1971 hat sich das Bild kaum geändert. Offensichtlich sind die deutschen Geschäftsbanken dazu übergegangen, für den Devisenhandel erforderliche Dollarreserven nicht mehr in amerikanischen Schatzwechseln zu halten, sondern als täglich fällige Einlagen am Euro-Geldmarkt.

Der amerikanische Geldmarkt ist für die Transaktionen deutscher Zinsarbitrageure von geringer Bedeutung. Der Euro-Dollarmarkt bietet deutschen Anlegern höhere Zinssätze als der Geldmarkt New York, und eine Mittelaufnahme deutscher Kreditinstitute zu den in Europa üblichen Geldmarktkonditionen ist in den USA nicht möglich. Da das Zinsgefälle zwischen dem deutschen Geldmarkt für die Transaktionen der Zinsarbitrageure von geringer Bedeutung ist, lassen sich auch nicht die Swapsätze des Dollars am deutschen Devisenmarkt aus dieser Zinsdifferenz erklären. Auch die Rolle des Finanzmarktes New York für die Unterhaltung von Dollarreserven für den Devisenhandel hat sich in den letzten Jahren stark verringert, während zugleich der Euro-Geldmarkt an Bedeutung gewonnen hat.

2. Die Bedeutung des Zinsgefälles zwischen dem deutschen Geldmarkt und dem Euro-Dollarmarkt für die internationale Zinsarbitrage

a) Begriff des Euro-Dollarmarktes

Nach der Lockerung der Devisenbestimmungen und der Einführung der Ausländerkonvertibilität in den westeuropäischen Ländern in den Jahren 1958/1959 ist parallel zu den nationalen Geld- und Kreditmärkten mit dem Euro-Geldmarkt[78] ein internationaler Markt zur Aufnahme oder Anlage von Fremdwährungsmitteln entstanden[79]. Der Euro-Geld-

[78] Andere in der Literatur vorkommende Bezeichnungen sind: Euro-Devisenmarkt, Euro-Währungsmarkt, Auslandsmärkte für Dollar, DM und andere Währungen.

[79] Zum Euro-Geldmarkt ist in den letzten Jahren eine Fülle an Literatur entstanden. Als Standardwerk gilt nach wie vor: Einzig, P., The Euro-Dollar System, Practice and Theory of International Interest Rates, third edition, London 1967. Eine ähnlich umfassende Untersuchung liegt vor von Brandes, H., Der Euro-Dollarmarkt. An neueren Monographien sind zu nennen: Clendenning, W., The Euro-Dollar Market, und Liepmann, P., Geldtheoretische und geldpolitische Probleme des Eurodollarmarktes, Schriften des Instituts für das Spar-, Giro- und Kreditwesen, Bd. 56, Hrsg. Prof. Dr. Fritz Voigt, Berlin 1971.

markt läßt sich nach einer Definition der Bank für Internationalen Zahlungsausgleich als ein Markt bezeichnen, auf dem US-Dollars oder andere konvertible Währungen kurzfristig bei Geschäftsbanken außerhalb des Ursprungslandes der jeweiligen Währung angelegt und von diesen Geschäftsbanken ebenso kurzfristig wieder ausgeliehen werden[80]. Neben US-Dollars werden in zunehmendem Ausmaß andere konvertible Währungen gehandelt. Entsprechend setzt sich der Euro-Geldmarkt aus den Teilmärkten für Euro-Dollar, Euro-DM, Euro-Pfund Sterling usw. zusammen. Der Euro-Geldmarkt ist ein Kontenmarkt. Es werden auf US-Dollar oder auf andere konvertible Währungen lautende Finanzierungsmittel gehandelt, die von Eurobanken als Kündigungs- oder Festgelder mit grundsätzlich kurzer Laufzeit[81] entgegengenommen, oftmals erst unter den Eurobanken weitergeleitet und am Ende einer von Fall zu Fall unterschiedlich langen Kreditkette endgültig ausgeliehen werden. Eurobanken sind europäische Geschäftsbanken[82], die ständig bereit sind, Einlagen in Fremdwährungen entgegenzunehmen und auf Anfrage Zinssätze zu nennen[83].

Ursprung von Euro-Geldmarktgeschäften sind Forderungen europäischer Banken oder europäischer Wirtschaftsunternehmen gegenüber ausländischen Kreditinstituten. Erhält z. B. ein deutsches Wirtschaftsunternehmen aus Exporterlösen eine Dollargutschrift bei seiner Korrespondenzbank in New York und beauftragt es seine deutsche Hausbank mit dem Einzug des Guthabens, so kann das deutsche Kreditinstitut über eine Sichteinlage in New York verfügen und es am Euro-Dollarmarkt plazieren. Das geschieht dadurch, daß die deutsche Geschäftsbank die Dollarforderungen an eine andere europäische Bank als Festgeld oder als Kündigungsgeld überträgt. Erst durch diesen Besitzerwechsel außerhalb der USA werden aus der ursprünglichen Forderung des deutschen Wirtschaftsunternehmens gegenüber seiner amerikanischen Korrespondenzbank Euro-Dollars[84]. In einer Euro-Dollar-Kreditkette werden von den Forderungsinhabern Sichtguthaben bei

80 Vgl. Bank für Internationalen Zahlungsausgleich, 35. Jahresbericht, Basel 1965, S. 142.

81 Einzig, P., The Euro-Dollar System, S. 20 ff. nennt als Standardlaufzeiten täglich fällige Forderungen, Einlagen für sieben und dreißig Tage, sowie für drei und sechs Monate.

82 Abgrenzungskriterium ist dabei die örtliche Niederlassung. Zweigstellen amerikanischer Banken in Europa, die Fremdwährungseinlagen entgegennehmen, zählen somit zu den Eurobanken, während Zweigstellen europäischer Banken in den USA zu den amerikanischen Banken zählen.

83 Vgl. Clendenning, W., The Euro-Dollar Market, S. 12 ff.

84 Vgl. Widmer, R., Der Euromarkt, Taschenbücher für Geld, Bank und Börse, Hrsg. Prof. Dr. Ph. Möhring und Prof. Dr. Hch. Rittershausen, Bd. 54, Frankfurt a. M. 1969, S. 7.

amerikanischen Banken in Terminforderungen gegenüber Eurobanken umgewandelt[85]. Die Kreditkette endet dann, wenn eine Eurobank das Sichtguthaben in New York einem letzten Kreditnehmer überträgt, der das Sichtdepositum in den USA z. B. für die Bezahlung von Importen verwendet oder den Dollarbetrag am Devisenmarkt gegen Inlandswährung verkauft, ihn also nicht wieder einer anderen Eurobank zur Verfügung stellt.

Teilnehmer des Euro-Geldmarktes sind Geschäftsbanken, Wirtschaftsunternehmen und Zentralbanken[86]. Anders als am deutschen Geldmarkt ist der Zugang zum Euro-Geldmarkt also nicht auf Kreditinstitute und die Zentralbank beschränkt, sondern der Euro-Geldmarkt umfaßt auch Geschäftsbeziehungen zwischen Banken und Wirtschaftsunternehmen, d. h. einen Bereich, der nach der in Deutschland üblichen Abgrenzung dem Bankenkreditmarkt und dem Bankeneinlagenmarkt zugerechnet werden müßte, nicht aber dem Geldmarkt[87]. Für alle Marktteilnehmer des Euro-Geldmarktes gelten ähnliche Konditionen[88]. Die Kontrakte lauten auf hohe und gerade Beträge[89], Kredite werden ohne Sicherheitsleistungen gewährt, und die Spanne zwischen Soll- und Habenzinsen ist mit etwa 0,5 Prozentpunkten ähnlich gering wie am deutschen Geldmarkt. Der Verzicht auf Sicherheiten bei einer Kreditgewährung hat zur Folge, daß nur international renommierte Banken und Wirtschaftsunternehmen Zugang zum Euro-Geldmarkt haben. Wirtschaftsunternehmen wird bei einer Kreditaufnahme ein Nichtbankenzuschlag auf die unter Banken üblichen Zinssätze in Rechnung gestellt, der mit dem Standing des Kreditnehmers variiert[90].

Die Einlagenzinsen am Euro-Dollarmarkt sind höher als die Zinssätze amerikanischer Geldmarktpapiere. Zugleich sind die Kreditzinsen am Euro-Dollarmarkt niedriger als in den USA. Deutsche Kreditinstitute werden Dollaranlagen daher eher am Euro-Dollarmarkt halten als in den USA, und sie werden sich eher am Euro-Dollarmarkt refinanzieren als in New York. Der Euro-Dollarmarkt könnte daher für die

---

85 Vgl. Schäfer, W., Der Euro-Dollarmarkt, Kieler Studien, Forschungsberichte des Instituts für Weltwirtschaft an der Universität Kiel, Hrsg. Prof. Dr. H. Giersch, Bd. 120, Tübingen 1971, S. 4 ff.

86 Vgl. Brandes, H., Der Euro-Dollarmarkt, S. 139 ff.

87 Lipfert, H., Internationaler Devisen- und Geldhandel, S. 131 ff. unterscheidet deshalb den Euro-Dollarmarkt in einen Euro-Geldmarkt und einen Euro-Kreditmarkt. Dieser Unterscheidung wird nicht gefolgt, weil eine Trennung dieser beiden Bereiche praktisch unmöglich ist.

88 Vgl. dazu Schäfer, W., Der Euro-Dollarmarkt, S. 7 ff.

89 Einzig, P., The Euro-Dollar-System, S. 24, nennt als Untergrenze 100 000 Dollar.

90 Die Deutsche Bundesbank rechnet mit einem Nichtbankenaufschlag von 0,5 Prozentpunkten. Vgl. Monatsberichte der Deutschen Bundesbank, September 1972, S. 40.

Transaktionen deutscher Zinsarbitrageure von größerer Relevanz sein als der Geldmarkt von New York.

b) Untersuchungszeiträume und Untersuchungsmethoden

Die Zusammenhänge zwischen Swapsätzen des Dollars am deutschen Devisenmarkt und Zinsdifferenzen zwischen dem deutschen Geldmarkt und dem Euro-Dollarmarkt wurden für einen Zeitraum flexibler Wechselkurse der D-Mark im Jahre 1971 und, nach Rückkehr zu festen Wechselkursen, für einen Zeitraum im Jahre 1972 untersucht. Dabei wurden tägliche Werte verwendet[91].

Orientiert sich die internationale Zinsarbitrage an Zinsdifferenzen zwischen dem deutschen Geldmarkt und dem Euro-Dollarmarkt, so müßten die Swapsätze des Dollars diesen Zinsdifferenzen entsprechen. Die Swapsätze des Einmonats- (Dreimonats-)Dollars würden sich dem Zinsgefälle gegenüber dem Euro-Dollarmarkt anpassen, und Zinsarbitragegeschäfte kämen zum Stillstand, wenn die Swapsätze das Zinsgefälle gerade kompensierten. Für die untersuchten Zusammenhänge müßte dann unter der Voraussetzung, daß Zinserträge bzw. Zinsaufwendungen nicht kursgesichert werden, im Zinsarbitragegleichgewicht gelten (vgl. Abschnitt C. I. 1.):

$$(1) \qquad z_{\text{DM-Frankfurt}} - z_{\text{Euro-Dollar}} = \text{Swapsatz}_{\text{DM/Dollar}}$$

und

$$(2) \qquad z_{\text{DM-Frankfurt}} - z_{\text{Euro-Dollar}} - \text{Swapsatz}_{\text{DM/Dollar}} = 0$$

Bei Kurssicherung der Zinserträge bzw. der Zinsaufwendungen dagegen ist das Zinsarbitragegleichgewicht zwischen dem deutschen Geldmarkt und dem Euro-Dollarmarkt erreicht, wenn gilt (vgl. Abschnitt C. I. 1.):

$$(3) \qquad z_{\text{DM-Frankfurt}} - z_{\text{Euro-Dollar}} = \text{Swapsatz}_{\text{DM/Dollar}} \cdot (1 + z_{\text{Euro-Dollar}})$$ [92]

und

$$(4) \qquad z_{\text{DM-Frankfurt}} - z_{\text{Euro-Dollar}} - \text{Swapsatz}_{\text{DM/Dollar}} \cdot (1 + z_{\text{Euro-Dollar}}) = 0$$

In der statistischen Überprüfung müßte ein starker Zusammenhang von Swapsätzen des Dollars mit Zinsdifferenzen zwischen dem deutschen Geldmarkt und dem Euro-Dollarmarkt in hohen Werten für die

---

[91] *Quelle:* Zinssätze am Euro-Dollarmarkt: Financial Times; Geldmarktsätze in Deutschland: Blick durch die Wirtschaft; Swapsätze des Dollars: berechnet aus Wechselkursangaben in: Blick durch die Wirtschaft.

[92] Der Ausdruck $\text{Swapsatz}_{\text{DM/Dollar}} (1 + z_{\text{Euro-Dollar}})$ wird im folgenden als erweiterter Swapsatz bezeichnet.

Korrelationskoeffizienten zum Ausdruck kommen. Spielen die Kurssicherungskosten der Zinsaufwendungen bzw. der Zinserträge bei der internationalen Zinsarbitrage eine Rolle, so müßten die Werte der Korrelationskoeffizienten zwischen den „erweiterten" Swapsätzen und den Zinsdifferenzen größer sein als ohne Berücksichtigung dieser zusätzlichen Kosten und zusätzlichen Erträge[93].

In der Zinsparitätentheorie wird behauptet, daß sich die Swapsätze einem vorgegebenen Zinsgefälle anpassen. Werden Swapsätze des Dollars am deutschen Devisenmarkt durch das Zinsgefälle zwischen dem deutschen Geldmarkt und dem Euro-Dollar-Markt bestimmt, so müßte das auch in den Regressionsgleichungen zur Erklärung von Swapsätzen aus vorgegebenen Zinsdifferenzen ihren Niederschlag finden[94].

Die Untersuchung des Zusammenhangs zwischen Swapsätzen und Zinsdifferenzen zwischen dem deutschen Geldmarkt und dem Geldmarkt von New York hat bereits gezeigt, daß trotz hoher Werte für statistische Abhängigkeitsmaße der ökonomische Zusammenhang gering sein kann. Neben die statistische Untersuchung der Abhängigkeiten muß daher auch hier die ökonomische Interpretation des empirischen Befundes treten.

c) *Untersuchungsergebnisse*

aa) Bei flexiblen Wechselkursen der D-Mark im Jahre 1971

Der Zusammenhang zwischen Swapsätzen des Dollars am deutschen Devisenmarkt und Zinsdifferenzen zwischen dem deutschen Geldmarkt und dem Euro-Dollarmarkt für Dreimonatsgeld und Einmonatsgeld bei flexiblen Wechselkursen der D-Mark wurde für den Zeitraum vom 12. 5. 1971 bis zum 30. 9. 1971 unter Verwendung von 79 Tageswerten untersucht.

---

93 Die Kurssicherungskosten der Zinserträge bzw. der Zinsaufwendungen sind nur dann von geringer Bedeutung, wenn der Swapsatz klein und der Auslandszinssatz niedrig ist. Bei hohen Werten der Swapsätze und der Auslandszinsen dagegen fallen diese zusätzlichen Kosten bzw. zusätzlichen Erträge ins Gewicht. Im Untersuchungszeitraum des Jahres 1971 erreichte der Unterschied des erweiterten Swapsatzes zu den Swapsätzen vielfach Werte bis zu 0,8 Prozentpunkten.

94 Die Regressionsanalyse gibt Auskunft darüber, wie stark sich im Mittel die Zielgröße (hier: Swapsatz) mit der Einflußgröße (hier: Zinsdifferenz) verändert. Ziel der Regressionsanalyse ist es, anhand einer empirischen Funktion eine funktionale Beziehung zwischen der abhängigen und der unabhängigen Variablen zu finden, die es erlaubt, aus vorgegebenen Werten der unabhängigen Einflußgröße x die jeweils abhängige Zielgröße y zu schätzen. Die Gleichung der ausgleichenden Regressionsgeraden hat die Form: $y = a + bx$. Dabei ist a der Achsenabschnitt der Regressionsgeraden und b ist der Regressionskoeffizient. Die Parameter der Regressionsgleichung werden mit Hilfe der Methode der kleinsten Quadrate geschätzt. Der Regressionskoeffizient gibt je nach Höhe und Vorzeichen an, in welcher Weise

Die Berechnungen der statistischen Zusammenhänge ergaben die in Tab. 6 aufgeführten Gleichungen der Regressionsgeraden für die bei vorgegebenen Zinsdifferenzen zwischen dem deutschen Geldmarkt und dem Euro-Dollarmarkt im Durchschnitt geschätzten Swapsätze[95].

Der in den Werten der Bestimmtheitsmaße ausgewiesene statistische Zusammenhang zwischen Swapsätzen des Dollars und Zinsdifferenzen zwischen dem deutschen Geldmarkt und dem Euro-Dollarmarkt ist relativ gering. Die Bestimmtheitsmaße von $r^2 = 0{,}43$ für den Zusammenhang von Dreimonats-Swapsätzen und Zinsdifferenzen zwischen dem deutschen Geldmarkt und dem Euro-Dollarmarkt bzw. von $r^2 = 0{,}48$ für den Zusammenhang von Einmonats-Swapsätzen und den entsprechenden Zinsdifferenzen drücken aus, daß sich nur 43 v. H. bzw. 48 v. H. der Gesamtstreuung aus Veränderungen der Zinsdifferenzen durch lineare Regression erklären lassen. Die Werte der Bestimmtheitsmaße verbessern sich nicht, wenn die Kurssicherung von Zinserträgen oder Zinsaufwendungen von Zinsarbitragegeschäften zwischen dem deutschen Geldmarkt und dem Euro-Dollarmarkt berücksichtigt wird.

Der relativ schwache statistische Zusammenhang von Swapsätzen mit Zinsdifferenzen zwischen dem deutschen Geldmarkt und dem Euro-Dollarmarkt während der Periode flexibler Wechselkurse der D-Mark im Jahre 1971 wird auch in den Regressionsgleichungen deutlich, die den im Durchschnitt bei vorgegebener Zinsdifferenz zu erwartenden Swapsatz erklären. Ein enger statistischer Zusammenhang zwischen Swapsätzen und diesen Zinsdifferenzen würde in der Regressionsanalyse in nahe bei + 1 liegenden Werten der Regressionskoeffizienten, niedrigen Werten für die Achsenabschnitte — dem durch die Zinsdifferenzen unerklärten Rest der Swapsätze — und geringer Streuung der beobachteten Wertpaare um die Regressionsgerade zum Ausdruck kommen. Die Regressionskoeffizienten in allen vier Regressionsgleichungen weisen das erwartete positive Vorzeichen auf. Stiegen im Untersuchungszeitraum die Geldmarktsätze in Deutschland oder sanken die

(Ausmaß und Richtung) eine Veränderung der unabhängigen Variablen die unabhängige Variable beeinflußt. Ein kleiner Wert für den Regressionskoeffizienten in Verbindung mit einer starken Streuung der Punkte um die Regressionsgerade (hohe Standardabweichung) deuten einen schwachen Zusammenhang zwischen den Variablen an. Bei einer streng determinierten funktionalen Beziehung zwischen den beiden Größen ist der Regressionskoeffizient hoch und die Streuung ist Null. Vgl. Sachs, L., Statistische Auswertungsmethoden, S. 377 ff.

95 Unter den geschätzten Parametern der Gleichungen werden jeweils in Klammern die Schätzwerte für deren Standardabweichungen angegeben. Bei Zugrundelegung des t-Tests gilt: je größer der Quotient aus dem geschätzten Parameterwert und seiner geschätzten Standardabweichung ist, desto besser ist die statistische Sicherung. Unter den Regressionsgleichungen sind jeweils drei Meßzahlen angegeben, die für die Beurteilung der Schätzung eine Rolle spielen: Standardabweichung, t-Wert und Bestimmtheitsmaß.

Tabelle 6

Regressionsgleichungen zur Erklärung von Swapsätzen des Dollars aus Zinsdifferenzen zwischen dem deutschen Geldmarkt und dem Euro-Dollarmarkt (12. 5. - 30. 9. 1971)

unabhängige Variable	Regressionsgleichung
Dreimonats-Swapsatz	$S_3 = -1{,}33390 + 1{,}06100\ ZD_3$ (0,13299) (0,13943) SE: 1,14795; t-Wert: 7,60952; $r^2 = 0{,}4292$
erweiterter Dreimonats-Swapsatz	${}_eS_3 = -1{,}44116 + 1{,}15241\ ZD_3$ (0,14436) (0,15135) SE: 1,24609; t-Wert: 7,61416; $r^2 = 0{,}4295$
Einmonats-Swapsatz	$S_1 = -1{,}39229 + 1{,}04199\ ZD_1$ (0,19805) (0,12375) SE: 1,60690; t-Wert: 8,41980; $r^2 = 0{,}4794$
erweiterter Einmonats-Swapsatz	${}_eS_1 = -1{,}50134 + 1{,}13253\ ZD_1$ (0,21492) (0,13430) SE: 1,74378; t-Wert: 8,4331; $r^2 = 0{,}4801$

S_3 (S_1) : Swapsatz des Dreimonats-(Einmonats-)Dollars am deutschen Devisenmarkt in Prozent p. a.

ZD_3 (ZD_1) : Differenz zwischen den Zinssätzen für Dreimonatsgeld (Einmonatsgeld) am deutschen Geldmarkt und am Euro-Dollarmarkt in Prozentpunkten p. a.

${}_eS_3$ (${}_eS_1$) : S_3 (S_1) · [1 + Dreimonats-(Einmonats-)Eurodollarsatz in Prozent p.a.]

Zinssätze am Euro-Dollarmarkt, so stieg zugleich auch der Swapsatz, d. h. es erhöhte sich der Report oder es verringerte sich der Deport des Dollars am deutschen Devisenmarkt. Eine Zinserhöhung für Dreimonats-Eurodollar um einen Prozentpunkt bei unverändertem Zinssatz für Dreimonatsgeld in Deutschland ging z. B. einher mit einer Erhöhung des Deports oder einer Verringerung des Reports des Dreimonatsdollars um 1,06 Prozentpunkte.

Die relativ guten Werte der Regressionskoeffizienten können aber nicht darüber hinwegtäuschen, daß das Zinsarbitragegleichgewicht zwischen dem deutschen Geldmarkt und dem Euro-Dollarmarkt nicht erreicht wurde. In allen Regressionsgleichungen bleibt ein hoher Restwert für die Swapsätze, ausgedrückt durch die Achsenabschnitte der Regressionsgeraden, der durch das Zinsgefälle zwischen dem deutschen Geldmarkt und dem Euro-Dollarmarkt nicht erklärt werden kann. Der Termindollar wurde per einen Monat und per drei Monate am deutschen Devisenmarkt mit hohen Abschlägen gegenüber dem Kassakurs gehandelt, die mit dem Zinsgefälle gegenüber dem Euro-Dollarmarkt und den Transaktionen deutscher Zinsarbitrageure nicht zu begründen sind. Dabei fällt auf, daß der unerklärte Rest größer ist, wenn die Zinsaufwendungen und die Zinserträge ebenfalls kursgesichert werden. Darin zeigt sich erneut, daß die statistischen Zusammenhänge zwischen diesen Zinsdifferenzen und Swapsätzen bei Einbeziehung der Kurssicherung der Zinsen nicht verbessert werden.

Die Ergebnisse der Untersuchung der statistischen Zusammenhänge lassen erkennen, daß Zinsdifferenzen zwischen dem deutschen Geldmarkt und dem Euro-Dollarmarkt bestehen können, ohne daß dadurch Zinsarbitragetransaktionen ausgelöst werden, die über die begleitenden Devisenhandelsgeschäfte zu einer Anpassung der Swapsätze an diese Zinsdifferenzen und damit zu einer Einebnung des Zinsgefälles führen. Im Untersuchungszeitraum des Jahres 1971 zeigte sich im Gegenteil, daß im Durchschnitt das Zinsgefälle zwischen dem deutschen Geldmarkt und dem Euro-Dollarmarkt durch die Kursbildung des Dollars am Devisenmarkt überkompensiert und das Nettozinsgefälle dadurch vergrößert wurde.

Das im Untersuchungszeitraum des Jahres 1971 durchschnittlich bestehende geringe Zinsgefälle zugunsten einer Anlage liquider Mittel am Euro-Dollarmarkt sowohl für Einmonatsgeld als auch für Dreimonatsgeld wurde durch die Kursbildung an den Devisenmärkten überkompensiert, so daß das Zinsgefälle für beide Laufzeiten zugunsten eines Zinsanreizes für eine Kreditaufnahme am Euro-Dollarmarkt umgekehrt wurde. Kursgesicherte Euro-Dollarkredite waren im Durchschnitt im Untersuchungszeitraum für deutsche Geschäftsbanken je nach Laufzeit und je nachdem, ob die Zinsaufwendungen kursgesichert wurden oder nicht, zwischen 1,35 und 1,59 Prozentpunkten zinsgünstiger als eine Kreditaufnahme am deutschen Geldmarkt.

Das zeigt sich auch im Verlauf des Untersuchungszeitraums. Vom Beginn des Untersuchungszeitraums bis Ende Juni 1971 und von Anfang August bis Ende September waren die Zinssätze am Euro-Dollarmarkt höher als am deutschen Geldmarkt (vgl. Abb. 5). Der Euro-Dollarmarkt hätte daher liquide Mittel deutscher Zinsarbitrageure anziehen, und der Dollar hätte an den deutschen Devisenterminmärkten mit

Tabelle 7

Durchschnittliche Zinsdifferenzen zwischen deutschem Geldmarkt und Euro-Dollarmarkt (12. 5. - 30. 9. 1971)

— in Prozentpunkten p. a. —

	Geldmarktsatz Frankfurt minus Euro-Dollarsatz	
	3 Monate	1 Monat
(1) Bruttozinsdifferenz	— 0,227	— 0,653
(2) Swapsatz	— 1,575	— 2,073
(3) erweiterter Swapsatz	— 1,703	— 2,241
(4) Nettozinsdifferenz (1) - (2)	+ 1,348	+ 1,420
(5) Nettozinsdifferenz bei Kurssicherung der Zinsen (1) - (3)	+ 1,476	+ 1,588

Deports im Vergleich zum Kassakurs bewertet werden müssen, die im Zinsarbitragegleichgewicht zu einer Aufhebung des Nettozinsgefälles geführt hätten. Tatsächlich lagen die Terminkurse des Dollars auch ständig unter den Kassakursen. Allerdings waren, von wenigen Ausnahmen kurz nach der Freigabe des Wechselkurses der D-Mark im Mai abgesehen, die Terminabschläge immer höher als die auszugleichenden Zinsdifferenzen. Dadurch wurde das Zinsgefälle nicht nur ausgeglichen, sondern überkompensiert (vgl. Abb. 5)[96]. Die Nettozinsdifferenzen, die nach der Zinsparitätentheorie Null sein müßten, lagen fast immer im positiven Bereich. Es bestand ein Zinsanreiz wechselnder Intensität zugunsten einer Kreditaufnahme am Euro-Dollarmarkt, der ungenutzt blieb. Ende August z. B. lag der Zinssatz für Dreimonats-Euro-Dollar um rund 2 Prozentpunkte über dem Dreimonats-Geldmarktsatz in Deutschland. Da jedoch ein Deport des Dollars von 5,8 % bestand, hätte eine Kreditaufnahme am Euro-Dollarmarkt einen Nettozinsvorteil von 3,8 Prozentpunkten erbracht.

Von Ende Juni bis Anfang August 1971 lagen die Zinssätze am Euro-Dollarmarkt unter den deutschen Geldmarktsätzen. Eine Kreditauf-

[96] Die Deports des Dollars drücken sich in Abb. 5 darin aus, daß die Kurven der Nettozinsdifferenzen über denen der Zinsdifferenzen verlaufen.

Abb. 5 : Zum Zinsarbitragegleichgewicht zwischen dem deutschen Geldmarkt und dem Euro-Dollarmarkt (12.5. - 30.9.1971)

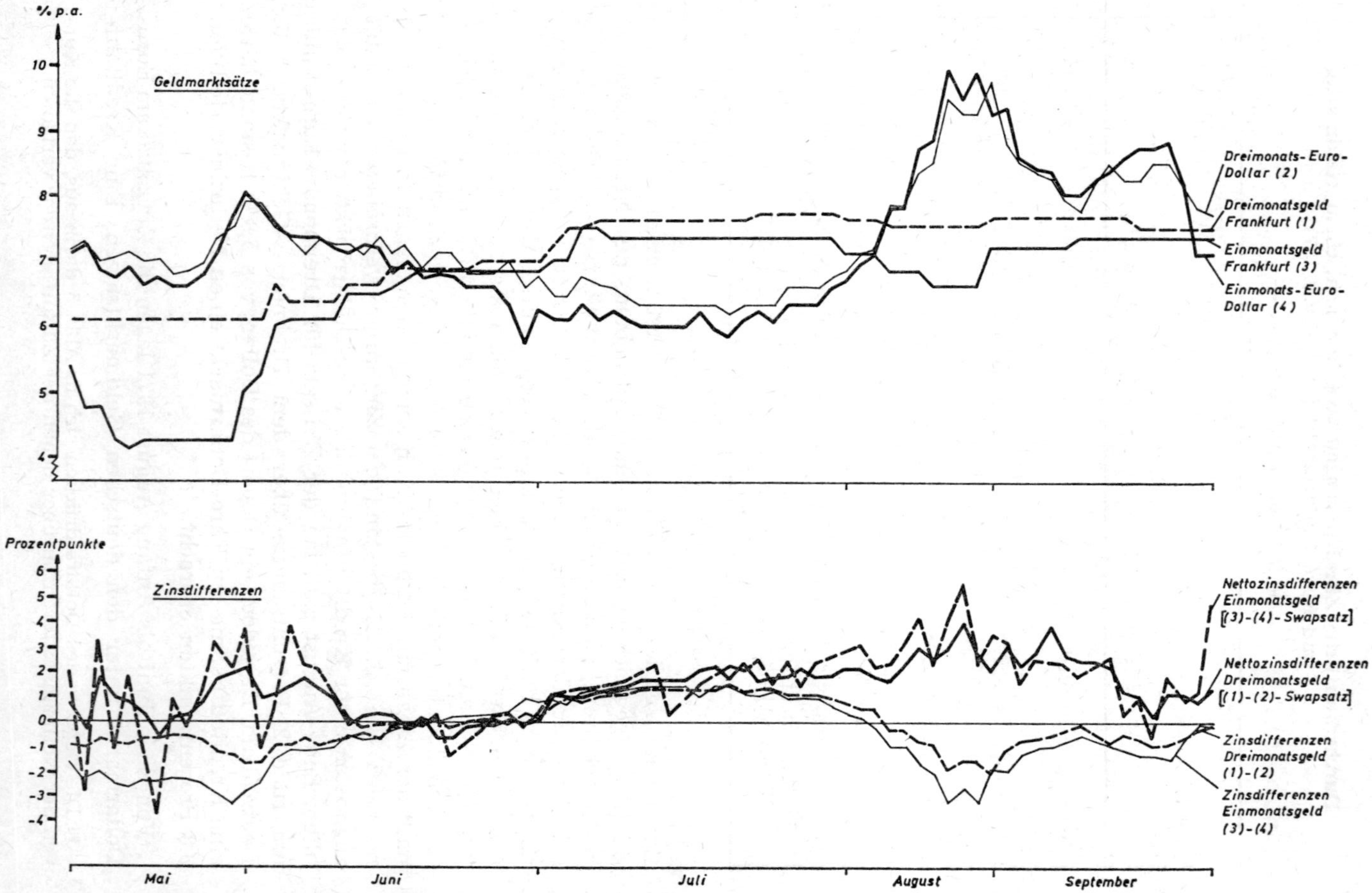

Quelle: Euro-Dollarsätze: Financial Times; Geldmarktsätze Frankfurt: Blick durch die Wirtschaft;
Swapsätze: berechnet unter Zugrundelegung der Devisenkurse; veröffentlicht in Blick durch die Wirtschaft

nahme am Euro-Dollarmarkt war in diesem Zeitraum daher billiger als eine Mittelaufnahme am deutschen Geldmarkt. In diesem Zeitraum hätten sich daher durch die kurssichernden Swapgeschäfte der Zinsarbitrageure das Zinsgefälle ausgleichende Swapprämien für den Dollar am deutschen Devisenmarkt herausbilden müssen. Nur Ende Juni aber notierte der Dollar in Deutschland am Devisenterminmarkt fester als am Kassamarkt. Allerdings waren die Reports so hoch, daß das Zinsgefälle zugunsten von Einlagen am Euro-Dollarmarkt umgekehrt und das Zinsarbitragegleichgewicht wieder nicht erreicht wurde. Bereits ab Anfang Juli wurde der Termindollar wieder mit Abschlägen im Vergleich zum Kassakurs bewertet, obwohl sich das Zinsgefälle zwischen dem deutschen Geldmarkt und dem Euro-Dollarmarkt auf über einen Prozentpunkt zugunsten einer Kreditaufnahme am Euro-Dollarmarkt erhöht hatte. Die Terminabschläge schwankten dabei bis Anfang August für den Einmonatsdollar zwischen 0,73 % und 3,23 % und für den Dreimonatsdollar zwischen 0,35 % und 0,87 %. In dieser Phase wurde das Zinsgefälle gegenüber dem Euro-Dollarmarkt durch die Swapsätze also weder kompensiert noch verringert, sondern im Gegenteil noch zugunsten einer Aufnahme von Euro-Dollarkrediten vergrößert.

In keinem Abschnitt des Untersuchungszeitraums des Jahres 1971 entsprachen die Swapsätze des Dollars den Zinsdifferenzen zwischen dem deutschen Geldmarkt und dem Euro-Dollarmarkt. Das trifft sowohl für die Phasen zu, in denen die Zinssätze am deutschen Geldmarkt über den Euro-Dollar-Sätzen lagen, als auch, und das noch verstärkt, für jene Zeiträume, in denen umgekehrt die Zinssätze am Euro-Dollarmarkt höher waren als die deutschen Geldmarktsätze. Der Sachverständigenrat führt dagegen aus: „Da Geldanlagen von Inländern am Euro-Markt keinen Beschränkungen unterworfen waren, entsprach nur dann, wenn der deutsche Geldmarktsatz unter dem Satz für Eurodollar lag, der Swapsatz des Dollars dieser Zinsdifferenz[97].“ Zwar wurde der Termindollar bei einem Zinsanreiz zugunsten einer Anlage liquider Mittel deutscher Kreditinstitute am Euro-Dollarmarkt mit Abschlägen im Vergleich zum Kassakurs gehandelt, jedoch waren die Werte der Deports immer größer als die auszugleichenden Zinsdifferenzen. Das hatte zur Folge, daß in den Phasen, in denen die Euro-Dollarsätze höher waren als die deutschen Geldmarktsätze, die Nettozinsdifferenzen größer waren als in Zeiten, in denen umgekehrt die Zinssätze am deutschen Geldmarkt über den Zinssätzen am Euro-Dollarmarkt lagen (vgl. Abb. 5). Die Aussage des Sachverständigenrates erweist sich damit als nicht haltbar. Die Swapsätze entsprachen auch dann nicht den Zinsdif-

---

[97] Sachverständigenrat zur Begutachtung der gesamtwirtschaftlichen Entwicklung, Jahresgutachten 1971/1972, Währung, Geldwert, Wettbewerb — Entscheidungen für Morgen, Stuttgart und Mainz 1971, Ziff. 153.

ferenzen zwischen dem deutschen Geldmarkt und dem Euro-Dollarmarkt, wenn ein Zinsgefälle zugunsten einer Anlage liquider Mittel am Euro-Dollarmarkt bestand.

Die Untersuchungsergebnisse insgesamt lassen erkennen, daß während der Periode flexibler Wechselkurse der D-Mark im Jahre 1971 erhebliche Zinsdifferenzen zwischen dem deutschen Geldmarkt und dem Euro-Dollarmarkt bestanden, die von Zinsarbitrageuren nicht genutzt wurden. Die Swapsätze paßten sich nicht an das Zinsgefälle an, und das Zinsarbitragegleichgewicht wurde nicht erreicht. Insbesondere die starken Schwankungen der Nettozinsdifferenzen — sie reichten bei Einmonatsgeld von − 4 Prozentpunkten im Mai bis zu fast + 6 Prozentpunkten im August, und bei Dreimonatsgeld von − 0,5 bis zu + 4 Prozentpunkten — zeigen, daß in diesem Untersuchungszeitraum kein ökonomisch interpretierbarer Zusammenhang zwischen Swapsätzen des Dollars am deutschen Devisenmarkt und Zinsdifferenzen zwischen dem deutschen Geldmarkt und dem Euro-Dollarmarkt bestand. Bei Einbeziehung der Kurssicherung der Zinsaufwendungen und der Zinserträge wurden die Abweichungen vom rechnerischen Zinsarbitragegleichgewicht noch vergrößert.

Bei der Interpretation dieser Ergebnisse ist aber zu berücksichtigen, daß der Untersuchungszeitraum in eine Phase flexibler Wechselkurse der D-Mark fällt. Es ist daher zu klären, ob diese institutionellen Bedingungen dazu geführt haben könnten, daß das Zinsarbitragegleichgewicht nicht erreicht wurde.

bb) Ursachen der Abweichungen vom Zinsarbitragegleichgewicht bei flexiblen Wechselkursen im Jahre 1971

Die Zinsparitätentheorie wurde erstmals für ein Währungssystem mit flexiblen Wechselkursen formuliert. Die Abweichungen vom Zinsarbitragegleichgewicht im Jahre 1971 können daher prima vista nicht mit der Freigabe des Wechselkurses der D-Mark im Mai 1971 begründet werden. Vielmehr war durch die Aufhebung der institutionellen Begrenzung der Schwankungsbreite der Kassakurse und der damit verbundenen faktischen Begrenzung der Terminkursentwicklung (vgl. Abschnitt C. I. 2. a)) die Voraussetzung dafür gegeben, daß sich die Swapsätze des Dollars jeder Zinsdifferenz zwischen dem deutschen Geldmarkt und dem Euro-Dollarmarkt anpassen konnten. Auch das in der Bundesrepublik im Mai 1971 erlassene Verzinsungsverbot für Auslandseinlagen, das Gebietsfremden die Möglichkeit nahm, zur Nutzung von Zinsdifferenzen Einlagen bei deutschen Geschäftsbanken zu bilden, kann die Abweichungen vom Zinsarbitragegleichgewicht nicht erklären. Wie in Abschnitt C. III. 2. a) dargestellt wurde, kann auch dann das Zinsarbitragegleichgewicht erreicht werden, wenn der inländische Geldmarkt für Ausländer nicht zugänglich ist, wohl aber der ausländische Geldmarkt für Inländer. Diese Bedingung wird vom Euro-Dollarmarkt erfüllt.

Obwohl also die institutionellen Voraussetzungen zur Durchführung internationaler Zinsarbitragegeschäfte gegeben waren, stellte sich im Jahre 1971 das Zinsarbitragegleichgewicht zwischen dem deutschen Geldmarkt und dem Euro-Dollarmarkt nicht ein. Es hat den Anschein, als ob dieses Ergebnis die These stützte, daß flexible Wechselkurse auch den kurzfristigen Kaptialverkehr mit dem Ausland beeinträchtigen, so daß internationale Kapitalströme sich nicht an Zinsdifferenzen zwischen dem Inland und dem Ausland orientieren. Die Entwicklung in der Periode flexibler Wechselkurse der D-Mark des Jahres 1971 kann aber nicht als Beleg für diese These herangezogen werden. Der Übergang zu flexiblen Wechselkursen in der Bundesrepublik im Mai 1971 wurde angesichts umfangreicher Auslandsgeldzuflüsse mit der Maßgabe beschlossen, bei Beruhigung der Lage an den Devisenmärkten zu festen Wechselkursen zurückzukehren[98]. Wird angenommen, daß die Währungsparitäten bei Rückkehr zu festen Wechselkursen geändert werden, so stellt eine vorübergehende Freigabe des Wechselkurses eine Einladung für die Spekulation dar. Im Unterschied zu einem System fester Wechselkurse führen spekulative Erwartungen dann zwar nicht zu unerwünschten Veränderungen der zentralen Währungsreserven, dafür aber zu unerwünschten Kursbewegungen an den Devisenmärkten. Die Kursentwicklung an den Devisenmärkten wird dann durch Erwartungen der Spekulanten hinsichtlich der künftigen Währungsparitäten bestimmt, nicht dagegen von den Devisenmarktgeschäften der übrigen Marktteilnehmer.

Erwarten Spekulanten bei Rückkehr zu festen Wechselkursen eine Abwertung des Dollars gegenüber der D-Mark, dann verkaufen sie Dollars am deutschen Devisenmarkt. Der Abgabedruck auf die Terminkurse ist stärker als auf den Kassakurs, weil zur Terminmarktspekulation eigene Mittel nicht erforderlich sind. Die Paritätsänderungserwartungen der Spekulanten führten im Jahre 1971 daher zu stärker sinkenden Dollarkursen an den Terminmärkten als am Kassamarkt. Das hatte zur Folge, daß der Termindollar in Deutschland, von wenigen Tagen im Juni 1971 abgesehen, ständig mit Deports bewertet wurde. Sie waren um so höher, je fester die Spekulanten eine Abwertung des Dollars

98 Der entsprechende Passus der Mitteilung der Bundesregierung an den Internationalen Währungsfonds lautet: „The German authorities ... will resume the maintenance of the limits around par as soon as circumstances permit.“ Vgl. Beschluß des IWF-Direktoriums vom 9. Mai 1971, in: Deutsche Bundesbank, Auszüge aus Presseartikeln Nr. 37 vom 13. 5. 1971, S. 3.

gegenüber der D-Mark bei Rückkehr zu festen Wechselkursen erwarteten. Diese Deports bestanden unabhängig von Zinsdifferenzen zwischen dem deutschen Geldmarkt und dem Euro-Dollarmarkt. Der Dollar wurde auch dann per Termin mit Abschlägen im Vergleich zum Kassakurs gehandelt, wenn die Zinssätze am deutschen Geldmarkt höher waren als die Zinssätze am Euro-Dollarmarkt, nach der Aussage der Zinsparitätentheorie also ein Report des Dollars hätte erwartet werden müssen. Lagen umgekehrt die Zinssätze am Euro-Dollarmarkt über den Zinssätzen am deutschen Geldmarkt, so waren die Deports des Dollars größer als die Zinsdifferenzen. Die Deports des Dollars am deutschen Devisenmarkt und die Nettozinsdifferenzen zugunsten einer Kreditaufnahme deutscher Zinsarbitrageure am Euro-Dollarmarkt waren in den Phasen hoch, in denen das spekulative Dollarangebot an den Devisenmärkten groß war, so im Mai bis Anfang Juni 1971 kurz nach der Wechselkursfreigabe, und im August und September nach der Aufhebung der Goldkonvertibiltät des Dollars.

Die Nettozinsdifferenzen wechselnder Höhe zugunsten einer Kreditaufnahme am Euro-Dollarmarkt wurden von deutschen Kreditinstituten im Jahre 1971 nicht für die Zinsarbitrage genutzt. Dafür sind zwei Gründe maßgeblich. Erstens kann eine zinsinduzierte Kreditaufnahme am Euro-Dollarmarkt daran scheitern, daß Zinsarbitrageure bei flexiblen Wechselkursen keine Kontraktpartner am Devisenkassamarkt finden, die ein zusätzliches Dollarangebot aufnehmen, wenn bereits Spekulanten in erheblichen Beträgen Kassadollars verkaufen. Zweitens kann das Zinsarbitragegleichgewicht dann nicht erreicht werden, wenn Zinsarbitrageure in begrenztem Umfang Nachfrager für Kassadollars finden, aber der Terminkurs des Dollars von den Spekulanten fixiert wird. Das soll an einem Beispiel erläutert werden. Bei einer Abwertungsspekulation gegen den Dollar gibt die Differenz zwischen dem Terminkurs des Dollars und der DM-Dollar-Parität den erwarteten Abwertungssatz an (vgl. Abschnitt C. II. 2. b)). Erwarten Spekulanten bei Rückkehr zu festen Wechselkursen eine Abwertung des Dollars gegenüber der D-Mark in Höhe von 10 v. H., dann werden sie solange Termindollars verkaufen, bis der Terminkurs um 10 v. H. unter die DM-Dollar-Parität vor der Wechselkursfreigabe gesunken ist. Ergibt sich bei diesem Terminkurs ein Deport des Dreimonats-Dollars von 6 %, während zugleich der Zinssatz für Dreimonats-Eurodollar um zwei Prozentpunkte über dem Zinssatz für Dreimonatsgeld am deutschen Geldmarkt liegt, so entsteht ein Nettozinsvorteil zugunsten einer Kreditaufnahme deutscher Banken am Euro-Dollarmarkt von 4 Prozentpunkten[99]. Nutzen deutsche Zinsarbitrageure dieses Nettozinsgefälle

[99] Die Kosten der Mindestreservehaltung einer Kreditaufnahme deutscher Geschäftsbanken im Ausland wurden dabei nicht berücksichtigt. Abweichun-

durch eine Kreditaufnahme am Euro-Dollarmarkt, dann müßte der Kassakurs des Dollars sinken, und der Terminkurs müßte als Folge der Kurssicherungsnachfrage der Zinsarbitrageure solange steigen, bis sich der Deport des Dreimonatsdollars am Devisenmarkt auf 2 % verringert hat. Unterbinden Spekulanten aber einen Anstieg des Terminkurses, indem sie Termindollars in unbegrenztem Umfang zu einem Kurs anbieten, der um 10 v. H. unter der alten Parität liegt, dann kann das Zinsarbitragegleichgewicht nur durch sinkende Kassakurse des Dollars erreicht werden[100]. Die Aufnahmefähigkeit des Devisenkassamarktes für steigende Dollarbeträge setzt dann die Grenze für die Anpassung des Swapsatzes an die Zinsdifferenz. Wird die Kursbildung an den Devisenmärkten durch die Spekulanten bestimmt, dann können über einen längeren Zeitraum hinweg Abweichungen vom Zinsarbitragegleichgewicht bestehen.

Zu berücksichtigen ist ferner, daß deutsche Banken, die als Zinsarbitrageure am Euro-Dollarmarkt aufgenommene Beträge am Devisenkassamarkt anbieten, auch auf Dollar lautende Auslandsforderungen besitzen. Sinkende Kassakurse des Dollars als Folge zinsinduzierter Kreditaufnahme am Euro-Dollarmarkt hätten eine Verringerung des DM-Wertes der auf Dollar lautenden nicht kursgesicherten Auslandsforderungen impliziert. Im Jahre 1971 hätte darüber hinaus ein weiteres Absinken des Dollarkurses am Kassamarkt eine höhere Aufwertungsrate der D-Mark bei Rückkehr zu festen Wechselkursen präjudizieren können. Auch diese Zusammenhänge können dazu geführt haben, daß während der Periode flexibler Wechselkurse der D-Mark im Jahre 1971 Zinsdifferenzen nicht immer von Zinsarbitrageuren genutzt wurden. Darauf deutet hin, daß deutsche Kreditinstitute in diesem Zeitraum bestrebt waren, „Fremdwährungsaktiva und -passiva nicht ausschließlich per Termin gegen Kursrisiken zu sichern, sondern diesen Ausgleich bereits in der ‚Kasse' vorzunehmen[101]".

Die Abweichungen von Zinsarbitragegleichgewicht zwischen dem deutschen Geldmarkt und dem Euro-Dollarmarkt und die starken Schwankungen der Nettozinsdifferenzen während des Zeitraums flexibler Wech-

---

gen vom Zinsarbitragegleichgewicht zwischen dem deutschen Geldmarkt und dem Euro-Dollarmarkt, die sich auf die Mindestreservebelastung zurückführen ließen, kämen in relativ konstanten Abweichungen vom Zinsarbitragegleichgewicht zum Ausdruck (vgl. Abschnitt D. III. c) ad)). Die Nettozinsdifferenzen wiesen im Jahre 1971 aber starke Schwankungen auf.

[100] Grubel, H. G., Forward Exchange Speculation, and the International Flow of Capital, Stanford/Cal., 1966, S. 16, stellt dazu fest, daß das Zinsarbitragegleichgewicht nicht erreicht werden kann, wenn das Angebot der Spekulanten am Terminmarkt die Kurssicherungsnachfrage der Zinsarbitrageure übersteigt.

[101] Monatsberichte der Deutschen Bundesbank, Dezember 1971, S. 45.

selkurse des Jahres 1971 sind hauptsächlich auf spekulative Einflüsse auf die Kursbildung an den Devisenmärkten zurückzuführen. Die Ergebnisse lassen nicht den Schluß zu, daß Zinsdifferenzen zwischen dem deutschen Geldmarkt und dem Euro-Dollarmarkt für die Transaktionen deutscher Zinsarbitrageure und für die Swapsätze des Dollars am deutschen Devisenmarkt auch dann von geringem Erklärungswert sind, wenn keine Paritätsänderungsspekulationen bestehen.

cc) Bei festen Wechselkursen im Jahre 1972

Der Zusammenhang von Swapsätzen des Dollars am deutschen Devisenmarkt mit Zinsdifferenzen zwischen dem deutschen Geldmarkt und dem Euro-Dollarmarkt bei festen Wechselkursen wurde für den Zeitraum vom 3. 1. 1972 bis zum 21. 6. 1972 untersucht, also bis zur Schließung der Devisenbörsen in Deutschland am 23. 6. 1972 vor der Freigabe des Pfundkurses. Die Untersuchung basiert auf 102 Tageswerten.

In Tabelle 8 sind die Gleichungen der Regressionsgeraden angegeben, die bei vorgegebenen Zinsdifferenzen die im Mittel geschätzten Swapsätze angeben.

Die Werte der Bestimmtheitsmaße zur Beschreibung der Straffheit des statistischen Zusammenhangs sind relativ niedrig. Der Dreimonats-Swapsatz des Dollars läßt sich nur zu rund 50 v. H. aus Zinsdifferenzen zwischen dem deutschen Geldmarkt und dem Euro-Dollarmarkt erklären, der Einmonatsswapsatz sogar nur zu 31 v. H. Wie im Untersuchungszeitraum des Jahres 1971 werden die Ergebnisse bei Berücksichtigung der Kurssicherung der Zinsaufwendungen bzw. der Zinserträge nicht verbessert.

Der relativ lockere statistische Zusammenhang zwischen Swapsätzen des Dollars und Zinsdifferenzen zwischen dem deutschen Geldmarkt und dem Euro-Dollarmarkt kommt auch in den Regressionsgleichungen zur Erklärung des durchschnittlichen Swapsatzes aus vorgegebenen Zinsdifferenzen zum Ausdruck. Wie im Untersuchungszeitraum des Jahres 1971 sind auch für den Untersuchungszeitraum des Jahres 1972 bei festen Wechselkursen der D-Mark die Werte der Regressionskoeffizieten relativ gut. Sie liegen nahe bei Eins, eine Vergrößerung der Zinsdifferenz gegenüber dem Euro-Dollarmarkt war also mit einer ungefähr gleichhohen Vergrößerung des Swapsatzes verbunden. Die hohen Werte der Achsenabschnitte weisen aber auch für den Untersuchungszeitraum des Jahres 1972 hohe Terminabschläge des Dollars aus, die mit dem Zinsgefälle gegenüber dem Euro-Dollarmarkt nicht erklärt werden können. Dabei steigen die Werte der Achsenabschnitte und der Regressionskoefizienten bei Einbeziehung der Kurssicherung der Zinsen

Tabelle 8

Regressionsgleichungen zur Erklärung von Swapsätzen des Dollars aus Zinsdifferenzen zwischen dem deutschen Geldmarkt und dem Euro-Dollarmarkt (3. 1. - 21. 6. 1972)

unabhängige Variable	Regressionsgleichung
Dreimonats-Swapsatz	$S_3 = -\ 1{,}53260 + 0{,}98280\ ZD_3$ (0,04674) (0,09802) *SE:* 0,36524; *t*-Wert: 10,02612; $r^2 = 0{,}5013$
erweiterter Dreimonats-Swapsatz	${}_eS_3 = -\ 1{,}61031 + 1{,}03391\ ZD_3$ (0,04912) (0,10301) *SE:* 0,38382; *t*-Wert: 10,03697; $r^2 = 0{,}5018$
Einmonats-Swapsatz	$S_1 = -\ 1{,}49966 + 1{,}19431\ ZD_1$ (0,09763) (0,17739) *SE:* 0,82710; *t*-Wert: 6,73258; $r^2 = 0{,}3119$
erweiterter Einmonats-Swapsatz	${}_eS_1 = -\ 1{,}54756 + 1{,}23865\ ZD_1$ (0,11021) (0,20025) *SE:* 0,93367; *t*-Wert: 6,18552; $r^2 = 0{,}2767$

$S_3\ (S_1)$: Swapsatz des Dreimonatsdollars (Einmonatsdollars) am deutschen Devisenmarkt in Prozent p. a.

$ZD_3\ (ZD_1)$: Differenz zwischen den Zinssätzen für Dreimonatsgeld (Einmonatsgeld) am deutschen Geldmarkt und am Euro-Dollarmarkt in Prozentpunkten p. a.

${}_eS_3\ ({}_eS_1)$: $S_3\ (S_1) \cdot [1 +$ Dreimonats-(Einmonats-)Euro-Dollarsatz in Prozent p. a.].

an. Im Unterschied zum Untersuchungszeitraum des Jahres 1971 ist die Streuung der Einzelwerte um die Mittelwerte, ausgedrückt durch die Standardabweichung, deutlich geringer.

Die relativ geringen Werte der Bestimmtheitsmaße und die hohen Werte der Achsenabschnitte als Maßstab des durch diese Zinsdifferenzen nicht erklärbaren Rests der Swapsätze deuten darauf hin, daß auch bei festen Wechselkursen der D-Mark nur ein loser Zusammenhang zwischen Swapsätzen und Zinsdifferenzen zwischen dem deutschen

Geldmarkt und dem Euro-Dollarmarkt besteht. Das Zinsgefälle allein reicht nicht aus, um die Swapsätze des Dollars am deutschen Devisenmarkt zu erklären.

Im ersten Halbjahr des Jahres 1972 lagen die Zinssätze am Euro-Dollarmarkt, von wenigen Ausnahmen im Januar und Februar abgesehen, über den entsprechenden Zinssätzen am deutschen Geldmarkt (vgl. Abb. 6). Der Dollar wurde am deutschen Devisenterminmarkt im gleichen Zeitraum immer mit hohen Abschlägen zum Kassakurs gehandelt, und zwar auch dann, wenn die deutschen Geldmarktsätze über den Zinssätzen am Euro-Dollarmarkt lagen. Die hohen Deports des Dollars hatten zur Folge, daß in den Phasen, in denen ein Zinsanreiz zugunsten einer Kreditaufnahme am Euro-Dollarmarkt bestand, das Zinsgefälle vergrößert wurde, und in den Phasen, in denen ein Zinsanreiz zugunsten einer Anlage liquider Mittel am Euro-Dollarmarkt bestand, dieses Zinsgefälle durch die Kurssicherungskosten nicht nur kompensiert, sondern zugunsten einer Kreditaufnahme am Euro-Dollarmarkt umgekehrt wurde. Im Durchschnitt des Untersuchungszeitraums des Jahres 1972 führten die Swapsätze des Dollars nicht zu einer Verringerung, sondern zu einer Vergrößerung des Zinsgefälles zwischen dem deutschen Geldmarkt und dem Euro-Dollarmarkt.

Das Zinsarbitragegleichgewicht wurde auch im ersten Halbjahr 1972 nicht erreicht. Es bestanden im Durchschnitt erhebliche Nettozinsdifferenzen zugunsten einer Kreditaufnahme am Euro-Dollarmarkt, die je nach Fristigkeit und je nachdem, ob die Zinsaufwendungen kursgesichert werden oder nicht, zwischen 1,53 und 1,62 Prozentpunkten lagen (vgl. Tab. 9). Die Abweichungen vom rechnerischen Zinsarbitragegleichgewicht erhöhten sich bei Berücksichtigung der Kurssicherungskosten der Zinsen.

Im Vergleich zum Jahre 1971 waren die täglichen Schwankungen der Nettozinsdifferenzen um die Mittelwerte im ersten Halbjahr 1972 erheblich geringer. Im Untersuchungszeitraum des Jahres 1972 lagen die Nettozinsdifferenzen immer im positiven Bereich, und die Abweichungen der täglichen Werte um die durchschnittlichen Nettozinsdifferenzen von + 1,53 Prozentpunkten bei Dreimonatsgeld und + 1,56 Prozentpunkten bei Einmonatsgeld überschritten nur selten den Bereich von ± 0,5 Prozentpunkten um die Mittelwerte (vgl. Abb. 6). Zwar wurde auch im Jahre 1972 das Zinsarbitragegleichgewicht zwischen dem deutschen Geldmarkt und dem Euro-Dollarmarkt niemals erreicht, doch zeigt sich bei festen Wechselkursen der D-Mark ein stärkerer Zusammenhang zwischen Zinsdifferenzen und Swapsätzen. Die Swapsätze des Dollars am deutschen Devisenmarkt führten dazu, daß die Nettozinsdifferenzen fast immer gleichhoch waren. Wird in Abb. 6 (Zinsdifferen-

Abb. 6: Zum Zinsarbitragegleichgewicht zwischen dem deutschen Geldmarkt und dem Euro-Dollarmarkt (3.1. – 21.6.1972)

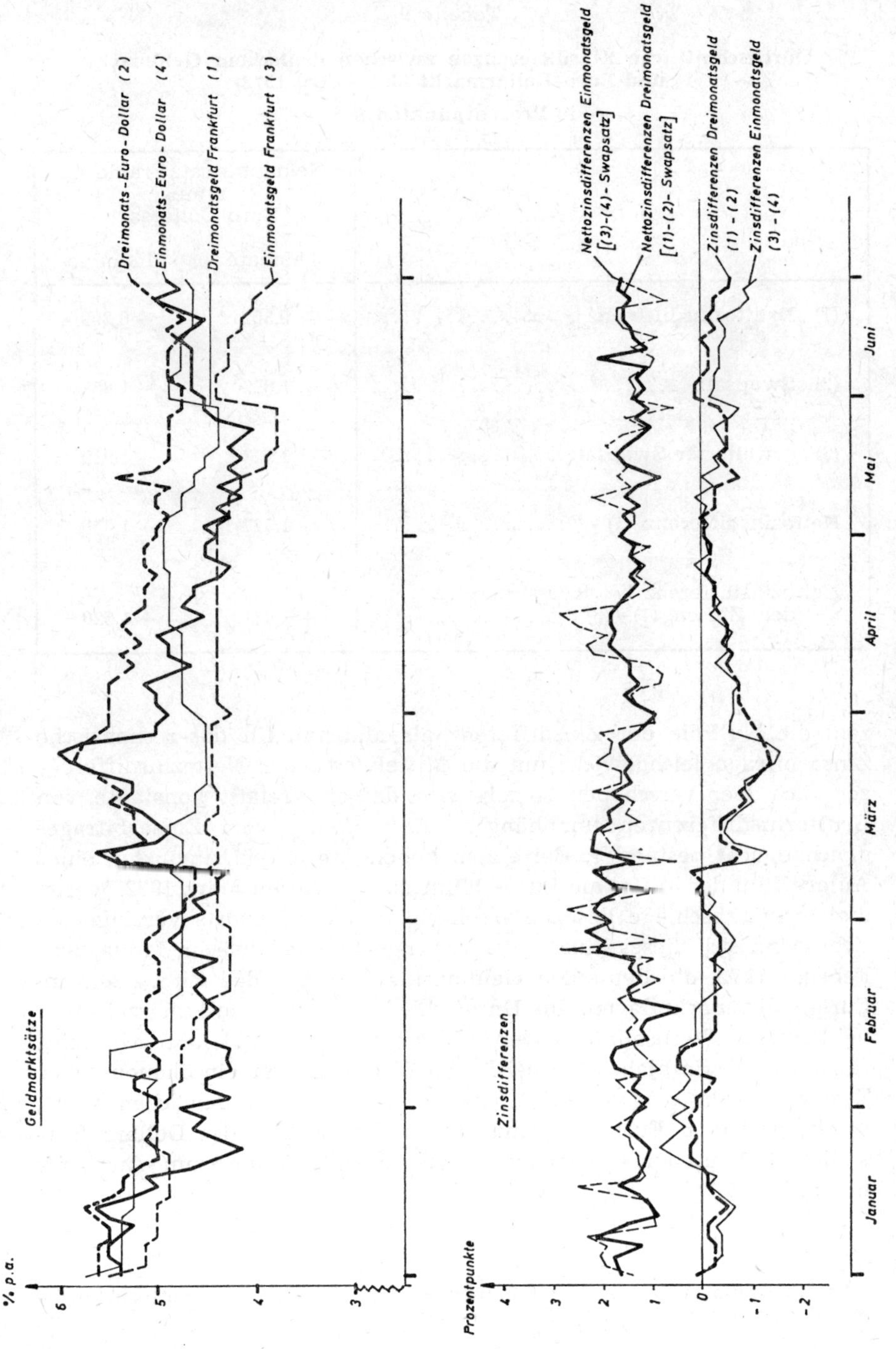

Quelle: Euro-Dollarsätze: Financial Times; Geldmarktsätze Frankfurt: Blick durch die Wirtschaft;
Swapsätze: berechnet unter Zugrundelegung der Devisenkurse; veröffentlicht in Blick durch die Wirtschaft

Tabelle 9

Durchschnittliche Zinsdifferenzen zwischen deutschem Geldmarkt und Euro-Dollarmarkt (3. 1. - 21. 6. 1972)

— in Prozentpunkten p. a. —

	Geldmarktsatz Frankfurt minus Euro-Dollarsatz	
	3 Monate	1 Monat
(1) Bruttozinsdifferenz	− 0,302	− 0,299
(2) Swapsatz	− 1,829	− 1,858
(3) erweiterter Swapsatz	− 1,923	− 1,919
Nettozinsdifferenz (1) - (2)	+ 1,527	+ 1,559
Nettozinsdifferenz bei Kurssicherung der Zinsen (1) - (3)	+ 1,621	+ 1,620

zen) die Nullinie der Zinsdifferenz als Maßstab für das rechnerische Zinsarbitragegleichgewicht um die Mittelwerte der Nettozinsdifferenzen nach oben verschoben, so zeigt sich, daß eine relativ konstante, von Bruttozinsdifferenzen unabhängige Abweichung vom Zinsarbitragegleichgewicht bestand[102]. Bei einem hohen Zinsanreiz zugunsten einer Anlage liquider Mittel am Euro-Dollarmarkt, wie im März 1972, waren die Terminabschläge des Dollars hoch, und die Deports verringerten sich, wenn sich dieses Zinsgefälle verringerte, oder, wie im Januar und Februar 1972, die deutschen Geldmarktsätze über den Zinssätzen am Euro-Dollarmarkt lagen. Im Unterschied zum Untersuchungszeitraum bei flexiblen Wechselkursen der D-Mark im Jahre 1971 läßt sich damit für das erste Halbjahr 1972 bei festen Wechselkursen ein ökonomischer Zusammenhang von Zinsdifferenzen zwischen dem deutschen Geldmarkt und dem Euro-Dollarmarkt mit Swapsätzen des Dollars feststellen, der in der statistischen Untersuchung kaum zum Ausdruck kommt.

---

102 Die Deports des Dollars kommen in dem Abstand der Nettozinsdifferenzen von den Bruttozinsdifferenzen zum Ausdruck.

dd) Ursachen der Abweichungen vom Zinsarbitragegleichgewicht bei festen Wechselkursen im Jahre 1972

Orientieren sich deutsche Zinsarbitrageure an Zinsdifferenzen zwischen dem deutschen Geldmarkt und dem Euro-Dollarmarkt, dann müssen die Swapsätze des Dollars am deutschen Devisenmarkt das Zinsgefälle zwischen diesen monetären Märkten dann kompensieren, wenn die Kursentwicklung an den Devisenmärkten nicht durch Transaktionen der Spekulanten als Folge von Paritätsänderungserwartungen verzerrt wird und wenn keine institutionellen Hemmnisse für den internationalen Kapitalverkehr bestehen. Nach der Realignment der Währungsparitäten und der Rückkehr zu festen Wechselkursen im Dezember 1971 beruhigt sich die Lage an den Devisenmärkten. Die Initiative für die Kursbildung ging von den Spekulanten auf die übrigen Marktteilnehmer, Zinsarbitrageure und Händler, über. Verbote für den internationalen Kapitalverkehr, die es deutschen Zinsarbitrageuren verwehrten, am Euro-Dollarmarkt Kredite aufzunehmen oder dort Einlagen zu bilden, bestanden im Jahre 1972 nicht. Somit waren die Voraussetzungen dafür gegeben, daß die Swapsätze des Dollars am deutschen Devisenmarkt Zinsdifferenzen zwischen dem deutschen Geldmarkt und dem Euro-Dollarmarkt ausgleichen konnten. Trotzdem wurde auch im Jahre 1972 das Zinsarbitragegleichgewicht zwischen diesen beiden monetären Märkten nicht erreicht. Es bestanden Nettozinsdifferenzen von durchschnittlich etwa 1,5 Prozentpunkten zugunsten einer Kreditaufnahme deutscher Geschäftsbanken am Euro-Dollarmarkt. Diese Abweichungen vom rechnerischen Zinsarbitragegleichgewicht lassen aber nicht den Schluß zu, daß deutsche Geschäftsbanken dieses Zinsgefälle nicht nutzten. Vielmehr sind diese Nettozinsdifferenzen auf die Mindestreservebestimmungen in der Bundesrepublik Deutschland zurückzuführen.

Einlagen ausländischer Geschäftsbanken bei deutschen Kreditinstituten und von deutschen Geschäftsbanken bei Banken im Ausland aufgenommene Gelder unterliegen in gleicher Weise der Mindestreservepflicht wie Verbindlichkeiten deutscher Kreditinstitute gegenüber ausländischen Nichtbanken[103]. Dabei sind die gesamten Bruttoverbindlichkeiten der Kreditinstitute mindestreservepflichtig, so daß jede Auslandsverschuldung, gleich in welcher Währung, der Mindestreservepflicht unterliegt[104]. Im Unterschied dazu sind Interbankverbindlichkei-

---

103 Vgl. § 2, Abs. 1 der „Anweisung der Deutschen Bundesbank über Min-1972“, in: Geschäftsbericht der Deutschen Bundesbank für das Jahr 1971, S. 120.

104 Dabei gibt es zwei Ausnahmen von der Bruttomethode. Die eine Ausnahme besteht darin, daß bestimmte im Ausland aufgenommene Gelder dann mindestreservefrei sind, wenn sie gleichzeitig an das Ausland weiter-

ten zwischen deutschen Kreditinstituten nicht mindestreservepflichtig. Diese Mindestreserveregelungen haben Konsequenzen für die Höhe des Zinsgefälles zwischen dem deutschen Geldmarkt und dem Euro-Dollarmarkt. Zur Ermittlung des internationalen Zinsgefälles müssen die effektiven Zinssätze herangezogen werden, nicht dagegen die nominalen Zinssätze. Der effektive Zinssatz bei einer Kreditaufnahme am deutschen Geldmarkt ist identisch mit dem Nominalzinssatz, weil die aufgenommenen Mittel auf D-Mark lauten und weil Geldmarktgeschäfte in Deutschland nicht mindestreservepflichtig sind. Der effektive Zinssatz für eine Mittelaufnahme deutscher Kreditinstitute am Euro-Dollarmarkt ergibt sich dagegen additiv aus dem Nominalzinssatz, dem Swapsatz und den Kosten der Mindestreservehaltung. Im Zinsarbitragegleichgewicht müssen die effektiven Zinssätze am Euro-Dollarmarkt und am deutschen Geldmarkt einander entsprechen.

Die Swapsätze des Dollars würden im Zinsarbitragegleichgewicht nur dann Differenzen zwischen den nominalen Zinssätzen am deutschen Geldmarkt z_i und am Euro-Dollarmarkt z_a aufheben, wenn die Mittelaufnahme deutscher Geschäftsbanken bei ausländischen Banken mindestreservefrei wäre, ebenso wie Geldmarktgeschäfte zwischen deutschen Kreditinstituten. In diesem Fall würde das Zinsarbitragegleichgewicht durch eine Anpassung des Swapsatzes an die nominale Zinsdifferenz erreicht, und eine Nettozinsdifferenz (NZD) bestände nicht.

(1) $$NZD = z_i - (z_a + s) = 0$$

(1a) $$s = z_i - z_a$$

Ohne Mindestreservepflicht von Auslandsverbindlichkeiten und bei Kurssicherung der Zinskosten ist das Zinsarbitragegleichgewicht zwischen dem deutschen Geldmarkt und dem Euro-Dollarmarkt erreicht, wenn gilt[105]

(2) $$NZD = z_i - (z_a + s\,(1 + z_a)) = 0$$

(2a) $$s = \frac{z_i - z_a}{1 + z_a}$$

geleitet werden (Zinsarbitragegeschäfte). Zinsarbitragegeschäfte in dieser Definition der Deutschen Bundesbank sind Verbindlichkeiten gegenüber Gebietsfremden in fremder Währung, deren Gegenwerte nachweislich an Gebietsfremde in das Ausland zur Begründung von Forderungen in fremder Währung und nicht in Verbindung mit einem Bundesbank-Swapgeschäft weitergeleitet worden sind. Vgl. Anweisung der Deutschen Bundesbank über Mindestreserven (AMR) vom 11. November 1968, in der Fassung vom 16. April 1972 § 2 Abs. 4, Buchst. c. Die andere Ausnahme besteht darin, daß die reservepflichtigen Auslandsverbindlichkeiten der Filialen ausländischer Banken in der Bundesrepublik gegenüber Zweigstellen des eigenen Hauses im Ausland netto, also unter Abzug der Forderungen, ermittelt werden. Vgl. § 53, Abs. KWG, § 16 Bundesbankgesetz und § 2, Abs. 5 AMR.

[105] Vgl. Abschnitt C. I. 1.

Ist dagegen die Kreditaufnahme deutscher Geschäftsbanken am Euro-Dollarmarkt mindestreservepflichtig, dann wird, werden Zinsaufwendungen nicht kursgesichert, das Nettozinsgefälle zwischen dem deutschen Geldmarkt und dem Euro-Dollarmarkt aufgehoben, wenn gilt

$$NZD = z_i - \left(\frac{z_a + s}{1 - m}\right) = 0 \tag{3}$$

$$s = z_i\,(1 - m) - z_a \tag{3a}$$

Dabei drückt m den Mindestreservesatz für Verbindlichkeiten deutscher Kreditinstitute gegenüber Gebietsfremden als Dezimalstelle aus, und der Ausdruck $(z_a + s)/(1 - m)$ gibt den effektiven Euro-Dollarsatz an. Besteht keine Mindestreservepflicht von Verbindlichkeiten deutscher Kreditinstitute gegenüber ausländischen Geschäftsbanken, hat der Mindestreservesatz m also einen Wert von Null, dann geht Gleichung (3) in Gleichung (1) über, und Gleichung (3a) ist identisch mit Gleichung (1a). Bei einem Mindestreservesatz von 100 v. H., d. h. bei einem Wert für m von 1,0 ist der effektive Euro-Dollarsatz unendlich groß. Eine Aufnahme von Euro-Dollarkrediten durch deutsche Zinsarbitrageure aber ist nur dann sinnvoll, wenn der effektive Euro-Dollarsatz unter dem deutschen Geldmarktsatz liegt. Die Höhe des effektiven Zinssatzes für Euro-Dollarkredite wird maßgeblich durch die Höhe des Mindestreservesatzes auf Auslandsverbindlichkeiten der Kreditinstitute beeinflußt.

Bei Mindestreservepflicht von Auslandsverbindlichkeiten und bei Kurssicherung der Zinsaufwendungen schließlich ist das Zinsarbitragegleichgewicht zwischen dem deutschen Geldmarkt und dem Euro-Dollarmarkt gekennzeichnet durch

$$NZD = z_i - \left(\frac{z_a + s\,(1 + z_a)}{1 - m}\right) = 0 \tag{4}$$

$$s = \frac{z_i\,(1 - m) - z_a}{1 + z_a} \tag{4a}$$

Ist der Mindestreservesatz m gleich Null, dann geht Gleichung (4) bzw. (4a) in Gleichung (2) bzw. (2a) über.

In den Gleichungen für die Höhe des Swapsatzes im Zinsarbitragegleichgewicht bei vorgegebenen Zinssätzen am deutschen Geldmarkt und am Euro-Dollarmarkt wird sichtbar, daß bei Mindestreservepflicht der Verbindlichkeiten deutscher Banken gegenüber ausländischen Kreditinstituten der Swapsatz des Dollars größer ist als bei Freistellung der Auslandsverbindlichkeiten von der Mindestreservepflicht. Daraus folgt, daß bei mindestreservepflichtigen Auslandsverbindlichkeiten das

Zinsarbitragegleichgewicht nicht erreicht wird, wenn der Swapsatz des Dollars die Differenz zwischen den nominalen Zinssätzen am deutschen Geldmarkt und am Euro-Dollarmarkt ausgleicht. Das soll an einem Beispiel erläutert werden.

	Ungleichgewicht	Gleichgewicht
Dreimonats-Geldmarktsatz in Frankfurt (z_i)	5,0 %	5 %
Dreimonats-Euro-Dollarsatz (z_a)	6 %	6 %
Swapsatz (s)	− 1 %	− 1,5 %
Mindestreservesatz (m)	0,1	0,1
Effektiver Dreimonats-Euro-Dollarsatz $\left(\frac{z_a + s}{1 - m}\right)$	5,56 %	5 %
Nettozinsdifferenz $\left(z_i - \frac{(z_a + s)}{(1 - m)}\right)$	− 0,56 Proz. Pkt.	± 0

Die Ungleichgewichtssituation ist dadurch gekennzeichnet, daß der Swapsatz des Dollars allein die nominale Zinsdifferenz zwischen dem deutschen Geldmarkt und dem Euro-Dollarmarkt kompensiert. Bei einem Nominalzins am Euro-Dollarmarkt von 6 %, einem Deport des Dollars von 1 % und einem Mindestreservesatz von 10 v. H. beträgt der effektive Zinssatz für Dreimonats-Euro-Dollarkredite aber 5,56 %. Somit wäre die Mittelaufnahme deutscher Geschäftsbanken am Euro-Dollarmarkt 0,56 Prozentpunkte teurer als am deutschen Geldmarkt. Deutsche Zinsarbitrageure würden in diesem Fall die Mittelaufnahme im Ausland einstellen, das Dollarangebot der Zinsarbitrageure am deutschen Devisenkassamarkt und ihre Kurssicherungsnachfrage am Terminmarkt sinkt. Der Kassakurs des Dollars steigt und der Terminkurs sinkt, und zwar solange, bis der Deport des Dollars sich auf 1,5 % erhöht hat. Bei diesem erhöhten Terminabschlag des Dollars sind die effektiven Zinssätze einer Mittelaufnahme am deutschen Geldmarkt und am Euro-Dollarmarkt gleichhoch. Je höher der Mindestreservesatz ist, um so größer ist auch die Differenz zwischen dem nominalen und dem effektiven Euro-Dollarsatz, und um so größer muß auch der Swapsatz des Dollars im Zinsarbitragegleichgewicht sein.

Im Untersuchungszeitraum des Jahres 1972 waren die Terminabschläge des Dollars durchweg höher als die Differenzen zwischen den nominalen Zinssätzen am deutschen Geldmarkt und am Euro-Dollarmarkt, weil die Mindestreservepflicht von Auslandsverbindlichkeiten eine Kreditaufnahme am Euro-Dollarmarkt verteuerte. Eine Kreditaufnahme deutscher Geschäftsbanken am Euro-Dollarmarkt wurde sowohl vom Mindestreservesatz auf den Bestand als auch auf den Zuwachs der Auslandsverbindlichkeiten belastet. Der Reservesatz auf den Bestand der befristeten Auslandsverbindlichkeiten betrug 22 v. H.[106]. Der Zuwachsmindestreservesatz betrug bis zum 29. 2. 1972 30 v. H.[107]. Er wurde mit Wirkung vom 1. 3. 1972 auf 40 v. H. erhöht[108]. Werden die Kosten der Bestands- und der Zuwachsmindestreserve bei der Ermittlung der effektiven Nettozinsdifferenz im Zeitraum vom 3. 1. 1972 bis zum 21. 6. 1972 berücksichtigt, so zeigt sich, daß im Durchschnitt das Zinsarbitragegleichgewicht zwischen dem deutschen Geldmarkt und dem Euro-Dollarmarkt nahezu erreicht wurde.

Tabelle 10

Durchschnittliche Zinsdifferenzen zwischen deutschem Geldmarkt und Euro-Dollarmarkt unter Berücksichtigung der Kosten der Mindestreservehaltung

(3. 1. - 21. 6. 1972) — in Prozent p. a. —

	3 Monate	1 Monat
(1) Geldmarktsatz in Deutschland	4,858	4,43
(2a) Euro-Dollarsatz + Swapsatz	3,340	2,963
(2b) Euro-Dollarsatz + erweiterter Swapsatz	3,247	2,879
(3a) effektiver Euro-Dollarsatz ohne Kurssicherung der Zinsen	5,281	4,679
(3b) effektiver Euro-Dollarsatz mit Kurssicherung der Zinsen	5,133	4,546
(4a) Nettozinsdifferenz ohne Kurssicherung der Zinsen (1) - (3a)	— 0,423	— 0,236
(4b) Nettozinsdifferenz mit Kurssicherung der Zinsen (1) - (3b)	— 0,275	— 0,103

106 Reserveklasse 1, d. h. für Kreditinstitute mit reservepflichtigen Sicht- und befristeten Verbindlichkeiten von 1 Mrd. DM und mehr.

107 Zusätzlicher Reservesatz für den Zuwachs gegenüber dem Durchschnittsstand aus den Stichtagen 23. und 31. Oktober sowie 7. und 15. November 1970.

108 Zusätzlicher Reservesatz für den Zuwachs gegenüber dem Durchschnittsstand aus den Stichtagen 23. und 31. Oktober sowie 7. und 15. November 1971 oder gegenüber dem um 20 v.H. verminderten Durchschnittsstand aus den entsprechenden Stichtagen des Jahres 1970.

Ohne Kurssicherung der Zinsen bestand ein durchschnittlicher Nettozinsvorteil zugunsten einer Kreditaufnahme am deutschen Geldmarkt von 0,42 Prozentpunkten bei Dreimonatsgeld. Die durchschnittliche Abweichung vom rechnerischen Zinsarbitragegleichgewicht verringert sich auf 0,28 Prozentpunkte, wenn die Kurssicherung der Zinsaufwendungen bei der Kreditaufnahme am Euro-Dollarmarkt berücksichtigt wird. Bezogen auf die Laufzeit von drei Monaten ist das eine Nettozinsdifferenz von 0,07 Prozentpunkten. Bei Einmonatsgeld war die durchschnittliche Nettozinsdifferenz zwischen dem deutschen Geldmarkt und dem Euro-Dollarmarkt unter Berücksichtigung der deutschen Mindestreservebestimmungen noch geringer. Bezogen auf die Laufzeit war bei Kurssicherung der Zinsen eine Kreditaufnahme am Euro-Dollarmarkt lediglich 0,01 Prozentpunkte teurer als am deutschen Geldmarkt. Es ist anzunehmen, daß diese durchschnittlichen geringen Zinsdifferenzen innerhalb der Indifferenzmarge liegen, innerhalb derer internationale Zinsdifferenzen bestehen können, ohne daß dadurch Zinsarbitragetransaktionen ausgelöst werden[109].

Zu berücksichtigen ist ferner, daß Zuwachsmindestreserven bei einer Kreditaufnahme im Ausland nur dann zu unterhalten sind, wenn der Zuwachs der Bruttoverbindlichkeiten der Banken gegenüber dem Stand einer Referenzperiode, die als Basis für die Bemessung der Zuwachsmindestreserve festgelegt wurde, größer ist als die Tilgung in diesem Zeitraum. Sinkt der Bestand der Auslandsverbindlichkeiten dagegen unter den für die Bemessung der Zuwachsmindestreserve maßgeblichen Stand, dann beschränken sich die Kosten der Mindestreservehaltung bei einer Kreditaufnahme im Ausland auf die Bestandsreserve. Der effektive Euro-Dollarsatz ist dann geringer als bei Berücksichtigung der Kosten der Zuwachsmindestreserve. Das vorliegende Material läßt keinen sicheren Schluß zu, ob die Zuwachsmindestreservesätze bei einem Vergleich der effektiven Zinskosten einer Kreditaufnahme am Euro-Dollarmarkt mit einer Kreditaufnahme am deutschen Geldmarkt im ersten Halbjahr 1972 stets zu berücksichtigen sind. Daß Zuwachsmindestreserven eine Rolle spielen, wird in Abb. 6 (Zinsdifferenzen) deutlich. Mit der Erhöhung des Zuwachsmindestreservesatzes auf Auslandsverbindlichkeiten am 1. 3. 1972 stiegen die Deports des Dollars und die Nettozinsdifferenzen zwischen dem deutschen Geldmarkt und dem Euro-Dollarmarkt ohne Berücksichtigung der deutschen Mindestreserveregelungen an. Die durchschnittliche Nettozinsdifferenz für Dreimonatsgeld, die im Januar und Februar + 1,46 Prozentpunkte betragen hatte, erhöhte sich auf + 1,56 Prozentpunkte im Zeitraum vom

---

[109] In einer empirischen Untersuchung wurde eine Indifferenzmarge für Schatzwechsel von 0,18 Prozentpunkten p. a. ermittelt. Vgl. Branson, W. H., The Minimum Covered Interest Differential Need for Arbitrage, in: Journal of Political Economy, Vol. 77 (1969), S. 1028 ff.

1. 3. bis 21. 6. 1972. Diese Vergrößerung der Abweichungen des Swapsatzes des Dollars von Differenzen zwischen den nominalen Zinssätzen am deutschen Geldmarkt und am Euro-Dollarmarkt ist, wie dargestellt wurde, bei einer Erhöhung der Mindestreservesätze auf Auslandsverbindlichkeiten deutscher Kreditinstitute zu erwarten. Es kann aber angenommen werden, daß bei einzelnen Geschäftsbanken im Zeitablauf die Tilgungen der Auslandsverbindlichkeiten höher sind als die Bruttokreditaufnahme im Ausland. Für diese Kreditinstitute ist dann der effektive Euro-Dollarsatz geringer, als hier unter Berücksichtigung der Zuwachsmindestreserve angenommen wurde. Es ist daher anzunehmen, daß die im Durchschnitt mit einer Aufnahme von Euro-Dollars verbundenen Kosten der Mindestreservehaltung und damit die Höhe des durchschnittlichen effektiven Euro-Dollarsatzes etwas überschätzt wurden. Die tatsächlichen Nettozinsdifferenzen zwischen dem deutschen Geldmarkt und dem Euro-Dollarmarkt im ersten Halbjahr 1972 sind dann geringer, als ausgewiesen wurde.

Unter Berücksichtigung der Mindestreservebelastung auf Bestand und Zuwachs der Auslandsverbindlichkeiten der Banken entsprachen im Untersuchungszeitraum des Jahres 1972 die swapsatzbereinigten und um die Kosten der Mindestreservehaltung erhöhten Euro-Dollarsätze im Durchschnitt annähernd den Zinssätzen am deutschen Geldmarkt. Ähnliches zeigt sich auch im Verlauf des ersten Halbjahres 1972. Die täglichen Abweichungen vom rechnerischen Zinsarbitragegleichgewicht halten sich in erklärbaren Grenzen (vgl. Abb. 7). Abgesehen vom Monat März waren die Nettozinsdifferenzen negativ. Für diese Phase wird ein Nettozinsvorteil zugunsten einer Kreditaufnahme am deutschen Geldmarkt ausgewiesen. Es ist anzunehmen, daß diese Abweichungen vom rechnerischen Zinsarbitragegleichgewicht auf eine Überschätzung der Höhe der effektiven Zinssätze am Euro-Dollarmarkt durch volle Berücksichtigung des Zuwachsmindestreservesatzes zurückzuführen ist. Im März 1972 dagegen bestanden Nettozinsvorteile zugunsten einer Kreditaufnahme am Euro-Dollarmarkt, die von deutschen Kreditinstituten nicht genutzt wurden. Das ist zurückzuführen auf die Senkung des Diskontsatzes in der Bundesrepublik von 4 % auf 3 % mit Wirkung vom 25. 2. 1972. Die Diskontsatzsenkung hatte zur Folge, daß die Aufnahme von Termingeldern am deutschen Geldmarkt und am Euro-Dollarmarkt teurer war als die Refinanzierung der Banken bei der Deutschen Bundesbank. Die Banken gingen verstärkt in den Rediskont[110], und erst nach weitgehender Ausnutzung der offenen

---

[110] Der Bestand an Inlandswechseln bei der Deutschen Bundesbank stieg von 11,3 Mrd. DM am 23. 2. 1972 auf 17,3 Mrd. DM am 31. 3. 1972 an. Zugleich verringerten sich die unausgenutzten Rediskontkontingente der Banken im März 1972 um 5,9 Mrd. DM. Vgl. Monatsberichte der Deutschen Bundesbank.

Abb. 7 : Nettozinsdifferenzen zwischen dem deutschen Geldmarkt und dem Euro-Dollarmarkt unter Berücksichtigung der Mindestreservebestimmungen in Deutschland (3.1. - 21.6.1972) [1]

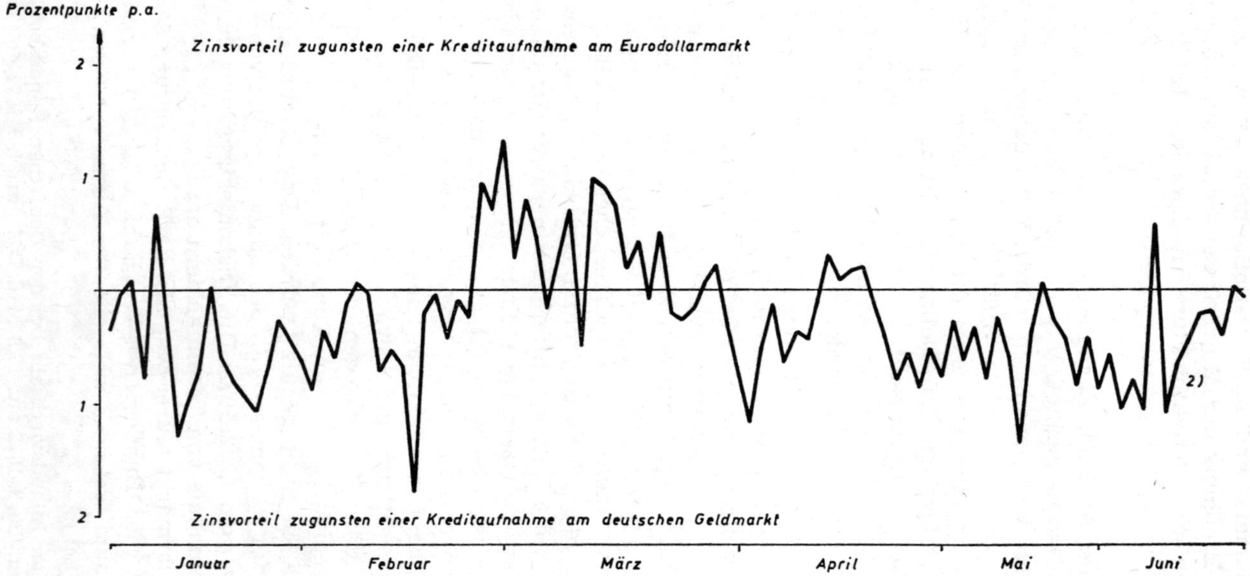

1) für Dreimonatsgeld unter Berücksichtigung der Kurssicherung der Zinsen

2) Dreimonats-Geldmarktsatz Frankfurt - [(Dreimonats-Euro-Dollarsatz + erweiterter Swapsatz) : (1 - Mindestreservesatz auf Bestand und Zuwachs der Auslandsverbindlichkeiten)]

Quelle: Euro-Dollarsätze: Financial Times; Geldmarktsätze Frankfurt: Blick durch die Wirtschaft;
Swapsätze: berechnet unter Zugrundelegung der Devisenkurse, veröffentlicht in Blick durch die Wirtschaft

Rediskontkontingente gingen die Banken Ende März wieder zur Refinanzierung am Geldmarkt über. Die positiven Nettozinsdifferenzen zwischen dem deutschen Geldmarkt und dem Euro-Dollarmarkt wurden abgebaut, und seit Ende März lagen die Nettozinsdifferenzen wieder im negativen Bereich.

Bei Berücksichtigung der durch die deutschen Mindestreservebestimmungen entstehenden zusätzlichen Kosten einer Kreditaufnahme im Ausland wurde im ersten Halbjahr 1972 das Zinsarbitragegleichgewicht zwischen dem deutschen Geldmarkt und dem Euro-Dollarmarkt annähernd erreicht. Die Swapsätze des Dollars führten zu einem Angleichen der effektiven Euro-Dollarsätze an die Zinssätze am deutschen Geldmarkt. Zinsdifferenzen zwischen dem deutschen Geldmarkt und dem Euro-Dollarmarkt bestimmen die internationalen Geldmarktgeschäfte deutscher Geschäftsbanken. Wird die Kursbildung an den Devisenmärkten nicht durch spekulative Einflüsse verzerrt, dann ist eine Erhöhung der Zinssätze am Euro-Dollarmarkt bei unveränderten Mindestreservesätzen auf Auslandsverbindlichkeiten in Deutschland mit steigenden Deports oder sinkenden Reports des Termindollars am deutschen Devisenmarkt verbunden. Umgekehrt geht eine Verringerung des Deports oder eine Vergrößerung des Reports einher mit einer relativen Erhöhung der Zinssätze am deutschen Geldmarkt im Vergleich zu den Euro-Dollarsätzen.

3. Zusammenhänge von Swapsätzen des Dollars mit Zinsdifferenzen zwischen Euro-DM und Euro-Dollar

a) Untersuchungsergebnisse

aa) Bei flexiblen Wechselkursen der D-Mark im Jahre 1971

Der Zusammenhang von Zinsdifferenzen am Euro-Geldmarkt zwischen Euro-DM und Euro-Dollar mit Swapsätzen des Dollars am deutschen Devisenmarkt wurde bei flexiblen Wechselkursen der D-Mark im Jahre 1971 und, nach Rückkehr zu festen Wechselkursen, im Jahre 1972 untersucht.

Für den Zeitraum vom 12. 5. - 30. 9. 1971, also bei flexiblen Wechselkursen, wurden die in Tabelle 11 angegebenen Abhängigkeitsmaße und die Regressionsgleichungen zur Bestimmung des durchschnittlichen Swapsatzes aus vorgegebenen Zinsdifferenzen zwischen Euro-DM und Euro-Dollar ermittelt.

Die hohen Werte der Bestimmtheitsmaße weisen einen straffen Zusammenhang zwischen Swapsätzen und Zinsdifferenzen zwischen Euro-DM und Euro-Dollar nach. Dabei ist der Zusammenhang bei drei-

Tabelle 11

Regressionsgleichungen zur Erklärung von Swapsätzen des Dollars aus Zinsdifferenzen zwischen Euro-DM und Euro-Dollar (12. 5. - 30. 9. 1971)

unabhängige Variable	Regressionsgleichungen
Dreimonats-Swapsatz	$S_3 = +\ 0{,}01450 + 1{,}09168\ ZD_3$ (0,07439) (0,03792) SE: 0,44301; t-Wert: 28,78942; $r^2 = 0{,}9150$
erweiterter Dreimonats-Swapsatz	${}_eS_3 = +\ 0{,}02118 + 1{,}18420\ ZD_3$ (0,08158) (0,04159) SE: 0,48584; t-Wert: 28,47614; $r^2 = 0{,}9133$
Einmonats-Swapsatz	$S_1 = -\ 0{,}15566 + 1{,}05379\ ZD_1$ (0,18761) (0,07375) SE: 1,16537; t-Wert: 14,28952; $r^2 = 0{,}7262$
erweiterter Einmonats-Swapsatz	${}_eS_1 = -\ 0{,}15910 + 1{,}14435\ ZD_1$ (0,20378) (0,08010) SE: 1,26580; t-Wert: 14,28629; $r^2 = 0{,}7261$

$S_3\ (S_1)$: Swapsatz des Dreimonatsdollars (Einmonatsdollars) am deutschen Devisenmarkt in Prozent p. a.

$ZD_3\ (ZD_1)$: Zinsdifferenzen zwischen Euro-DM und Euro-Dollar für Dreimonatsgeld (Einmonatsgeld)

${}_eS_3\ ({}_eS_1)$: $S_3\ (S_1) \cdot$ [1 + Dreimonats-(Einmonats-)Euro-Dollarsatz in Prozent p. a.]

monatiger Laufzeit stärker als bei einer Laufzeit von einem Monat. So läßt sich der Dreimonats-Swapsatz zu etwa 92 v. H. aus Zinsdifferenzen zwischen Euro-DM und Euro-Dollar erklären, der Einmonats-Swapsatz dagegen nur zu rund 73 v. H. Die Einbeziehung der Kurssicherung der Zinsaufwendungen bzw. der Zinserträge ergibt keine Verbesserung der Werte der Bestimmtheitsmaße.

Auch die Gleichungen der Regressionsgeraden zur Bestimmung des im Durchschnitt zu erwartenden Swapsatzes bei einer vorgegebenen Zinsdifferenz zeigen den straffen statistischen Zusammenhang von

Swapsätzen und Zinsdifferenzen. Die Regressionskoeffizienten sind in allen Regressionsgleichungen erwartungsgemäß positiv. Swapsätze und Zinsdifferenzen veränderten sich in gleicher Richtung. Ein Anstieg des Zinssatzes für Dreimonats-Euro-DM bei Konstanz des Euro-Dollarsatzes um einen Prozentpunkt war verbunden mit einem Anstieg des Swapsatzes, also einer Erhöhung des Reports oder einer Verringerung des Deports, von 1,09 Prozentpunkten. Bei einer Vergrößerung der Zinsdifferenz zwischen Einmonats-Euro-DM und Einmonats-Euro-Dollar um einen Prozentpunkt erhöhte sich der Swapsatz des Einmonatsdollars am deutschen Devisenmarkt um 1,05 Prozentpunkte. Änderungen der Zinsdifferenzen wurden also fast vollständig durch entsprechende Veränderungen der Swapsätze ausgeglichen. Die Werte der Achsenabschnitte der ausgleichenden Regressionsgeraden als Maß für den mit Zinsdifferenzen zwischen Euro-DM und Euro-Dollar nicht zu erklärenden Teil der Swapsätze sind in allen Regressionsgleichungen gering. Im Untersuchungszeitraum des Jahres 1971 ließen sich die Swapsätze also fast vollständig aus Zinsdifferenzen am Euro-Geldmarkt erklären.

Das zeigt sich auch in den Werten der durchschnittlichen Nettozinsdifferenzen. Die Zinssätze für Euro-DM lagen im Durchschnitt unter den Euro-Dollarsätzen. Diesen Zinsdifferenzen entsprechend wurde der Dollar am deutschen Devisenterminmarkt mit Abschlägen im Vergleich zum Kassakurs bewertet (vgl. Tab. 12).

Die Swapsätze führten zu einer weitgehenden Aufhebung der Zinsdifferenzen zwischen Euro-DM und Euro-Dollar. Die Nettozinsdifferenzen von etwa + 0,12 Prozentzunkten p. a. bei Dreimonatsgeld und von + 0,25 Prozentpunkten p. a. bei Einmonatsgeld sind gering. Bezogen auf die Laufzeiten entspricht das Zinsvorteilen von etwa 0,03 Prozentpunkten bei Dreimonatsgeld und von etwa 0,02 Prozentpunkten bei Einmonatsgeld zugunsten einer Aufnahme von Euro-Dollars. Die Abweichungen vom rechnerischen Zinsarbitragegleichgewicht vergrößern sich, wenn die Kurssicherung der Zinsen berücksichtigt werden. Daraus kann geschlossen werden, daß die Zinsarbitrageure bei einem Vergleich der Zinssätze für Euro-DM und Euro-Dollar Kurssicherungskosten und Kurssicherungserträge von Zinsaufwendungen und Zinserträgen nicht berücksichtigen.

Wie im Durchschnitt, so wurden auch im Verlauf der Periode flexibler Wechselkurse Zinsdifferenzen zwischen Euro-DM und Euro-Dollar durch Swapsätze des Dollars fast vollständig kompensiert (vgl. Abb. 8). Größere Abweichungen der Nettozinsdifferenzen von der Nullinie, dem rechnerischen Zinsarbitragegleichgewicht, traten Mitte Mai auf, also kurz nach der Einstellung der Interventionen der Bundesbank am De-

Tabelle 12

Durchschnittliche Zinsdifferenzen zwischen Euro-DM und Euro-Dollar (12. 5. - 30. 9. 1971)
— in Prozentpunkten p. a. —

	Euro-DM-Satz minus Euro-Dollar-Satz	
	3 Monate	1 Monat
(1) Bruttozinsdifferenz	− 1,456	− 1,819
(2) Swapsatz	− 1,575	− 2,073
(3) erweiterter Swapsatz	− 1,703	− 2,241
(4) Nettozinsdifferenz (1) - (2)	+ 0,119	+ 0,254
(5) Nettozinsdifferenz bei Kurssicherung der Zinsen (1) - (3)	+ 0,247	+ 0,422

visenmarkt, sowie im August kurz vor der Schließung der Devisenbörsen am 16. 8. und kurz nach ihrer Wiedereröffnung am 20. 8. In diesen Phasen bestanden relativ hohe Abweichungen der Nettozinsdifferenzen vom rechnerischen Zinsarbitragegleichgewicht, und die swapsatzbereinigten Euro-Dollarsätze wiesen zeitweise beträchtliche Unterschiede zu den Euro-DM-Sätzen auf. Insbesondere im August waren infolge der hohen Terminabschläge des Dollars am Devisenmarkt kursgesicherte Euro-Dollarkredite teilweise erheblich zinsgünstiger als eine Aufnahme von Euro-DM. Abgesehen von diesen durch die Abwertungsspekulation gegen den Dollar gekennzeichneten Phasen wurde das Zinsarbitragegleichgewicht am Euro-Geldmarkt nahezu vollständig erreicht.

Im Untersuchungszeitraum des Jahres 1971 bei flexiblen Wechselkursen der D-Mark ließ sich kein Zusammenhang zwischen Swapsätzen des Dollars und Zinsdifferenzen zwischen dem deutschen Geldmarkt und dem Euro-Dollarmarkt feststellen, während, von wenigen Ausnahmen abgesehen, die Swapsätze den Zinsdifferenzen zwischen Euro-DM und Euro-Dollar entsprachen. Für das erste Halbjahr 1972, also bei festen Wechselkursen, ließ sich dagegen nachweisen, daß die Swapsätze des Dollars fast vollständig Zinsdifferenzen zwischen dem deutschen Geldmarkt und dem Euro-Dollarmarkt kompensierten, wenn die Kosten

Abb. 8 : Zum Zinsarbitragegleichgewicht am Euro-Geldmarkt zwischen D-Mark und US-Dollar (12.5. - 30.9.1971)

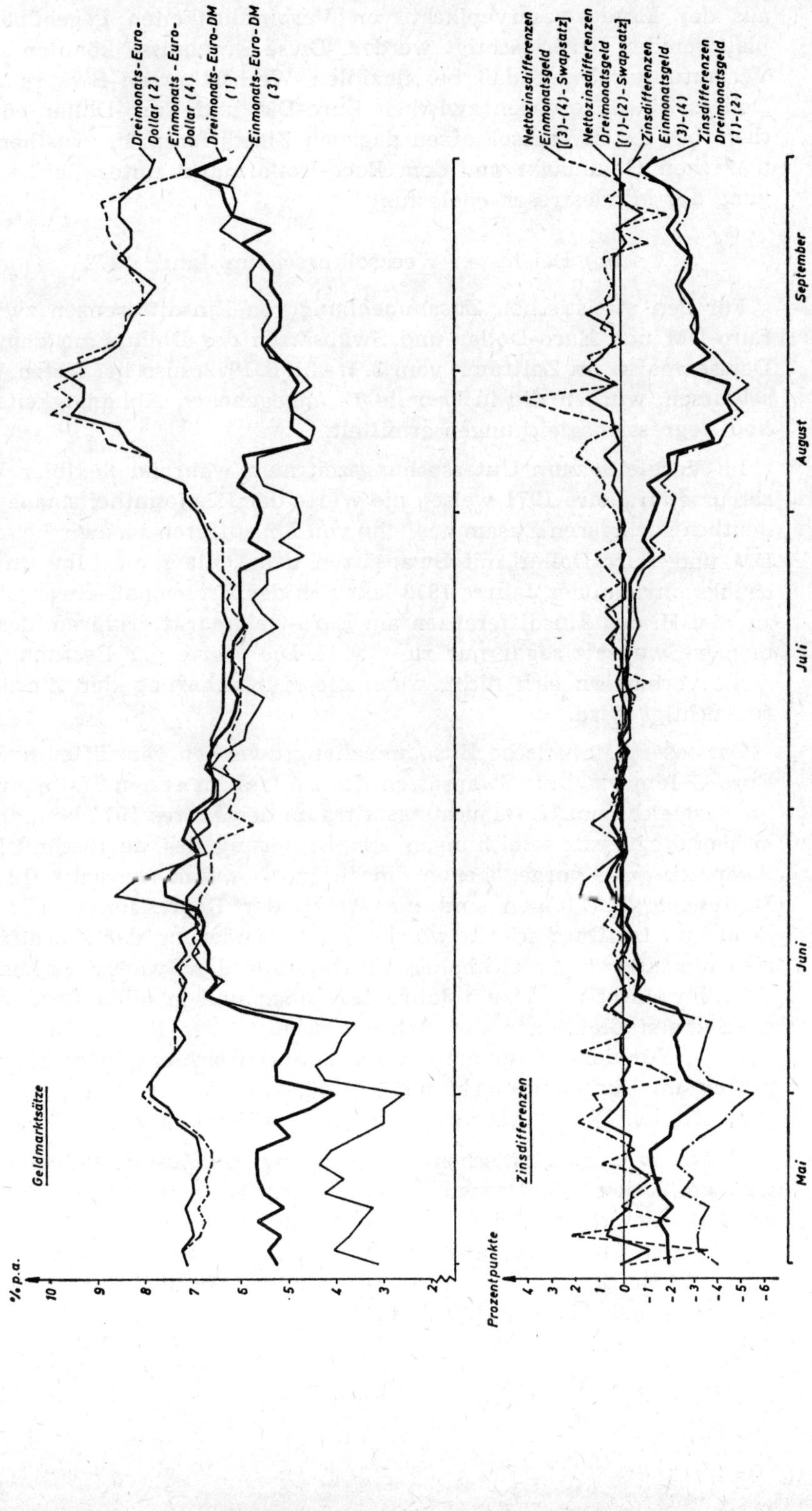

Quelle: Euro-Geldmarktsätze: Financial Times; Swapsätze: berechnet unter Zugrundelegung der Devisenkurse, veröffentlicht in Blick durch die Wirtschaft

aus der Mindestreservepflicht von Verbindlichkeiten gegenüber Gebietsfremden berücksichtigt werden. Diese Ergebnisse könnten zu der Vermutung führen, daß bei flexiblen Wechselkursen Swapsätze des Dollars Zinsdifferenzen zwischen Euro-DM und Euro-Dollar entsprechen, bei festen Wechselkursen dagegen Zinsdifferenzen zwischen dem deutschen Geldmarkt und dem Euro-Dollarmarkt unter Berücksichtigung der Mindestreservebelastung.

bb) Bei festen Wechselkursen im Jahre 1972

Für den statistischen Zusammenhang von Zinsdifferenzen zwischen Euro-DM und Euro-Dollar und Swapsätzen des Dollars am deutschen Devisenmarkt im Zeitraum vom 3. 1. - 21. 6. 1972, also bei festen Wechselkursen, wurden die in Tabelle 13 angegebenen Abhängigkeitsmaße und Regressionsgleichungen ermittelt.

Im Vergleich zum Untersuchungszeitraum während flexibler Wechselkurse im Jahre 1971 weisen die Werte der Bestimmtheitsmaße einen deutlich geringeren Zusammenhang von Zinsdifferenzen zwischen Euro-DM und Euro-Dollar mit Swapsätzen des Dollars aus. Im Untersuchungszeitraum des Jahres 1972 läßt sich der Dreimonats-Swapsatz nur zu 73 v. H. aus Zinsdifferenzen am Euro-Geldmarkt erklären, der Einmonats-Swapsatz sogar nur zu 43 v. H. Die Werte der Bestimmtheitsmaße verbessern sich nicht, wenn die Kurssicherung der Zinsen berücksichtigt wird.

Der losere statistische Zusammenhang zwischen Zinsdifferenzen am Euro-Geldmarkt und Swapsätzen des Dollars im ersten Halbjahr 1972 im Vergleich zum Untersuchungszeitraum des Jahres 1971 kommt auch in den Regressionsgleichungen zur Erklärung des durchschnittlichen Swapsatzes aus vorgegebenen Zinsdifferenzen zum Ausdruck. In allen Regressionsgleichungen sind die Werte der Regressionskoeffizienten recht gut. Im Durchschnitt wurde eine Veränderung der Zinsdifferenz also von einer fast gleichhohen Veränderung des Swapsatzes kompensiert. Im Unterschied zum Jahre 1971 aber sind in allen Regressionsgleichungen die Werte der Achsenabschnitte der Regressionsgeraden schlecht. Für den Dreimonats-Swapsatz ergibt sich ein durch Zinsdifferenzen am Euro-Geldmarkt nicht erklärbarer Deport von rund 0,2 % p. a., für den Einmonats-Swapsatz ein Abschlag von etwa 0,3 % p. a.

Dieser, in der statistischen Untersuchung der Zusammenhänge feststellbare, lockere Zusammenhang von Swapsätzen und Zinsdifferenzen am Euro-Geldmarkt bei festen Wechselkursen im Vergleich mit flexiblen Wechselkursen bestätigt sich aber nicht in den Werten der durchschnittlichen Zinsdifferenzen zwischen Euro-DM und Euro-Dollar im ersten Halbjahr 1972 (vgl. Tab. 14).

Tabelle 13

Regressionsgleichungen zur Erklärung von Swapsätzen des Dollars aus Zinsdifferenzen zwischen Euro-DM und Euro-Dollar (3. 1. - 21. 6. 1972)

unabhängige Variable	Regressionsgleichungen
Dreimonats-Swapsatz	$S_3 = -0{,}18612 + 0{,}95375\ ZD_3$ (0,10331) (0,05794) SE: 0,26853; t-Wert: 16,46144; $r^2 = 0{,}7304$
erweiterter Dreimonats-Swapsatz	${}_eS_3 = -0{,}19493 + 1{,}00270\ ZD_3$ (0,10866) (0,06094) SE: 0,28243; t-Wert: 16,45437; $r^2 = 0{,}7303$
Einmonats-Swapsatz	$S_1 = -0{,}31508 + 1{,}02202\ ZD_1$ (0,19211) (0,11735) SE: 0,75189; t-Wert: 8,70939; $r^2 = 0{,}4313$
erweiterter Einmonats-Swapsatz	${}_eS_1 = -0{,}27465 + 1{,}08935\ ZD_1$ (0,21652) (0,13225) SE: 0,84740; t-Wert: 8,23684; $r^2 = 0{,}4042$

S_3 (S_1): Swapsatz des Dreimonatsdollars (Einmonatsdollars) am deutschen Devisenmarkt in Prozent p. a.

ZD_3 (ZD_1): Zinsdifferenzen zwischen Euro-DM und Euro-Dollar für Dreimonatsgeld (Einmonatsgeld)

${}_eS_3$ (${}_eS_1$): S_3 (S_1 · [1 + Dreimonats-(Einmonats-)Euro-Dollarsatz in Prozent p. a.].

Es zeigt sich, daß auch im ersten Halbjahr 1972 Zinsdifferenzen zwischen Euro-DM und Euro-Dollar durch Swapsätze des Dollars am deutschen Devisenmarkt im Durchschnitt zum größten Teil kompensiert wurden. Auch bei festen Wechselkursen entsprechen im Durchschnitt die Swapsätze des Dollars annähernd den Zinsdifferenzen am Euro-Geldmarkt.

Gleiches zeigt sich im täglichen Verlauf des ersten Halbjahres 1972. Die Euro-Dollarsätze waren stets höher als die Zinssätze für Euro-DM (vgl. Abb. 9, Geldmarktsätze). So schwankten die Zinsdifferenzen bei Dreimonatsgeld zwischen 0,8 Prozentpunkten im Januar und 2,8 Pro-

Tabelle 14

Durchschnittliche Zinsdifferenzen zwischen Euro-DM und Euro-Dollar (3. 1. - 21. 6. 1972)
— in Prozentpunkten p. a. —

	Euro-DM-Satz minus Euro-Dollar-Satz	
	3 Monate	1 Monat
(1) Bruttozinsdifferenz	− 1,723	− 1,509
(2) Swapsatz	− 1,829	− 1,858
(3) erweiterter Swapsatz	− 1,923	− 1,919
(4) Nettozinsdifferenz (1) - (2)	+ 0,106	+ 0,349
(5) Nettozinsdifferenz bei Kurssicherung der Zinsen (1) - (3)	+ 0,200	+ 0,410

zentpunkten im März (vgl. Abb. 9, Zinsdifferenzen). Diesen Zinsdifferenzen entsprechend wurden der Einmonats- und der Dreimonatsdollar am deutschen Devisenmarkt stets mit Abschlägen im Vergleich zum Kassakurs gehandelt. Die Höhe der Deports kommt in Abb. 9 (Zinsdifferenzen) in den Abständen der Zinsdifferenzen von den Nettozinsdifferenzen zum Ausdruck. Die täglichen Abweichungen der Swapsätze von Zinsdifferenzen zwischen Euro-DM und Euro-Dollar waren gering. Bei Dreimonatsgeld war die Abweichung vom rechnerischen Zinsarbitragegleichgewicht nur an einem Tage höher als 0,5 Prozentpunkte. Auch bei Einmonatsgeld wurden Zinsdifferenzen im täglichen Verlauf durch Swapsätze weitgehend aufgehoben.

Trotz der schlechteren Werte der statistischen Abhängigkeitsmaße bestätigen sich bei festen Wechselkursen die Ergebnisse bei flexiblen Wechselkursen: Das Zinsarbitragegleichgewicht wird am Euro-Geldmarkt erreicht. Die Swapsätze des Dollars entsprechen Zinsdifferenzen zwischen Euro-DM und Euro-Dollar. Steigt der Euro-Dollarsatz über den Zinssatz für Euro-DM, so wird der Termindollar am deutschen Devisenmarkt mit einem Deport bewertet. Umgekehrt wird der Termindollar in Deutschland mit einem Report gehandelt, wenn der Euro-Dollarsatz niedriger ist als der Euro-DM-Satz.

Abb. 9 : Zum Zinsarbitragegleichgewicht am Euro-Geldmarkt zwischen D-Mark und US-Dollar (3.1. - 21.6.1972)

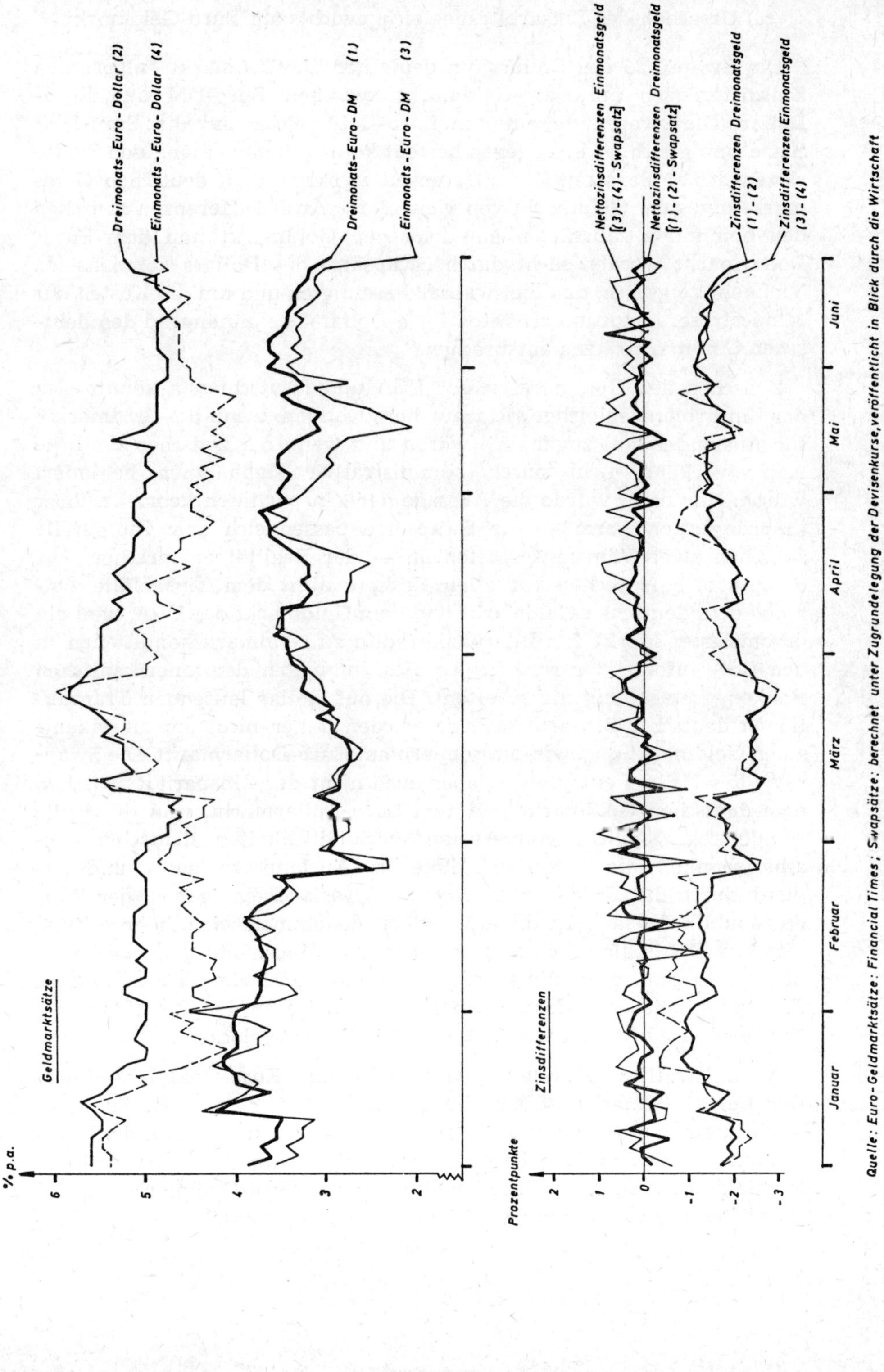

Quelle: Euro-Geldmarktsätze: Financial Times; Swapsätze: berechnet unter Zugrundelegung der Devisenkurse, veröffentlicht in Blick durch die Wirtschaft

cc) Ursachen des Zinsarbitragegleichgewichts am Euro-Geldmarkt

Die Swapsätze des Dollars am deutschen Devisenmarkt entsprechen Zinsdifferenzen am Euro-Geldmarkt zwischen Euro-DM und Euro-Dollar. Die swapsatzbereinigten Euro-Dollarsätze und die Euro-DM-Sätze sind gleich hoch. Dagegen besteht kein Zusammenhang von Swapsätzen des Dollars mit Zinsdifferenzen zwischen dem deutschen Geldmarkt und dem Geldmarkt von New York. Auch Differenzen zwischen den nominalen Zinssätzen am deutschen Geldmarkt und dem Euro-Dollarmarkt werden nicht durch Swapsätze des Dollars kompensiert. Vielmehr zeigt sich, daß die swapsatzbereinigten und um die Kosten der Mindestreservehaltung erhöhten Euro-Dollarsätze annähernd den deutschen Geldmarktsätzen entsprechen.

Zwischen den Geldmärkten der USA und Deutschlands könnte sich das Zinsarbitragegleichgewicht nur herausbilden, wenn die Geldmärkte für Ausländer voll zugänglich wären und wenn der zwischenstaatliche Kapitalverkehr nicht durch administrative Maßnahmen behindert würde. Nur dann würde die Aussage der Zinsparitätentheorie in ihrer ursprünglichen Form — die Swapsätze passen sich dem Zinsgefälle zwischen zwei Währungsgebieten an — der Realität entsprechen. Die Swapsätze entsprechen vor allem deshalb nicht dem Zinsgefälle zwischen dem deutschen Geldmarkt und dem Geldmarkt der USA, weil ein organisierter Markt für Interbankkredite zu Geldmarktkonditionen in den USA infolge der restriktiven Bestimmungen der amerikanischen Bankengesetzgebung nicht besteht. Die auf Dollar lautenden Transaktionen deutscher Zinsarbitrageure werden daher nicht am amerikanischen Geldmarkt abgewickelt, sondern am Euro-Dollarmarkt. Die Swapsätze des Dollars entsprechen aber auch nicht der Zinsparität zwischen dem deutschen Geldmarkt und dem Euro-Dollarmarkt, weil durch die Mindestreservepflicht von Auslandsverbindlichkeiten deutscher Geschäftsbanken die Kreditaufnahme im Ausland verteuert und zugleich durch das Verzinsungsverbot von Auslandseinlagen in der Bundesrepublik Ausländern die Möglichkeit genommen wird, höhere Zinssätze in Deutschland als am Ausland für Zinsarbitragegeschäfte zu nutzen. Durch diese administrativen Hemmnisse für den internationalen Kapitalverkehr wird der Zusammenhang zwischen den Zinssätzen am Euro-Dollarmarkt und am deutschen Geldmarkt gelockert.

Administrative Behinderungen bestehen am Euro-Geldmarkt nicht. Der Euro-Geldmarkt ist für alle Marktteilnehmer frei von Zugangsbeschränkungen und administrativen Reglementierungen. Nur der Euro-Geldmarkt erfüllt daher die Anforderungen, die an einen internationalen Geldmarkt zu stellen sind, und allein am Euro-Geldmarkt können Zinsdifferenzen zwischen zwei Währungen den Swapsätzen der jeweiligen Valuta am Devisenmarkt entsprechen. Sind die Zinssätze für Dreimonats-Euro-DM und Dreimonats-Euro-Dollar gleich hoch, so entspricht der Wechselkurs des Dreimonats-Dollars am Terminmarkt seinem Kassakurs. Steigt der Euro-Dollarsatz über den Zinssatz für Euro-DM, so wird der Termindollar in Deutschland mit einem Deport bewertet, der diese Zinsdifferenz ausgleicht. Umgekehrt wird der Termindollar in Deutschland dann mit Reports gehandelt, wenn der Zinssatz für Euro-DM über dem Zinssatz für Euro-Dollar liegt. Da die swapsatzbereinigten Euro-Dollarsätze den Zinssätzen für Euro-DM entsprechen, ist es für deutsche Zinsarbitrageure kalkulatorisch gleichgültig, ob sie am Euro-Dollarmarkt in D-Mark oder in Dollar kontrahieren.

Aus dem Zusammenhang von Swapsätzen des Dollars in Deutschland mit Zinsdifferenzen zwischen Euro-DM und Euro-Dollar folgt aber nicht, daß diese Zinsdifferenzen entscheidend dafür sind, ob deutsche Zinsarbitrageure Kredite im Ausland aufnehmen oder dort Einlagen bilden. Das Zinsgefälle zwischen Deutschland und dem Ausland muß vielmehr an Zinsdifferenzen zwischen dem deutschen Geldmarkt und dem Euro-Geldmarkt gemessen werden. Als Maßstab für die Höhe kurzfristiger Auslandszinsen kann sowohl der Euro-DM-Satz als auch der swapsatzbereinigte Euro-Dollarsatz verwendet werden. Liegt z. B. der um die Kosten der Mindestreservehaltung erhöhte Euro-DM-Satz unter dem entsprechenden Zinssatz am deutschen Geldmarkt, so besteht ein gleichhoher Unterschied zwischen dem deutschen Geldmarktsatz und dem swapsatzbereinigten und um die Kosten der Mindestreservehaltung erhöhten Euro-Dollarsatz. Würden deutsche Kreditinstitute bei einem Zinsgefälle zugunsten eines Geldimports zunächst nur Euro-DM-Kredite aufnehmen, so würde der Zinssatz für Euro-DM ansteigen. Da bei einer Aufnahme von Euro-DM Devisenmarktgeschäfte nicht erforderlich sind, bliebe zunächst auch der Swapsatz des Dollars am deutschen Devisenmarkt unverändert. Der Swapsatz des Dollars wäre dann niedriger — d. h. der Deport wäre größer oder der Report wäre kleiner — als die Zinsdifferenz zwischen Euro-DM und Euro-Dollar. Kursgesicherte Euro-Dollarkredite wären dann billiger als die Aufnahme von Euro-DM. Deutsche Kreditinstitute würden dann verstärkt Euro-Dollarkredite in Anspruch nehmen. Durch die Konvertierung der aufgenommenen Beträge am Kassamarkt und ihre Kurssicherung am Terminmarkt würde sich der Deport des Dollars soweit verringern bzw. der Report würde solange steigen, bis der Swapsatz des Dollars wieder der Zinsdifferenz zwischen Euro-DM und Euro-Dollar entspricht. Sinkende Euro-DM-Sätze bei gleichbleibenden Euro-Dollarsätzen würden dagegen dazu führen, daß der Deport des Dollars steigt oder der Report sinkt, bis der swapsatzbereinigte Euro-Dollarsatz genauso hoch ist wie der Euro-DM-Satz.

Formal wird das Zinsarbitragegleichgewicht nur am Euro-Geldmarkt erreicht. Die Swapsätze des Dollars am deutschen Devisenmarkt passen sich Zinsdifferenzen zwischen Euro-DM und Euro-Dollar an. Entscheidend für den zinsinduzierten internationalen Kapitalverkehr sind jedoch nicht Zinsdifferenzen zwischen diesen beiden Valuten am Euro-Geldmarkt, sondern Zinsdifferenzen zwischen dem deutschen Geldmarkt und den effektiven Euro-Geldmarktsätzen. Zinsinduzierte Geldimporte deutscher Kreditinstitute kommen dann zum Stillstand, wenn die swapsatzbereinigten und um die Kosten der Mindestreservehaltung erhöhten Euro-Dollarsätze gleich hoch sind wie die Zinssätze am deutschen Geldmarkt. Im Gleichgewicht müssen die swapsatzbereinigten Euro-Dollarsätze den Euro-DM-Sätzen entsprechen. Differenzen werden durch entsprechende Dispositionen der Zinsarbitrageure abgebaut.

Als Folge devisenpolitischer Regelungen, administrativer Hemmnisse für den internationalen Kapitalverkehr und von Zugangsbeschränkungen zu nationalen monetären Märkten können die Swapsätze des Dollars am deutschen Devisenmarkt allein den Differenzen zwischen den Zinssätzen für Euro-DM und Euro-Dollar entsprechen. Ohne institutionelle Beschränkungen des internationalen Kapitalverkehrs würden sich die Swapsätze des Dollar dagegen auch Zinsdifferenzen zwischen dem deutschen Geldmarkt und dem amerikanischen Geldmarkt anpassen. In diesem Fall entsprächen auch die Zinssätze an den nationalen Geldmärkten den Zinssätzen der jeweiligen Valuta am Euro-Geldmarkt. Es gäbe dann für deutsche Kreditinstitute keinen Anreiz mehr, Euro-DM-Kredite aufzunehmen oder auf DM lautende Einlagen am Euro-Geldmarkt zu bilden. Da die Zinssätze am amerikanischen Geldmarkt genauso hoch wären wie am Euro-Dollarmarkt, wäre es für deutsche Zinsarbitrageure kalkulatorisch gleichgültig, ob sie einen kursgesicherten Dollarkredit in den USA oder am Euro-Geldmarkt aufnehmen. Im Zinsarbitragegleichgewicht würden Swapsätze des Dollars in Deutschland Zinsdifferenzen zwischen dem deutschen Geldmarkt und dem amerikanischen Geldmarkt, Zinsdifferenzen zwischen dem deutschen Geldmarkt und dem Euro-Dollarmarkt und Zinsdifferenzen zwischen Euro-DM und Euro-Dollar kompensieren. Die Effektivzinsen wären in New York, in Deutschland und am Euro-Geldmarkt gleichhoch.

Solange Hemmnisse für den internationalen Kapitalverkehr bestehen, wird der Zinsverbund zwischen den Volkswirtschaften über den unreglementierten Euro-Geldmarkt hergestellt. Die Bedeutung des Euro-Geldmarktes als Transmissionsstelle für die internationale Zinsarbitrage steigt mit der Zunahme der Kapitalverkehrsbeschränkungen an. Umfang und Richtung zinsinduzierter kurzfristiger internationaler Kapitalbewegungen lassen sich heute nicht mehr aus Zinsdifferenzen zwischen zwei Volkswirtschaften erklären, sondern aus dem Zinsgefälle zwischen nationalen monetären Märkten und dem Euro-Geldmarkt. Dies gilt für die auf Dollar lautenden Transaktionen deutscher Zinsarbitrageure. Zu prüfen ist, ob dieses Ergebnis generelle Gültigkeit hat. Deshalb sollen auch die Zusammenhänge von Zinsdifferenzen zwischen Geldmärkten für Pfund Sterling und D-Mark und Swapsätzen des Pfundes am deutschen Devisenmarkt dargestellt werden.

IV. Überprüfung der Zinsparitätentheorie anhand von Zinsdifferenzen zwischen Geldmärkten für D-Mark und Geldmärkten für Pfund Sterling

1. Die Bedeutung des Zinsgefälles zwischen dem deutschen Geldmarkt und dem englischen Geldmarkt für die internationale Zinsarbitrage

Der Zusammenhang von Zinsdifferenzen zwischen dem deutschen Geldmarkt und dem nationalen englischen Geldmarkt mit Swapsätzen des Pfund Sterlings am deutschen Devisenmarkt wurde für das Jahr 1970 überprüft[111]. Das Zinsgefälle zwischen dem deutschen Geldmarkt für Dreimonatsgeld und dem englischen Geldmarkt wurde unter Verwendung von drei englischen Geldmarktsätzen gemessen: den Zinssätzen für treasury bills mit einer Laufzeit von drei Monaten, den Zinssätzen für local authorities temporary loans und den Sätzen für finance house deposits[112]. Diese drei Zinssätze sind repräsentativ für kurzfristige Geldanlagen in Großbritannien mit einer Laufzeit von drei Monaten. Dabei liegen die Zinssätze für finance house deposits am oberen Ende der Zinsskala, gefolgt von den Zinssätzen für local authorities temporaries loans und den Sätzen für treasury bills (vgl. Abb. 10).

Finance houses sind Teilzahlungskreditinstitute (Hire-Purchase Finance Corporations), die sich einen großen Teil ihrer Mittel durch Nicht-

[111] Dieser Untersuchungszeitraum wurde gewählt, weil nach der Aufwertung der D-Mark am 29. 10. 1969 die Kursbildung an den Devisenmärkten hauptsächlich durch die Transaktionen der Händler und der Zinsarbitrageure bestimmt wurde, nicht dagegen durch die Devisenmarktgeschäfte der Spekulanten. Würden Zinsdifferenzen zwischen dem deutschen Geldmarkt und dem nationalen englischen Geldmarkt die auf Pfund Sterling lautenden Transaktionen deutscher Zinsarbitrageure maßgeblich bestimmen, so müßte besonders im Jahre 1970 ein straffer Zusamenhang zwischen Swapsätzen des Pfundes am deutschen Devisenmarkt mit Zinsdifferenzen zwischen dem deutschen und dem englischen Geldmarkt festzustellen sein.

[112] Die Bank of England mißt das internationale Zinsgefälle an den Sätzen für treasury bills in Großbritannien und in den USA sowie durch einen Vergleich der Zinssätze für finance house deposits und für local authorities temporary loans in Großbritannien mit den Dreimonats-Euro-Dollarsätzen. Vgl. Bank of England, Quarterly Bulletin, lfd. Angaben, table 28.

Abb. 10 : *Zum Zinsarbitragegleichgewicht zwischen dem deutschen Geldmarkt und dem Geldmarkt London (1970)* 1)

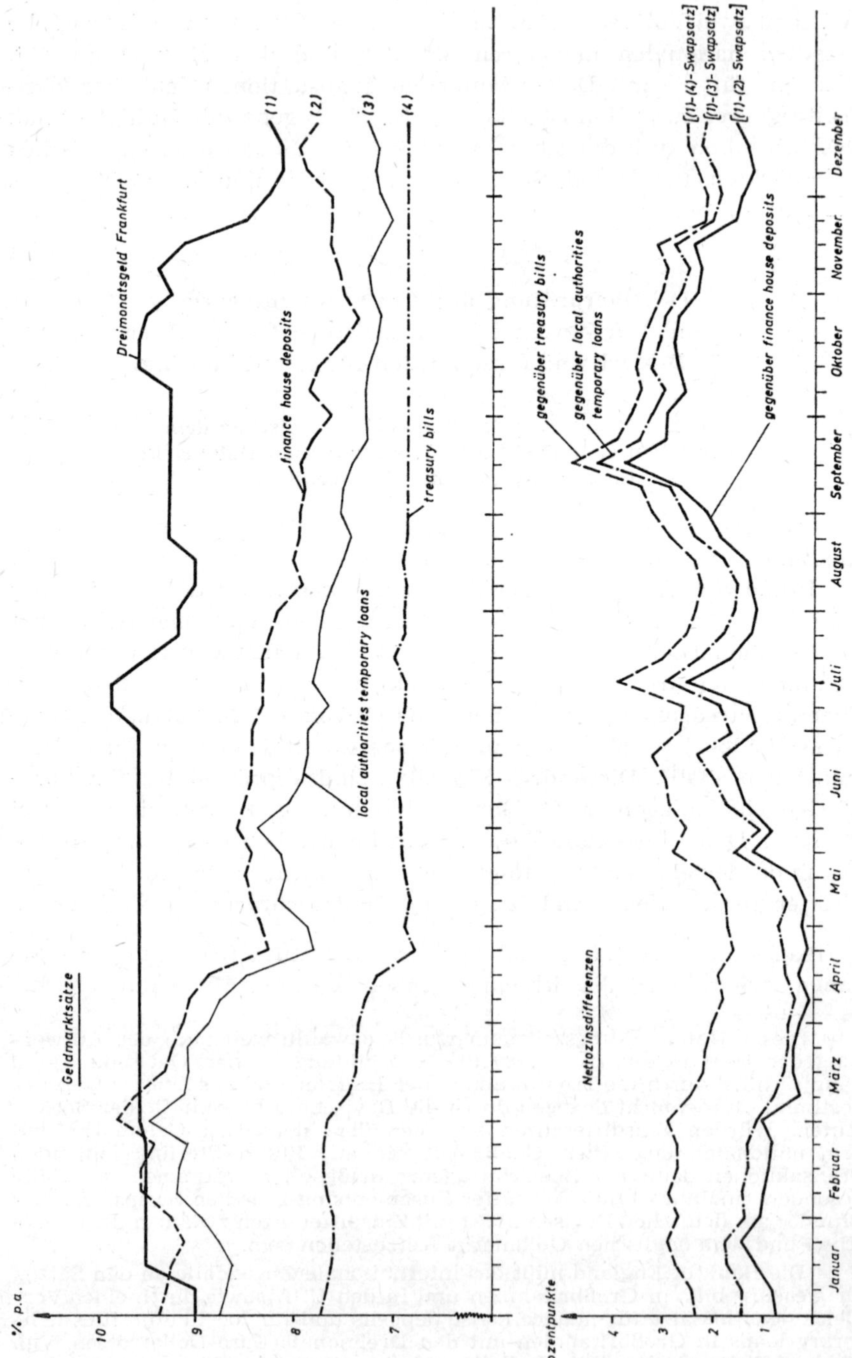

1) wöchentliche Freitagswerte

Quelle: Geldmarktsätze London: Bank of England, Quarterly Bulletin; Geldmarktsätze Frankfurt: Blick durch die Wirtschaft;
Swapsätze: berechnet unter Zugrundelegung der Devisenkurse, veröffentlicht in Blick durch die Wirtschaft

bankeneinlagen — finance house deposits — beschaffen[113]. Diese Depositen, in der Regel fest für drei, aber auch für sechs oder zwölf Monate entgegengenommen, werden im Vergleich zu anderen kurzfristigen Geldanlagen relativ hoch verzinst. Zur Nutzung eines Zinsgefälles gegenüber Großbritannien bietet sich daher eine Termineinlage deutscher Zinsarbitrageure bei finance houses an. Die Zinssätze für local authorities temporary loans werden allgemein als repräsentativ für das Niveau kurzfristiger Zinssätze in Großbritannien angesehen[114]. Aus diesem Grunde müssen sie bei der Untersuchung des Zusammenhangs von Swapsätzen und Zinsdifferenzen zwischen dem deutschen Geldmarkt und dem englischen Geldmarkt berücksichtigt werden. Auch die Zinssätze für treasury bills sollen bei der Ermittlung des Zinsgefälles gegenüber dem deutschen Geldmarkt einbezogen werden, weil die Offenmarktpolitik mit Schatzwechseln in Großbritannien, ähnlich wie in den USA, von großer Bedeutung für die Zentralbankpolitik ist[115].

Die Überprüfung des statistischen Zusammenhangs von Zinsdifferenzen für Dreimonatsgeld in Deutschland und den verschiedenen Marktobjekten des englischen Geldmarktes mit Swapsätzen des Pfund Sterlings am deutschen Devisenmarkt unter Verwendung wöchentlicher Freitagswerte ergab die in Tabelle 15 angegebenen Werte der Korrelationskoeffizienten[116].

Der statistische Zusammenhang zwischen Swapsätzen und diesen Zinsdifferenzen ist sehr gering. Nur Differenzen zwischen dem Dreimonats-Geldmarktsatz in Deutschland und dem Zinssatz für treasury bills weisen einen meßbaren, wenn auch sehr geringen, statistischen Zusammenhang mit Swapsätzen des Pfund Sterlings auf. Dagegen besteht kein Zusammenhang von Swapsätzen mit Zinsdifferenzen gegenüber local authorities temporary loans und finance house deposits.

Die Swapsätze des Pfundes kompensierten nicht das Zinsgefälle zwischen dem deutschen Geldmarkt und dem englischen Geldmarkt. Von

---

113 Vgl. Hein, M., Strukturanalysen ausländischer Bankensysteme, Frankfurt 1967, S. 53.

114 Vgl. OECD, Economic Outlook, No. 10, 1971, S. 48; Hodjera, Z., Short-Term Capital Movements of the United Kingdom, S. 739 ff., stellt fest, daß die Zinssätze für local authorities temporary loans den höchsten Erklärungswert aller getesteten Zinssätze für den internationalen Kapitalverkehr Großbritanniens haben. Zur Bedeutung dieses Zinssatzes im monetären System Großbritanniens vgl. Bank of England, Local Authorities and the Capital and Money Markets, in: Quarterly Bulletin, Dec. 1966, S. 337 ff.

115 Vgl. Manning Dacey, W., The British Banking Mechanism, 4th edition, London 1962, S. 47 ff.

116 *Quelle:* Dreimonats-Geldmarktsätze in Deutschland: Blick durch die Wirtschaft; Zinssätze für treasury bills, local authorities temporary loans und finance house deposits: Bank of England, Quarterly Bulletin; Swapsätze: berechnet aus Wechselkursangaben in: Blick durch die Wirtschaft.

Tabelle 15

Korrelationskoeffizienten für den statistischen Zusammenhang von Swapsätzen des Pfund Sterlings mit Zinsdifferenzen zwischen dem deutschen Geldmarkt und dem englischen Geldmarkt (1970)

	Dreimonats-Geldmarktsatz in Deutschland minus Zinssatz für		
	treasury bills	local authorities temporary loans	finance house deposits
Dreimonats Swapsatz ...	$r = + 0{,}3808$	$r = - 0{,}0229$	$r = + 0{,}0176$

Tabelle 16

Durchschnittliche Zinsdifferenzen zwischen deutschem Geldmarkt und englischem Geldmarkt (1970) — in Prozentpunkten p. a. —

	Dreimonats-Geldmarktsatz in Deutschland minus Zinssatz für		
	treasury bills	local authorities temporary loans	finance house deposits
(1) Bruttozinsdifferenz	+ 2,292	+ 1,361	+ 0,942
(2) Dreimonats-Swapsatz	− 0,523	− 0,523	− 0,523
(3) Nettozinsdifferenz (1) - (2) ...	+ 2,815	+ 1,884	+ 1,465

wenigen Ausnahmen abgesehen lag im Jahre 1970 der Dreimonatsgeldmarktsatz in Deutschland über den englischen Geldmarktsätzen (vgl. Abb. 10, Geldmarktsätze). Das Pfund Sterling wurde am deutschen Devisenterminmarkt aber nicht, wie nach der Zinsparitätentheorie zu erwarten wäre, mit Reports gegenüber dem Kassakurs bewertet, sondern mit Terminabschlägen. Das hatte zur Folge, daß das Zinsgefälle zwischen dem deutschen Geldmarkt und dem englischen Geldmarkt nicht verringert, sondern im Gegenteil noch vergrößert wurde.

Die höchsten durchschnittlichen Nettozinsdifferenzen bestanden gegenüber den niedrig verzinslichen treasury bills, die geringsten gegenüber finance house deposits. Ein ökonomisch interpretierbarer Zusammenhang zwischen diesen Zinsdifferenzen und Swapsätzen des Pfundes am deutschen Devisenmarkt besteht nicht. Für deutsche Zinsarbitrageure ist das Zinsgefälle zwischen dem deutschen Geldmarkt und dem nationalen englischen Geldmarkt bedeutungslos.

Dieses Ergebnis steht nicht im Widerspruch zu anderen Untersuchungen, die dem Zinssatz für local authorities temporary loans zentrale Bedeutung zur Erklärung des kurzfristigen Kapitalverkehrs Großbritanniens beimessen[117]. Die Bank of England beschreibt den Mechanismus der Zinsarbitrage zwischen Großbritannien und dem Ausland wie folgt: „... a large part of the temporary loans made by accepting houses and overseas banks in London probably related to the investment by these institutions of overseas funds, held on deposit with the banks either in sterling or in foreign currency. If the deposit was in sterling the proceeds will have simply been placed ... with a local authority. If it was in currency it will have been switched into sterling, the bank or accepting house covering itself against the exchange risk by buying currency forward; such switching becomes profitable when short-term lending to local authorities, after taking into account the cost of forward cover, gives a higher return than would be earned by relending the deposit in the euro-currency market"[118]. In diesen Ausführungen der Bank of England zeigt sich erneut die Bedeutung des Euro-Geldmarktes für die internationale Zinsarbitrage. Nicht Zinsdifferenzen zwischen nationalen monetären Märkten sind entscheidend für die internationale Zinsarbitrage, sondern Zinsdifferenzen gegenüber dem Euro-Geldmarkt.

2. Die Bedeutung des Zinsgefälles zwischen dem deutschen Geldmarkt und dem Euro-Pfund Sterling-Markt für die internationale Zinsarbitrage

Die Zusammenhänge von Zinsdifferenzen zwischen dem deutschen Geldmarkt und dem Markt für Euro-Pfund Sterling mit Swapsätzen des Pfund Sterlings wurden bei flexiblen Wechselkursen der D-Mark für den Zeitraum vom 12. 5. bis 30. 9. 1971 überprüft, und, nach Rückkehr zu festen Wechselkursen, für den Zeitraum vom 3. 1. - 21. 6. 1972. Es wurden die in Tabelle 17 aufgeführten Regressionsgleichungen zur Erklärung der durchschnittlichen Swapsätze des Einmonatspfundes und des Dreimonatspfundes aus Zinsdifferenzen zwischen dem deutschen Geldmarkt und dem Euro-Pfund Sterling-Markt ermittelt[119].

---

117 Vgl. Hodjera, Z. Short-Term Capital Movements; OECD, Economic Outlook, No. 10, 1971, S. 79.

118 o. V., Local Authorities and the Capital and Money Markets, in: Bank of England, Quarterly Bulletin, Dec. 1966, S. 343.

119 Auf die Einbeziehung der Kurssicherung der Zinsaufwendungen oder der Zinserträge wurde verzichtet, weil die Untersuchung der Bestimmungsgründe der Swapsätze des Dollars zeigte, daß eine Verbesserung der Ergebnisse dadurch nicht erzielt wird.

Tabelle 17

Regressionsgleichungen zur Erklärung von Swapsätzen des Pfund Sterlings aus Zinsdifferenzen zwischen dem deutschen Geldmarkt und dem Euro-Pfund Sterling-Markt

unabhängige Variable	Zeitraum	Regressionsgleichungen
Dreimonats-Swapsatz	12. 5. bis 30. 9. 1971	$S_3 = -1{,}56685 + 0{,}697467\ ZD_3$ (0,13387) (0,10253) SE: 1,14099; t-Wert: 6,80229; $r^2 = 0{,}3754$
	3. 1. bis 21. 6. 1972	$S_3 = -1{,}60001 + 0{,}73361\ ZD_3$ (0,05641) (0,05441) SE: 0,50472; t-Wert: 13,48205; $r^2 = 0{,}6451$
Einmonats-Swapsatz	12. 5. bis 30. 9. 1971	$S_1 = -1{,}72809 + 0{,}77613\ ZD_1$ (0,20755) (0,10574) SE: 1,80740; t-Wert: 7,33974; $r^2 = 0{,}4116$
	3. 1. bis 21. 6. 1972	$S_1 = -1{,}65263 + 0{,}71458\ ZD_1$ (0,11478) (0,08891) SE: 1,06281; t-Wert: 8,0375; $r^2 = 0{,}3925$

S_3 (S_1) : Swapsatz des Dreimonats-(Einmonats-)Pfund Sterlings am deutschen Devisenmarkt in Prozent p. a.

ZD_3 (ZD_1) : Differenz zwischen den Zinssätzen für Dreimonatsgeld (Einmonatsgeld) am deutschen Geldmarkt und am Euro-Pfund Sterling-Markt in Prozentpunkten p. a.

Die Werte der Bestimmtheitsmaße weisen eine relativ geringe Abhängigkeit der Swapsätze des Pfundes von Zinsdifferenzen zwischen dem deutschen Geldmarkt und dem Euro-Pfund Sterling-Markt auf. Deutlicher als in den Werten der Bestimmtheitsmaße kommt dieser relativ lockere Zusammenhang in den Koeffizienten der Regressionsgleichungen zum Ausdruck. Die Vorzeichen der Regressionskoeffizienten sind positiv. Vergrößerungen der Zinsdifferenzen gingen einher mit steigenden Swapsätzen. Die Werte der Regressionskoeffizienten aber zeigen, daß in beiden Untersuchungszeiträumen eine Veränderung der Zinsdifferenzen zu einer unterproportionalen Anpassung der Swapsätze an das geänderte Zinsgefälle führte. Die hohen Werte der Achsenabschnitte der Regressionsgeraden zeigen weiter, daß in beiden Untersuchungszeiträumen das Pfund Sterling am deutschen Devisenterminmarkt mit Abschlägen zum Kassakurs gehandelt wurde, die durch diese Zinsdifferenzen nicht erklärt werden können.

Die Zinssätze für Euro-Pfund Sterling lagen im Durchschnitt sowohl im Jahre 1971 bei flexiblen Wechselkursen in D-Mark als auch nach Rückkehr zu festen Wechselkursen im ersten Halbjahr 1972 über den deutschen Geldmarktsätzen (vgl. Tab. 18). Die Deports des Pfundes waren aber durchschnittlich größer als das Bruttozinsgefälle, so daß ein Nettozinsgefälle zugunsten einer Aufnahme kursgesicherter Euro-Pfund Sterling bestand.

Diese Abweichungen vom Zinsarbitragegleichgewicht zeigen sich auch im täglichen Verlauf. Im Untersuchungszeitraum des Jahres 1971, also bei flexiblen Wechselkursen der D-Mark, lagen zwischen Mai und Ende Juni und ab Anfang September die Zinssätze am Euro-Pfund Sterling-Markt über den Zinssätzen am deutschen Geldmarkt (vgl. Abb. 11, Geldmarktsätze). Das Pfund Sterling wurde in diesen Phasen am deutschen Devisenmarkt mit Terminabschlägen bewertet. Sie waren allerdings höher als die Zinsdifferenzen, so daß ein Nettozinsgefälle zugunsten einer Kreditaufnahme am Euro-Pfund Sterling-Markt entstand. Ende Mai 1971 z. B., also kurz nach der Freigabe des Wechselkurses der D-Mark, lagen die Zinssätze für Dreimonats-Euro-Pfunde zwar um rund 2,5 Prozentpunkte über den Zinssätzen für Dreimonatsgeld am deutschen Geldmarkt, aber durch Deports des Pfund Sterlings von etwa 4,5 Prozentpunkten ergab sich eine Nettozinsdifferenz zugunsten einer Kreditaufnahme von Euro-Pfund Sterling von rund 2 Prozentpunkten. Von Anfang Juli bis Anfang August und von Ende August bis Ende September dagegen waren die Zinssätze am Euro-Pfund Sterling-Markt niedriger als am deutschen Geldmarkt. Terminpfunde wurden in dieser Phase aber nur an wenigen Tagen Ende September zu höheren Kursen gehandelt als Kassapfunde. Sonst bestanden Deports. Von wenigen Ausnahmen abgesehen, wurde das Zinsgefälle zwischen dem deutschen Geldmarkt und dem Euro-Pfund Sterling-Markt durch die Swapsätze also nicht verringert, sondern vergrößert. Auffällig sind die starken Schwankungen der Nettozinsdifferenzen im Untersuchungszetraum des Jahres 1971. Sie reichten bei Dreimonatsgeld von einem Prozentpunkt zugunsten einer Anlage liquider Mittel am Euro-Pfund Sterling-Markt im Mai bis zu fast sechs Prozentpunkten zugunsten einer Aufnahme von Euro-Pfunden im September (vgl. Abb. 11, Zinsdifferenzen). Wie schon beim Dollar, so zeigt sich auch beim Pfund Sterling bei flexiblen Wechselkursen der D-Mark im Jahre 1971 kein ökonomisch interpretierbarer Zusammenhang von Swapsätzen und Zinsdifferenzen zwischen dem deutschen Geldmarkt und dem Euro-

Tabelle 18

Durchschnittliche Zinsdifferenzen zwischen deutschem Geldmarkt und Euro-Pfund Sterling-Markt

— in Prozentpunkten p. a. —

	Geldmarktsatz Frankfurt minus Euro-Pfund Sterling-Satz			
	Untersuchungszeitraum			
	12. 5. - 30. 9. 1971		3. 1. - 21. 6. 1972	
	3 Monate	1 Monat	3 Monate	1 Monat
(1) Bruttozinsdifferenz	– 0,370	– 0,393	– 0,481	– 0,515
(2) Swapsatz	– 1,825	– 2,033	– 1,953	– 2,021
(3) Nettozinsdifferenz (1) - (2)	+ 1,455	+ 1,640	+ 1,472	+ 1,506

Geldmarkt. Das ist zurückzuführen auf spekulative Eniflüsse auf die Kursbildung am Devisenmarkt. Erwarten Spekulanten die Rückkehr zu festen Wechselkursen bei gleichzeitiger Aufwertung der D-Mark, dann verkaufen sie Fremdwährungen am deutschen Devisenmarkt. Je fester die spekulativen Erwartungen sind, um so umfangreicher sind die Devisenverkäufe der Spekulanten und um so größer können dann die Abweichungen der Swapsätze von internationalen Zinsdifferenzen sein (vgl. Abschnitt III. 2. C. ab)).

Auch im Verlauf des ersten Halbjahres 1972, also bei festen Wechselkursen, entsprachen die Swapsätze des Pfund Sterlings niemals den Zinsdifferenzen zwischen dem deutschen Geldmarkt und dem Euro-Pfund Sterling-Markt. Im Januar lagen die deutschen Geldmarktsätze über den vergleichbaren Zinssätzen für Euro-Pfund Sterling (vgl. Abb. 12, Geldmarktsätze). Das Pfund Sterling wurde aber stets mit Terminabschlägen am Devisenmarkt gehandelt, und nicht mit Reports. Folglich wurde in dieser Phase das Zinsgefälle noch vergrößert. Von Anfang Februar bis Ende Juli lagen die Zinssätze für Euro-Pfund Sterling immer über den Zinssätzen am deutschen Geldmarkt. Diese Zinsdifferenzen wurden durch die Deports des Pfund Sterlings nicht aufgehoben, sondern das Zinsgefälle wurde überkompensiert. Im Unterschied zum Jahre 1971 waren die Abweichungen von den durchschnitt-

Abb. 11: Zum Zinsarbitragegleichgewicht zwischen D-Mark und Euro-Pfund Sterling (12.5.–30.9.1971)

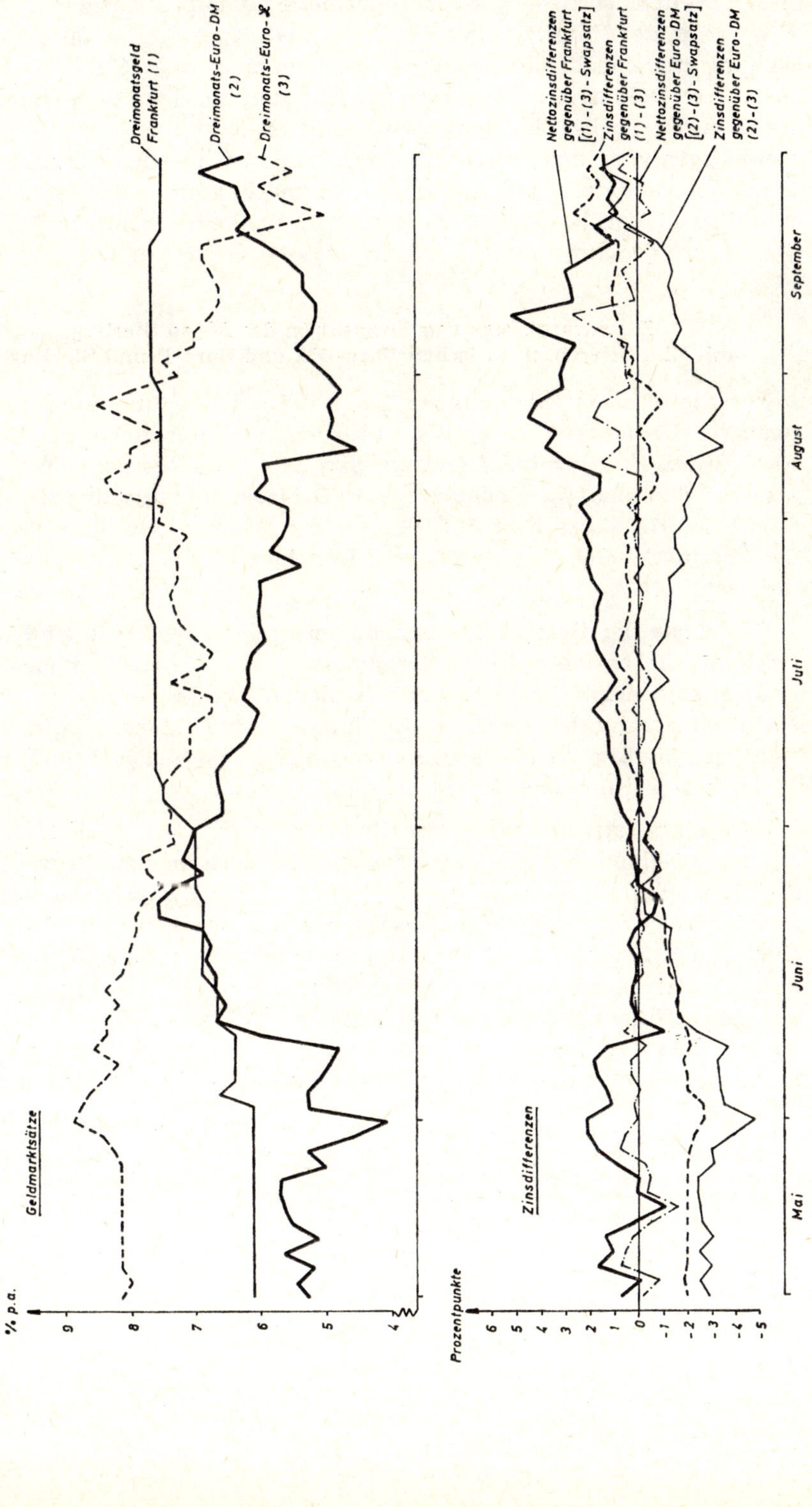

Quelle: Euro-Geldmarktsätze: Financial Times; Geldmarktsätze Frankfurt: Blick durch die Wirtschaft;
Swapsätze: berechnet unter Zugrundelegung der Devisenkurse, veröffentlicht in Blick durch die Wirtschaft

lichen Nettozinsdifferenzen aber gering[120]. Damit bestätigen sich die Ergebnisse der Untersuchung des Zusammenhangs von Swapsätzen des Dollars mit Zinsdifferenzen zwischen dem deutschen Geldmarkt und dem Euro-Dollarmarkt. Wird die Kursbildung an den Devisenmärkten nicht durch Paritätsänderungsspekulationen verzerrt, dann sind Abweichungen vom rechnerischen Zinsarbitragegleichgewicht zwischen dem deutschen Geldmarkt und dem Euro-Geldmarkt auf die Mindestreservepflicht von Verbindlichkeiten deutscher Banken gegenüber Gebietsfremden zurückzuführen.

3. Zusammenhänge von Swapsätzen des Pfund Sterlings mit Zinsdifferenzen zwischen Euro-DM und Euro-Pfund Sterling

Für die Zusammenhänge von Swapsätzen des Pfund Sterlings am deutsche Devisenmarkt mit Zinsdifferenzen zwischen Euro-DM und Euro-Pfund Sterling im Zeitraum vom 12. 5. 1971 bis zum 30. 9. 1971, also bei flexiblen Wechselkursen der D-Mark, und für den Zeitraum vom 3. 1. 1972 bis zum 21. 6. 1972, also bei festen Wechselkursen, wurden die in Tabelle 19 aufgeführten Gleichungen der Regressionsgeraden ermittelt[121].

Die Werte der Bestimmtheitsmaße sind relativ hoch. Sie sind höher bei Zinsdifferenzen zwischen Dreimonatsgeld als bei Einmonatsgeld, und sie sind höher im Zeitraum flexibler Wechselkurse als im Untersuchungszeitraum bei festen Wechselkursen der D-Mark. Hierin bestätigen sich die Ergebnisse der Zusammenhänge von Swapsätzen des Dollars mit Zinsdifferenzen am Euro-Geldmarkt.

Der relativ straffe statistische Zusammenhang von Zinsdifferenzen am Euro-Geldmarkt mit Swapsätzen wird auch in den Regressionsgleichungen zur Erklärung der durchschnittlichen Swapsätze des Pfund Sterlings bei vorgegebenen Zinsdifferenzen zwischen Euro-DM und Euro-Pfund Sterling sichtbar. Vorzeichen und Werte der Regressionskoeffizienten in allen Regressionsgleichungen zeigen, daß Änderungen der Zinsdifferenzen von gleichgerichteten Änderungen der Swapsätze zum großen Teil kompensiert wurden. Dabei sind die Werte der Regressionskoeffizienten bei festen Wechselkursen schlechter als bei flexi-

---

120 Die starken Zinssteigerungen für Euro-Pfund Sterling und die damit verbundenen hohen Abweichungen von den durchschnittlichen Nettozinsdifferenzen zwischen dem deutschen Geldmarkt und dem Euro-Pfund Sterling-Markt Ende Juni 1972 waren Folge der Spekulation auf eine Abwertung des Pfund Sterlings. Zu den Auswirkungen von Paritätsänderungsspekulationen auf die Zinsbildung am Euro-Geldmarkt vgl. Abschnitt E. II. 1. b).

121 Auf die Einbeziehung der Kurssicherung der Zinsaufwendungen oder der Zinserträge wurde verzichtet, weil die Untersuchung der Bestimmungsgründe der Swapsätze des Dollars zeigte, daß eine Verbesserung der Ergebnisse dadurch nicht erreicht wird.

Tabelle 19

Regressionsgleichungen zur Erklärung von Swapsätzen des Pfund Sterlings aus Zinsdifferenzen zwischen Euro-DM und Euro-Pfund Sterling

unabhängige Variable	Zeitraum	Regressionsgleichungen
Dreimonats-Swapsatz	12. 5. bis 30. 9. 1971	$S_3 = -0{,}06021 + 1{,}07030\, ZD_3$ (0,11017) (0,05373) *SE:* 0,58199; *t*-Wert: 19,91958; $r^2 = 0{,}8375$
	3. 1. bis 21. 6. 1972	$S_3 = -0{,}52059 + 0{,}75391\, ZD_3$ (0,10153) (0,04791) *SE:* 0,45439; *t*-Wert: 15,73659; $r^2 = 0{,}7112$
Einmonats-Swapsatz	12. 5. bis 30. 9. 1971	$S_1 = -0{,}58870 + 0{,}92002\, ZD_1$ (0,22391) (0,09043) SE: 1,53893; t-Wert: 10,17426; $r^2 = 0{,}5734$
	3. 1. bis 21. 6. 1972	$S_1 = -0{,}73850 + 0{,}77722\, ZD_1$ (0,17773) (0,08276) *SE:* 1,02430; *t*-Wert: 8,78712; $r^2 = 0{,}4357$

S_3 (S_1) : Swapsatz des Dreimonats-(Einmonats-)Pfund Sterlings am deutschen Devisenmarkt in Prozent p. a.

ZD_3 (ZD_1) : Zinsdifferenz zwischen Euro-DM und Euro-Pfund Sterling für Dreimonatsgeld (Einmonatsgeld).

blen Wechselkursen der D-Mark. Die Werte der Achsenabschnitte als Maßstab für den mit Zinsdifferenzen zwischen Euro-DM und Euro-Pfund Sterling nicht erklärbaren Rest der Swapsätze sind relativ gering. Sie sind höher beim Einmonatsswapsatz als beim Dreimonatsswapsatz, und sie sind höher im Untersuchungszeitraum des Jahres 1972 als im Untersuchungszeitraum des Jahres 1971. Das deckt sich mit den Ergebnissen der statistischen Zusammenhänge zwischen Zinsdifferenzen am Euro-Geldmarkt und Swapsätzen des Dollars.

Im Durchschnitt führten die Swapsätze des Pfund Sterlings am deutschen Devisenmarkt in beiden Untersuchungszeiträumen dazu, daß Zinsdifferenzen zwischen Euro-DM und Euro-Pfund Sterling fast vollständig kompensiert wurden.

Auch im täglichen Verlauf entsprachen die Zinssätze für Euro-DM weitgehend den swapsatzbereinigten Zinssätzen für Euro-Pfund Sterling. Die Nettozinsdifferenzen waren gering (vgl. für 1971 Abb. 11 und für 1972 Abb. 12). Größere Abweichungen vom Zinsarbitragegleichgewicht zwischen Euro-DM und Euro-Pfund Sterling traten im Untersuchungszeitraum des Jahres 1971 kurz nach der Freigabe des Wechselkurses der D-Mark im Mai auf und im August im Gefolge der Krise um den Dollar (vgl. Abb. 11). Im ersten Halbjahr 1972 unterschieden sich die swapsatzbereinigten Euro-Pfund Sterling-Sätze nur ab Mitte Juni erheblich von den Euro-DM-Sätzen, also in einer Phase, in der das Pfund Sterling am Devisenmarkt unter spekulativen Abgabedruck geriet und die Zinssätze für Pfund Sterling-Ausleihungen am Euro-Geldmarkt scharf anzogen (vgl. Abb. 12).

Tabelle 20

Durchschnittliche Zinsdifferenzen zwischen Euro-DM und Euro-Pfund Sterling

— in Prozentpunkten p. a. —

	Euro-DM-Satz minus Euro-Pfund Sterling-Satz			
	Untersuchungszeitraum			
	12. 5. - 30. 9. 1971		3. 1. - 21. 6. 1972	
	3 Monate	1 Monat	3 Monate	1 Monat
(1) Bruttozinsdifferenz	− 1,648	− 1,570	− 1,899	− 1,763
(2) Swapsatz	− 1,825	− 2,033	− 1,952	− 2,020
(3) Nettozinsdifferenz (1) - (2)	+ 0,177	+ 0,463	+ 0,053	+ 0,257

Abgesehen von diesen durch spekulative Einflüsse an den Devisenmärkten gekennzeichneten Zeitabschnitten entsprachen die Swapsätze des Pfund Sterlings in beiden Untersuchungszeiträumen nahezu vollständig den Zinsdifferenzen zwischen Euro-Pfund Sterling und Euro-DM. Für die Swapsätze des Pfund Sterlings am deutschen Devisenmarkt sind Zinsdifferenzen am Euro-Geldmarkt entscheidend, nicht dagegen Differenzen zwischen deutschen Geldmarktsätzen und den nomi-

Abb. 12: Zum Zinsarbitragegleichgewicht zwischen D-Mark und Euro-Pfund Sterling (3.1. - 21.6.1972)

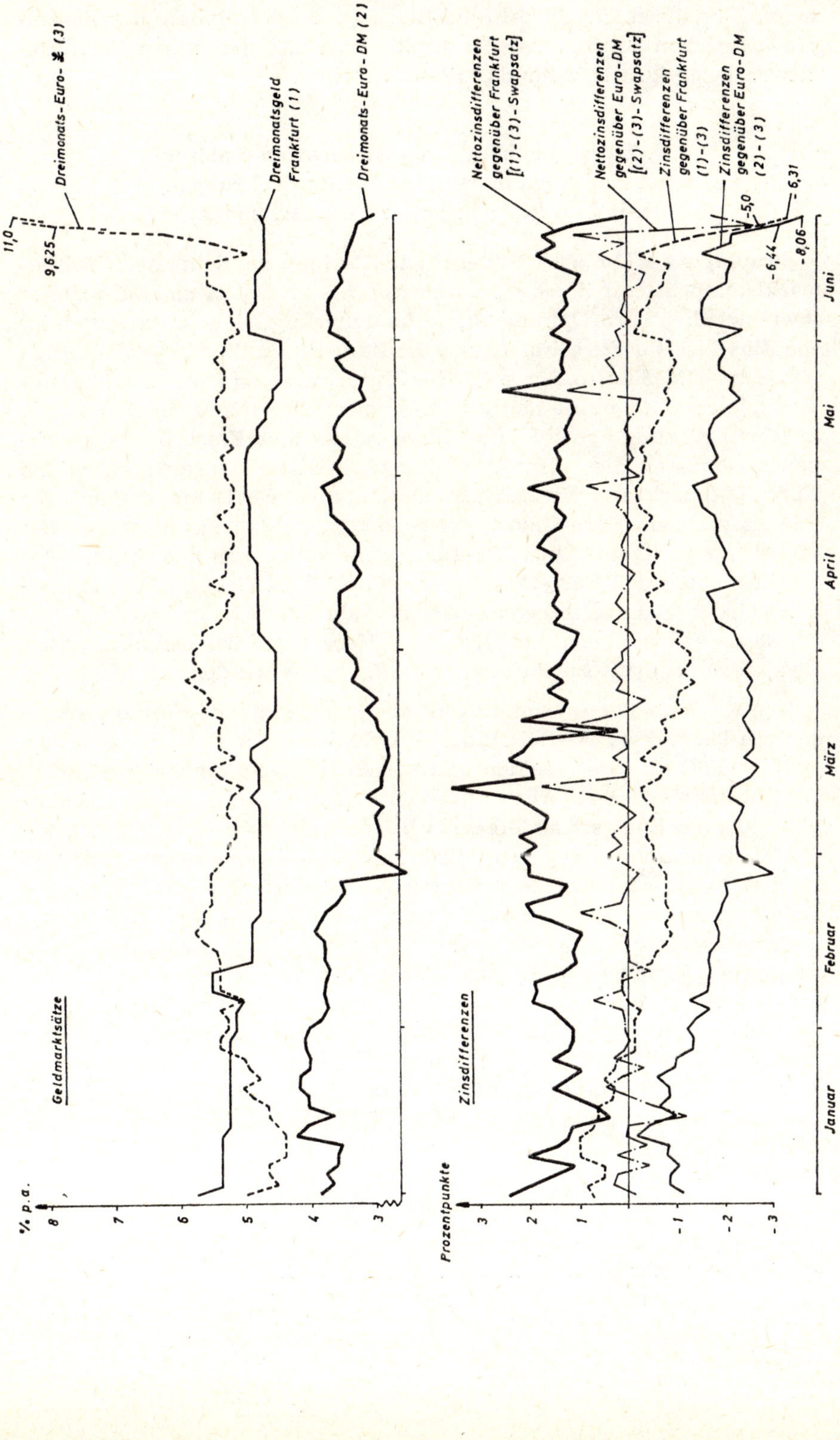

Quelle: Euro-Geldmarktsätze: Financial Times · Geldmarktsätze Frankfurt: Blick durch die Wirtschaft;
Swapsätze: berechnet unter Zugrundelegung der Devisenkurse, veröffentlicht in Blick durch die Wirtschaft

nalen Zinssätzen für Euro-Pfund Sterling. Die Ergebnisse der Zusammenhänge von Swapsätzen des Dollars mit internationalen Zinsdifferenzen bestätigen sich für das Pfund Sterling.

V. Zusammenhänge von Swapsätzen anderer am Euro-Geldmarkt gehandelter Währungen mit Zinsdifferenzen am Euro-Geldmarkt

Swapsätze des Dollars und des Pfund Sterlings am deutschen Devisenmarkt kompensieren Zinsdifferenzen zwischen Euro-DM und Euro-Dollar sowie zwischen Euro-DM und Euro-Pfund Sterling. Die swapsatzbereinigten Zinssätze für Euro-Dollar und für Euro-Pfund Sterling entsprechen den Euro-DM-Sätzen. Für deutsche Zinsarbitrageure ist es kalkulatorisch gleichgültig, ob sie am Euro-Geldmarkt in D-Mark, in Dollar oder in Pfund Sterling kontrahieren. Im multilateralen Zinsarbitragegleichgewicht müssen diese Zusammenhänge zwischen Zinsdifferenzen am Euro-Geldmarkt und Swapsätzen am deutschen Devisenmarkt auch für alle anderen am Euro-Geldmarkt gehandelten Währungen gelten. Die swapsatzbereinigten Zinssätze für Fremdwährungen am Euro-Geldmarkt müssen den Euro-DM-Sätzen entsprechen. Größere Abweichungen würden Zinsarbitragetransaktionen am Euro-Geldmarkt auslösen, die solange fortdauern, bis Nettozinsdifferenzen durch Anpassung der Swapsätze an Bruttozinsdifferenzen aufgehoben werden.

Tägliche Zinssätze für am Euro-Geldmarkt gehandelte Fremdwährungen werden für den US-Dollar, das Pfund Sterling, den kanadischen Dollar, den holländischen Gulden und den Schweizer Franken genannt[122]. Bei Zinsdifferenzen zwischen Euro-DM einerseits und Euro-kan. Dollar, Euro-hfl und Euro-sfr andererseits besteht ein annähernd gleich straffer Zusammenhang mit Swapsätzen dieser Währungen am deutschen Devisenmarkt, wie er bei Zinsdifferenzen zwischen Euro-DM und Euro-Dollar oder Euro-Pfund Sterling mit Swapsätzen dieser Valuten ermittelt wurde. Für den statistischen Zusammenhang zwischen Swapsätzen des kanadischen Dollars, des holländischen Guldens und des Schweizer Frankens am deutschen Devisenmarkt mit Zinsdifferenzen am Euro-Geldmarkt für Dreimonatsgeld zwischen Euro-DM und Euro-kan. Dollar oder Euro-hfl oder Euro-sfr im Zeitraum vom 12. 5. 1971 bis zum 30. 9. 1971, also in einem Zeitraum flexibler Wechselkurse der D-Mark, wurden die in Tabelle 21 aufgeführten Werte der Korrelationskoeffizienten ermittelt[123].

---

122 Vgl. die täglichen Angaben der Euro-Geldmarktsätze in der Financial Times.

123 *Quelle:* Euro-Geldmarktsätze: Financial Times; Swapsätze: Berechnet aus Wechselkursangaben in: Blick durch die Wirtschaft.

Tabelle 21

Korrelationskoeffizienten für den statistischen Zusammenhang von Swapsätzen mit Zinsdifferenzen am Euro-Geldmarkt

(12. 5. - 30. 9. 1971)

	Zinsdifferenzen für Dreimonatsgeld zwischen Euro-DM und		
	Euro-kan. Dollar	Euro-hfl	Euro-sfr
Dreimonats-Swapsatz	$r = +0{,}9061$	$r = +0{,}8638$	$r = +0{,}8758$

Die Werte der Korrelationskoeffizienten weisen einen straffen statistischen Zusammenhang zwischen Zinsdifferenzen und Swapsätzen nach. Sie sind aber ebenso wie die Korrelationskoeffizienten zur Beschreibung des statistischen Zusammenhangs von Swapsätzen des Pfund Sterlings mit Zinsdifferenzen am Euro-Geldmarkt etwas niedriger als jene für den Zusammenhang von Zinsdifferenzen am Euro-Geldmarkt und Swapsätzen des US-Dollars bei flexiblen Wechselkursen der D-Mark. Hierin drückt sich die Leitfunktion des US-Dollars sowohl am Euro-Geldmarkt als auch am Devisenmarkt aus. Transaktionen deutscher Zinsarbitrageure am Euro-Geldmarkt werden hauptsächlich auf Dollarbasis oder in D-Mark durchgeführt. Ursache dafür ist, daß auch der Devisenhandel auf Dollarbasis abgewickelt wird. Die Stellung des Dollars als Leitwährung im Devisenhandel ermöglicht es Zinsarbitrageuren, jederzeit Partner für ein Swapgeschäft in Dollar zu finden. Eurobanken unterhalten ständig Positionen in US-Dollar, nicht jedoch immer auch in allen anderen konvertiblen Währungen. Werden Eurobanken um einen Angebotssatz für einen Schweizer Franken-Kredit gebeten, so werden diese Banken, unterhalten sie selbst keine Depositen in dieser Währung, die Kosten des Swapgeschäfts von US-Dollar in Schweizer Franken ermitteln, den Swapsatz und gegebenenfalls noch eine Arbitragespanne auf den Euro-Dollarsatz aufschlagen und den so ermittelten Zinssatz dem Anrufer offerieren. Daraus erklärt sich, daß aus deutscher Sicht der straffste Zusammenhang zwischen Swapsätzen des Dollars und Zinsdifferenzen zwischen Euro-DM und Euro-Dollar besteht. Für alle anderen Währungen können geringe Abweichungen vom rechnerischen Zinsarbitragegleichgewicht auftreten, die aber auf längere Frist gesehen nicht größer sein können als die Abwicklungskosten des zusätzlichen Swapgeschäftes zwischen Dollar und der jeweiligen Euro-Währung, in der ein Kredit aufgenommen oder eine Einlage gebildet werden soll[124].

Im Zeitraum vom 12. 5. - 30. 9. 1971 wurden die durchschnittlichen Zinsdifferenzen zwischen Euro-DM und den übrigen Euro-Währungen neben Euro-Pfund Sterling und Euro-Dollar durch die Swapsätze weitgehend kompensiert. Der Zinssatz für Dreimonats-Euro-hfl lag durchschnittlich um 0,918 Prozentpunkte über dem Dreimonats-Euro-DM-Satz. Unter Berücksichtigung des durchschnittlichen Swapsatzes verringerte sich die Nettozinsdifferenz auf + 0,056 Prozentpunkte. Der Zinsanreiz zugunsten einer Einlage von Schweizer Franken am Euro-Geldmarkt von 1,822 Prozentpunkten wurde durch einen durchschnittlichen Report für den Schweizer Franken am deutschen Devisenmarkt von 1,844 % fast vollständig aufgehoben. Nur die sehr geringe durchschnittliche Bruttozinsdifferenz zwischen Euro-DM und Euro-kan. Dollar von — 0,034 Prozentpunkten wurde durch Deports überkompensiert, so daß auf kanadische Dollar lautende Kredite für deutsche Zinsarbitrageure im Durchschnitt um 0,233 Prozentpunkte billiger waren als Euro-DM-Kredite. Dabei ist zu beachten, daß die Bruttozinsdifferenzen zwischen diesen beiden Währungen am Euro-Geldmarkt im Untersuchungszeitraum stark schwankten. Sie reichten von + 4 Prozentpunkten bis zu — 3 Prozentpunkten. Diese hohen Bruttozinsdifferenzen wurden weitgehend kompensiert. Zu berücksichtigen ist ferner der große Zeitunterschied zwischen Deutschland und Kanada. Wenn in Deutschland an der Devisenbörse in Frankfurt das tägliche Fixing der Kassakurse stattfindet, haben die Devisenhändler in Montreal ihre Arbeit noch nicht aufgenommen. Die Bestimmung der cross-rate zwischen dem kanadischen Dollar und der D-Mark auf der Basis der Wechselkurse des US-Dollars in Deutschland und in Kanada ist zu diesem Zeitpunkt in Deutschland nur auf der Grundlage der letzten vortägigen außerbörslichen Notierung des US-Dollars in Kanada möglich.

Es läßt sich feststellen, daß auch die Swapsätze der übrigen am Euro-Geldmarkt gehandelten Währungen Zinsdifferenzen gegenüber Euro-DM weitgehend ausgleichen. Die swapsatzbereinigten Zinssätze der am Euro-Geldmarkt gehandelten Valuten entsprechen den Euro-DM-

---

[124] Die überragende Rolle der Teilmärkte für D-Mark und für US-Dollar des Euro-Geldmarktes wird in der Aufgliederung der Auslandsforderungen und Auslandsverbindlichkeiten deutscher Kreditinstitute gegenüber ausländischer Banken nach Währungen deutlich. Am 13. 8. 1972 lauteten 9,2 (12,4) Mrd. DM der Auslandsforderungen (Auslandsverbindlichkeiten) von insgesamt 16,5 (20,1) Mrd. DM auf D-Mark, und 5,6 (6,5) Mrd. DM der Auslandsforderungen (Auslandsverbindlichkeiten) lauteten auf US-Dollar. Nur rund 10 v.H. der Auslandsforderungen und rund 6 v.H. der Auslandsverbindlichkeiten lauten auf andere Währungen. Vgl. o. V., Die kurzfristige Auslandsposition der deutschen Kreditinstitute, in: Monatsberichte der Deutschen Bundesbank, Oktober 1972, S. 22.

Sätzen. Die effektiven Zinskosten einer Kreditaufnahme deutscher Zinsarbitrageure am Euro-Geldmarkt oder die effektiven Zinserträge einer Einlage sind für alle Währungen annähernd gleichhoch.

VI. Zusammenfassung

Ziel der Überprüfung der Zusammenhänge zwischen internationalen Zinsdifferenzen und Swapsätzen war es, festzustellen, an welchen Zinsdifferenzen sich die Transaktionen deutscher Zinsarbitrageure primär orientieren. Im Mittelpunkt der Untersuchung standen die Transaktionen der Kreditinstitute. Als Maßstab für das internationale Zinsgefälle wurden deshalb Geldmarktzinsdifferenzen verwendet.

Es zeigte sich, daß Zinsdifferenzen zwischen dem deutschen Geldmarkt und den nationalen Geldmärkten der USA und Großbritanniens keinen Erklärungswert für die internationale Zinsarbitrage und für die Swapsätze des Dollars und des Pfund Sterlings am deutschen Devisenmarkt haben. Die Ursachen dafür sind administrative Behinderungen des zwischenstaatlichen Kapitalverkehrs und Zugangsbeschränkungen zu nationalen Geldmärkten durch restriktive institutionelle Bedingungen. Veränderungen des Zinsgefälles zwischen diesen nationalen monetären Märkten haben daher, für sich genommen, keinen Einfluß auf den zinsinduzierten internationalen Kapitalverkehr.

Entscheidend für den zinsinduzierten kurzfristigen Kapitalverkehr der Bundesrepublik Deutschland, soweit er von Kreditinstituten durchgeführt wird, ist das Zinsgefälle zwischen dem deutschen Geldmarkt und dem Euro-Geldmarkt. Im ersten Halbjahr 1972, also bei festen Wechselkursen der D-Mark, entsprachen die swapsatzbereinigten und um die Kosten der Mindestreservehaltung erhöhten Euro-Dollarsätze weitgehend den Zinssätzen am deutschen Geldmarkt. Während der Periode flexibler Wechselkurse der D-Mark im Jahre 1971 bestand dagegen kein Zusammenhang zwischen deutschen Geldmarktsätzen und den swapsatzbereinigten Zinssätzen für Fremdwährungen am Euro-Geldmarkt. In diesem Zeitraum wurde die Kursbildung an den Devisenmärkten von den Paritätsänderungserwartungen der Spekulanten bei Rückkehr zu festen Wechselkursen bestimmt, nicht dagegen von den Devisenmarktgeschäften der Zinsarbitrageure.

Wenn auch das Zinsgefälle zwischen dem deutschen Geldmarkt und dem Euro-Geldmarkt entscheidend ist für die internationalen Zinsarbitragegeschäfte deutscher Kreditinstitute, so können die Swapsätze der am deutschen Devisenmarkt gehandelten Valuten doch niemals den Zinsdifferenzen zwischen dem deutschen Geldmarkt und dem Teilmarkt des Euro-Geldmarktes für die jeweilige Fremdwährung entsprechen. Nur dann, wenn keine administrativen Hemmnisse des internationalen Kapitalverkehrs in der Bundesrepublik bestünden, würden die Swapsätze diese Zinsdifferenzen kompensieren. In diesem Fall würden auch die Euro-DM-Sätze den deutschen Geldmarktsätzen entsprechen. Bei Bestehen administrativer Hemmnisse kann sich das Zinsarbitragegleichgewicht nur am Euro-Geldmarkt herausbilden. Nur an diesem Markt entsprechen Zinsdifferenzen zwischen zwei Währungen den Swapsätzen. Das hat zur Folge, daß es für Zinsarbitrageure kalkulatorisch gleichgültig ist, ob sie am Euro-Geldmarkt in heimischer Währung oder in einer Fremdwährung kontrahieren. Die swapsatzbereinigten Zinssätze für Fremdwährungen am Euro-Geldmarkt entsprechen den Zinssätzen für Euro-DM. Größere Abweichungen vom rechnerischen Zinsarbitragegleichgewicht traten nur bei starken spekulativen Einflüssen an den Devisenmärkten auf. Die stärksten Zusammenhänge waren bei Zinsdifferenzen zwischen Euro-DM und Euro-Dollar mit Swapsätzen des Dollars am deutschen Devisenmarkt festzustellen. Bei allen anderen Währungen waren die Abhängigkeiten etwas geringer. Darin spiegelt sich die zentrale Stellung des Dollars am Euro-Geldmarkt und am Devisenmarkt wider. Schon geringe Nettozinsdifferenzen zwischen Euro-Dollar und Euro-DM werden von deutschen Kreditinstituten genutzt, während bei allen anderen Währungen etwas größere Nettozinsdifferenzen am Euro-Geldmarkt bestehen können. Die Indifferenzmarge, also die Grenzen, innerhalb derer Nettozinsdifferenzen bestehen können, ohne daß Zinsarbitragegeschäfte ausgelöst werden, ist zwischen Euro-DM und Euro-Dollar etwas geringer als zwischen Euro-DM und anderen am Euro-Geldmarkt gehandelten Währungen.

Für alle Währungen gilt, daß der Zusammenhang von Zinsdifferenzen am Euro-Geldmarkt mit Swapsätzen bei Dreimonatsgeld etwas straffer ist als bei Einmonatsgeld. Bezogen auf die Laufzeiten sind die Nettozinsdifferenzen aber auch bei Einmonatsgeld sehr gering. Weiter zeigte sich, daß die Einbeziehung der Kurssicherung der Zinsaufwendungen oder der Zinserträge zu keiner Verbesserung, sondern zu einer Verschlechterung der Ergebnisse führte. Offensichtlich spielen diese geringen zusätzlichen Kosten oder zusätzlichen Erträge keine Rolle bei der Entscheidung deutscher Kreditinstitute, am Euro-Geldmarkt in D-Mark oder in einer Fremdwährung zu kontrahieren.

Der Zinsverbund zwischen den Volkswirtschaften wird über den unreglementierten, allen zugänglichen und durch administrative Hemmnisse nicht beeinträchtigten Euro-Geldmarkt hergestellt. Es sind nicht so viele internationale Zinsgefälle für die internationalen Zinsarbitrage relevant, wie es internationale Finanzplätze gibt, mit denen Kapitalverkehrsbeziehungen möglich sind, sondern allein das Zinsgefällen zwischen nationalen monetären Märkten und dem Euro-Geldmarkt. Von besonderer Bedeutung für Zinsarbitragegeschäfte deutscher Kreditinstitute sind die Zinssätze für Euro-Dollar und für Euro-DM. Sinken diese Zinssätze, so kommt es ceteris paribus zu Kapitalimporten, während sich bei Zinssteigerungen für diese Währungen am Euro-Geldmarkt die Geldimporte verringern oder Geldexporte einsetzen.

E. Der Euro-Geldmarkt als Drehscheibe kurzfristiger internationaler Kapitalbewegungen

I. Die Zinsstruktur am Euro-Geldmarkt

Der Euro-Geldmarkt besteht, wie jeder nationale Geldmarkt in entwickelten Volkswirtschaften, aus zwei Marktbereichen: einem Teilmarkt für Geldmarktkredite und einem Teilmarkt für Geldmarktpapiere, den „London dollar certificates of deposit"[1]. Die Zinssätze dieser Euro-Geldmarktpapiere werden bestimmt von den Zinssätzen für Geldmarktkredite am Euro-Dollarmarkt[2]. Auf die Zinssätze für London dollar certificates of deposit braucht daher nicht besonders eingegangen zu werden.

Euro-Geldmarktgeschäfte können grundsätzlich mit jeder Fristigkeit von einem Tag bis zu zehn Jahren abgeschlossen werden. Abschlüsse mit einer Laufzeit von mehr als einem Jahr sind aber deshalb selten, weil dazu zwischen den Marktparteien Verhandlungen über Zinssätze und sonstige Konditionen erforderlich sind, die bei Euro-Geldmarktgeschäften nicht üblich sind. Zur einfacheren technischen Abwicklung haben sich Standardlaufzeiten für Festgelder und für Kündigungsgelder herausgebildet. Für diese Standardlaufzeiten nennen Eurobanken Anrufern Sätze, zu denen sie bereit sind, Einlagen entgegenzunehmen oder Kredite zu vergeben. Die üblichen Laufzeiten sind[3]:

Festgelder

— Tagesgeld (day-to-day money, over night money)

— Festgeld für zwei Tage (money at two days fixed)

— Festgeld für sieben Tage (money at seven days fixed)

— Festgeld für einen Monat (money at one month fixed)

— Festgeld für drei Monate (money at three months)

— Festgeld für sechs Monate (money at six months)

— Festgeld für ein Jahr (money at one year)

---

1 Vgl. Einzig, P., Parallel Money Markets, Volume One, London 1971, S. 155 ff. London dollar certificates of deposit wurden im Mai 1966 eingeführt. Vgl. o. V., The Euro-Currency Business of Banks in London, in: Bank of England, Quarterly Bulletin, Vol. 10, No. 1, 1970.

2 Vgl. Schäfer, W., Der Euro-Dollarmarkt, S. 27 ff. und Widmer, R., Der Euromarkt, S. 19 ff.

3 Vgl. Brandes, H., Der Euro-Dollarmarkt, S. 195.

Kündigungsgelder

— tägliches Geld (call money)

— Zwei-Tage-Kündigungsgeld (money at two days notice)

— Sieben-Tage-Kündigungsgeld (money at seven days notice)

Der bei weitem größte Teil der Umsätze am Euro-Geldmarkt entfällt auf die Elementarmärkte mit einer vereinbarten Laufzeit von 30 und von 90 Tagen. Fälligkeiten von drei Monaten sind am häufigsten anzutreffen[4].

Die Spanne zwischen den Geld- und Briefsätzen am Euro-Geldmarkt ist gering, wie das in Europa auch im nationalen Geldhandel unter Banken üblich ist. Sie beträgt für Euro-Dollar etwa einen halben Prozentpunkt, für alle anderen Valuten etwa ein viertel Prozentpunkt[5]. Diese Marge ist für alle Standardlaufzeiten gleichhoch. Die Zinssätze am Euro-Geldmarkt steigen in der Regel mit der Laufzeit. Um die Jahreswende dagegen, wenn Euro-Geld mit kürzeren Laufzeiten zu Geld über Jahresultimo wird, liegen die Zinssätze für Gelder mit kürzerer Fristigkeit über den Zinssätzen für Gelder mit längeren Laufzeiten (vgl. für das Jahr 1972 Abb. 13). Auch bei einer Abwertungsspekulation gegen eine am Euro-Geldmarkt gehandelte Währung kehrt sich die Zinsstruktur um. Eine Einlage, die auf eine abwertungsverdächtige Währung lautet, wird dann mit kurzer Laufzeit höher verzinst als mit längerer Laufzeit (vgl. Abschn. E. III. 2.).

II. Generelle Determinanten der Zinsbildung am Euro-Geldmarkt

Bestünden in den Ursprungsländern der am Euro-Geldmarkt gehandelten Währungen keine Hemmnisse für den internationalen Kapitalverkehr, dann würden im Gleichgewicht die Zinssätze am Euro-Geldmarkt den Zinssätzen der jeweiligen nationalen Geldmärkte entsprechen. Zinsdifferenzen hätten Zinsarbitragegeschäfte der Banken zur Folge, die solange fortdauerten, bis sich die Euro-Geldmarktsätze den heimischen Geldmarktsätzen angepaßt hätten. Läge der Zinssatz einer Valuta am Euro-Geldmarkt über dem Geldmarktzins im Ursprungsland dieser Währung, dann würden Banken dieses Landes liquide Mittel am Euro-Geldmarkt plazieren, nicht aber am inländischen Geldmarkt. Das steigende Angebot würde die Euro-Geldmarktsätze wieder auf das Niveau der inländischen Geldmarktsätze herabdrücken. Umgekehrt nähmen Banken dann Kredite am Euro-Geldmarkt und

---

4 Vgl. Brandes, H., Der Euro-Dollarmarkt, S. 197.

5 Vgl. dazu die täglichen Angaben der Euro-Geldmarktsätze in der Financial Times. Die Zinsspanne erhöht sich bei abwertungsverdächtigen Währungen.

Abb. 13 : Zinssätze am Euro-Geldmarkt im Jahre 1972

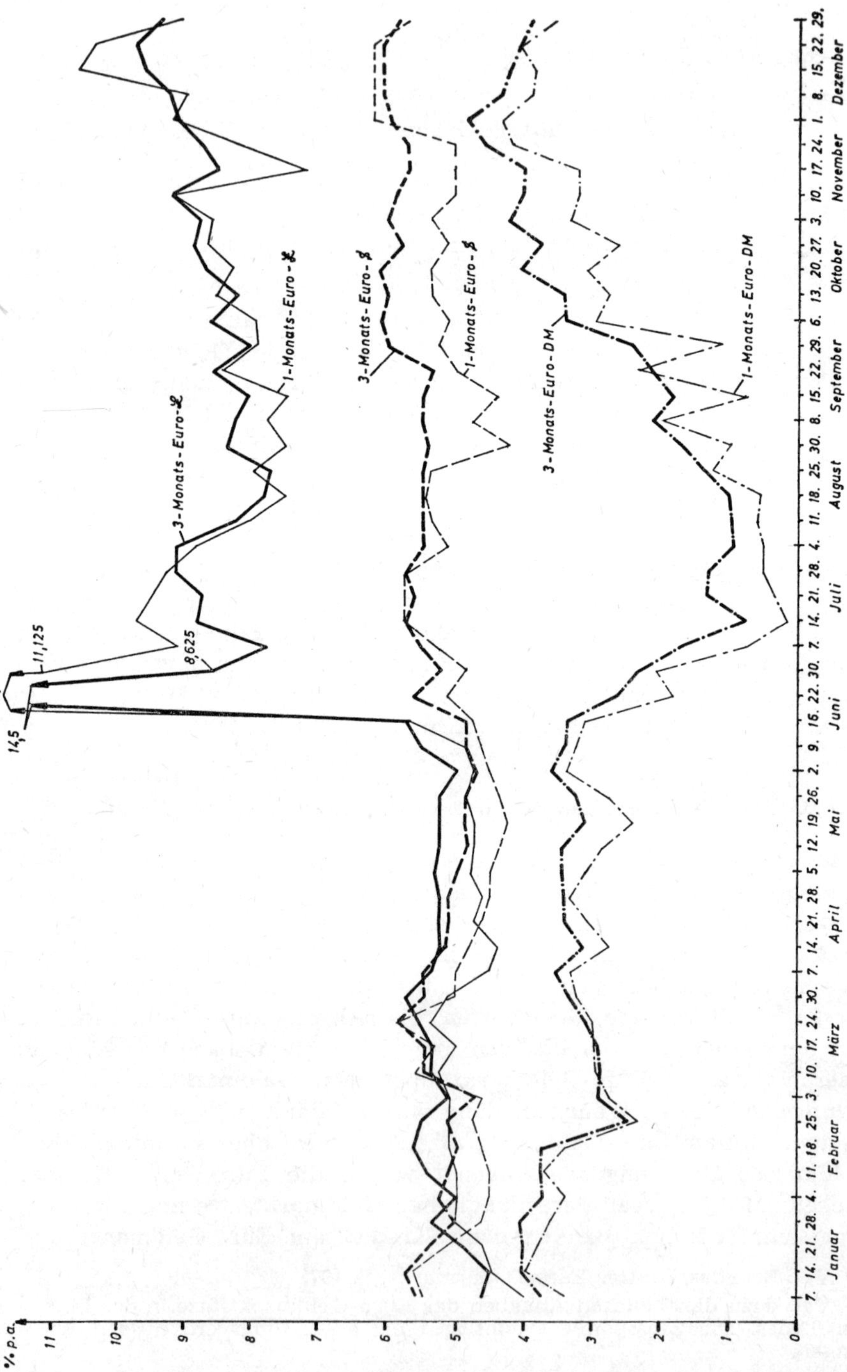

Quelle: Financial Times

nicht am nationalen Geldmarkt auf, wenn die Euro-Geldmarktsätze niedriger wären als die inländischen Geldmarktsätze. Auch in diesem Fall würden Zinsarbitragetransaktionen der Geschäftsbanken dazu führen, daß sich die Euro-Geldmarktsätze wieder den Zinssätzen des inländischen Geldmarktes angleichen. Zugleich würden bei unbehindertem internationalen Kapitalverkehr Swapsätze der am inländischen Devisenmarkt notierten und am Euro-Geldmarkt gehandelten Währungen Zinsdifferenzen zwischen dem inländischen Geldmarkt und dem ausländischen nationalen Geldmarkt, Zinsdifferenzen zwischen dem inländischen Geldmarkt und dem Teilmarkt der jeweiligen Fremdwährung am Euro-Geldmarkt und Zinsdifferenzen am Euro-Geldmarkt zwischen der Inlandswährung und der Fremdwährung kompensieren. Die effektiven Zinssätze für Geldmarktkredite und Geldmarkteinlagen wären an den beiden nationalen Geldmärkten und am Euro-Geldmarkt gleichhoch.

Tatsächlich weist das Zinsniveau der am Euro-Geldmarkt gehandelten Währungen oft große Abweichungen von den Zinssätzen an den jeweiligen nationalen Geldmärkten auf. Die Swapsätze entsprechen weder nominalen Zinsdifferenzen zwischen zwei nationalen Geldmärkten noch zwischen nationalen Geldmärkten und Teilmärkten der jeweiligen Fremdwährung am Euro-Geldmarkt, sondern allein Zinsdifferenzen zwischen zwei Valuten am Euro-Geldmarkt. Ursache dafür ist, daß institutionelle Bedingungen und administrative Hemmnisse den internationalen Kapitalverkehr beeinträchtigen und den Zinsverbund zwischen den Volkswirtschaften lockern. Die Euro-Geldmarktsätze können aber auch dann von den inländischen Geldmarktsätzen abweichen, wenn keine administrativen Behinderungen für internatioale Geldmarktgeschäfte der Banken bestehen. Das ist z. B. dann der Fall, wenn in einer Volkswirtschaft kein einheitlicher Geldmarktsatz sowohl für Geldmarktdarlehen als auch für Geldmarkteinlagen besteht, sondern für die Anlage liquider Mittel geringere Zinssätze vergütet werden, als für Geldmarktkredite aufzuwenden sind. Bei dieser Spaltung des Geldmarktes würden die Zinssätze dieser Währung am Euro-Geldmarkt im Bereich zwischen den Sollzinsen und den Habenzinsen des nationalen Geldmarktes verlaufen.

Nationale Währungsbehörden können durch administrative Maßnahmen Einfluß nehmen auf die Zinsbildung für die Inlandswährung am Euro-Geldmarkt. Entscheidend dafür, ob inländische Geschäftsbanken Geldmarktkredite entweder am Euro-Geldmarkt oder am heimischen Geldmarkt aufnehmen, ist die Höhe der Effektivzinsen an beiden monetären Märkten. Bei gegebenen Nominalzinsen werden die Effektivzinsen einer Mittelaufnahme von der Höhe der Mindestreservesätze für Interbankverbindlichkeiten im Inland m_I und für Verbindlichkeiten gegenüber ausländischen Kreditinstituten m_A bestimmt. Wird der Nominalzinssatz am inländischen Geldmarkt mit z_I bezeichnet, dann ergibt sich der Effektivzins $_ez_I$ als

(1) $$_ez_I = \frac{z_I}{1 - m_I}$$

Entsprechend läßt sich bei vorgegebenem Nominalzinssatz am Euro-Geldmarkt z_E der Effektivzins $_ez_E$ berechnen als

(2) $$_ez_E = \frac{z_E}{1 - m_A}$$

Ein Zinsanreiz zugunsten einer Kreditaufnahme am Euro-Geldmarkt besteht dann, wenn die Effektivzinsen für Euro-Geldmarktkredite niedriger sind als die einer Mittelaufnahme am heimischen Geldmarkt. Im Arbitragegleichgewicht sind die effektiven Zinssätze an beiden Geldmärkten gleichhoch.

(3) $$\frac{z_E}{1 - m_A} = \frac{z_I}{1 - m_I}$$

Bei gleichhohen Nominalzinsen im Inland z_I und am Euro-Geldmarkt z_A entscheidet die Höhe der Mindestreservesätze für Interbankverbindlichkeiten im Inland und für Verbindlichkeiten gegenüber ausländischen Banken darüber, wo sich Kreditinstitute bevorzugt refinanzieren. Ist der inländische Mindestreservesatz höher als der für Auslandsverbindlichkeiten, dann werden Geldimporte einsetzen, und der Euro-Geldmarktsatz steigt über das Niveau des Zinssatzes für Geldmarktdarlehen im Inland. Umgekehrt ist eine Refinanzierung am inländischen Geldmarkt dann billiger als im Ausland, wenn bei gleichhohen nominalen Zinssätzen Auslandsverbindlichkeiten mit einer höheren Mindestreserve belastet werden als Inlandsverbindlichkeiten. In diesem Fall werden Banken ihre Mittelaufnahme vom Euro-Geldmarkt zum inländischen Geldmarkt verlagern, und die Euro-Geldmarktsätze geben nach. Der Gleichgewichtszinssatz einer Währung am Euro-Geldmarkt ist dann erreicht, wenn Kreditinstitute des Ursprungslandes dieser Währung keine Euro-Geldmarktgeschäfte mehr durchführen. Dieser nominale Gleichgewichtszinssatz z_E wird vom Zinssatz am inländischen Geldmarkt z_I und von den Mindestreservesätzen für Interbankverbindlichkeiten im Inland m_I sowie für Auslandsverbindlichkeiten m_A bestimmt.

(4) $$z_E = z_I \left(\frac{1 - m_A}{1 - m_I} \right)$$

Sind alle Verbindlichkeiten der Kreditinstitute gegenüber anderen Geschäftsbanken, gleichgültig ob sie im Inland oder im Ausland domizilieren, mindestreservefrei, dann entsprechen die Effektivzinsen am inländischen Geldmarkt und am Euro-Geldmarkt ihren Nominalzinsen, und im Zinsarbitragegleichgewicht sind die Zinssätze z_E und z_I gleichhoch. Wird die Mittelaufnahme der Banken sowohl im Inland als auch im Ausland mit einem gleichhohen Mindestreservesatz belastet, dann liegen die Effektivzinsen über den Nominalzinsen. Da aber die Kosten der Mindestreservehaltung bei einer Aufnahme von Geldmarktkrediten im Inland und am Euro-Geldmarkt gleichhoch sind, entspricht auch in diesem Fall im Gleichgewicht der nominale Euro-Geldmarktsatz z_E dem Nominalzinssatz am inländischen Geldmarkt z_I. Ist der Mindestreservesatz für Auslandsverbindlichkeiten m_A dagegen höher als jener für Inlandsverbindlichkeiten m_I, dann ist eine Mittelaufnahme am Euro-Geldmarkt nur dann lohnend, wenn die nominalen Zinssätze für Euro-Geldmarktkredite unter den nominalen inländischen Geldmarktsätzen liegen. In diesem Fall ist im Zinsarbitragegleichgewicht der nominale Zinssatz am Euro-Geldmarkt niedriger als der nominale inländische Geldmarktsatz. Umgekehrt liegt der Gleichgewichtszinssatz am Euro-Geldmarkt über dem Zinssatz am heimischen Geldmarkt, wenn die Mindestreservebelastung einer Mittelaufnahme am Euro-Geldmarkt geringer ist als bei einer Kreditaufnahme im Inland.

Die Zinssätze am Euro-Geldmarkt werden nur dann niedriger sein als die Geldmarktsätze in den Ursprungsländern, wenn in diesen Ländern Ausländern für Termineinlagen Zinssätze vergütet werden, die unter den Geldmarktsätzen liegen. Wären die Sätze für Termineinlagen nämlich höher als die Zinssätze am Euro-Geldmarkt, so würden Ausländer Fremdwährungsguthaben von Eurobanken abziehen und diese Mittel zu höheren Zinssätzen bei Kreditinstituten in den Ursprungsländern einlegen.

Bei Konstanz der Mindestreservesätze auf Inlandsverbindlichkeiten und Auslandsverbindlichkeiten der Kreditinstitute werden Zinsänderungen am Euro-Geldmarkt von Zinsbewegungen an den Geldmärkten der Ursprungsländer der Währungen bestimmt. Steigen die Zinssätze am inländischen Geldmarkt, so ziehen auch die Zinssätze dieser Währung am Euro-Geldmarkt an, und umgekehrt bewirken Zinssenkungen im Inland auch fallende Zinssätze am Euro-Geldmarkt. Zinsänderungen am Euro-Geldmarkt können aber auch einhergehen mit unveränderten Zinssätzen am inländischen Geldmarkt. Dafür können drei Ursachen maßgeblich sein. Zinsbewegungen am Euro-Geldmarkt können von einer Veränderung der Mindestreservebestimmungen ausgelöst werden, sie können darauf zurückzuführen sein, daß die Zinssätze für die Refinanzierung bei der Zentralbank gesenkt werden, ohne daß die inländischen Termingeldsätze sofort nachgeben, und sie können von Paritätsänderungsspekulationen am Devisenmarkt verursacht werden.

Wird in einem Land der Mindestreservesatz für Auslandsverbindlichkeiten (Inlandsverbindlichkeiten) erhöht (gesenkt), während der Reservesatz für Interbankverbindlichkeiten im Inland (Auslandsverbindlichkeiten) unverändert bleibt, dann steigen bei einem Zinssatz am Euro-Geldmarkt, der dem Zinsarbitragegleichgewicht vor der Mindestreserveänderung entspricht, die effektiven Zinskosten einer Mittelaufnahme am Euro-Geldmarkt über die einer Refinanzierung am inländischen Geldmarkt. Die Geldimporte der Banken gehen zurück, und die Euro-Geldmarktsätze geben nach. Umgekehrt werden dann die Zinssätze einer Währung am Euro-Geldmarkt steigen, wenn der Mindestreservesatz für Auslandsverbindlichkeiten (Inlandsverbindlichkeiten) bei unverändertem Reservesatz für Inlandsverbindlichkeiten (Auslandsverbindlichkeiten) gesenkt (erhöht) wird. Im neuen Zinsarbitragegleichgewicht entspricht dann wieder der um die Kosten der Mindestreservehaltung erhöhte inländische Geldmarktsatz dem um die Kosten der Mindestreservehaltung erhöhten Euro-Geldmarktsatz.

Wird der Diskontsatz in einem Land soweit gesenkt, daß die Refinanzierung bei der Zentralbank billiger ist als die Kreditaufnahme am inländischen Geldmarkt und am Euro-Geldmarkt, so werden Kreditinstitute verstärkt Rediskontkredite in Anspruch nehmen. Die Nachfrage am Euro-Geldmarkt geht zurück, und die Euro-Geldmarktsätze sinken auch dann, wenn die Zinssätze für Termingeld am inländischen Geldmarkt noch nicht nachgeben. Erst nach weitgehender Ausschöpfung der Rediskontkontingente lebt der Geldimport wieder auf, und die Euro-Geldmarktsätze steigen wieder auf das von den Zinssätzen am inländischen Geldmarkt und von den Mindestreservebestimmungen bestimmte Gleichgewichtsniveau.

Bei Paritätsänderungsspekulationen kann der Zusammenhang zwischen kreditpolitischen Maßnahmen, Zinsarbitragegeschäften der Banken und Euro-Geldmarktsätzen durchbrochen werden. Bei Erwartung einer Währungsaufwertung konvertieren Spekulanten am Devisenkassamarkt schwache Währungen in die aufwertungsverdächtige Valuta und legen diese Mittel bei Eurobanken ein. Übersteigt das spekulative Angebot die Nachfrage der Zinsarbitrageure, dann kann der Zinssatz dieser Währung am Euro-Geldmarkt unter sein Gleichgewichtsniveau sinken (vgl. Abschn. E. IV. 3.). Umgekehrt können Euro-Geldmarktsätze einer Währung über dem Gleichgewichtsniveau liegen, wenn eine Abwertung dieser Währung erwartet wird und Spekulanten Kredite in der schwachen Währung am Euro-Geldmarkt aufnehmen. Euro-Geldmarktsätze weichen bei Paritätsänderungserwartungen immer dann von ihrem Gleichgewichtsniveau ab, wenn die Spekulation stärker ist als die Zinsarbitrage.

Bestehen keine spekulativen Einflüsse der Kursbildung am Devisenmarkt auf die Zinsbildung am Euro-Geldmarkt, dann werden die Euro-Geldmarktsätze maßgeblich von den Mindestreservebestimmungen in den Ursprungsländern der Währungen bestimmt. Diese Mindestreserveregelungen sind von Land zu Land unterschiedlich, und daher auch die Höhe der Zinssätze verschiedener Währungen am Euro-Geldmarkt bei gleichhohen nationalen Geldmarktsätzen. Im folgenden werden die spezifischen Determinanten der Zinsbildung für Euro-Dollar und für Euro-DM dargestellt, also jener Teilmärkte, die von großer Bedeutung für die Transaktionen deutscher Zinsarbitrageure sind. Im Mittelpunkt stehen dabei die Zusammenhänge zwischen kurzfristigen Zinssätzen in den USA, den Zinssätzen am deutschen Geldmarkt, der Kursbildung am Devisenmarkt und der Höhe der Zinssätze dieser beiden Währungen am Euro-Geldmarkt mit einer vereinbarten Laufzeit von drei Monaten. Nur in Phasen mit Paritätsänderungserwartungen wird auf den Einfluß der Kursbildung an den Devisenmärkten auf die Zinsbildung für Euro-Dollar und Euro-DM für Ausleihungen kürzerer Fristigkeit eingegangen.

III. Die Determinanten der Zinsbildung für Euro-Dollar

1. Der Einfluß der amerikanischen Kreditpolitik

Die Zinsentwicklung am Euro-Dollarmarkt wird von der Angebots-Nachfrage-Konstellation bestimmt. Ein steigendes Angebot von Euro-Dollar-Depositen bei stagnierender Nachfrage führt zu Zinssenkungen, während umgekehrt eine das Angebot übersteigende Nachfrageausweitung Zinssteigerungen auslöst[6].

Die Zinssätze am Euro-Dollarmarkt können aber nicht unbegrenzt sinken, und sie können nicht beliebig steigen. Es besteht eine Bandbreite der Zinsentwicklung, die weder unterschritten noch überschritten werden kann. In den USA besteht kein einheitlicher Geldmarktsatz, zu dem Termingelder angelegt oder aufgenommen werden können. Amerikanische und nichtamerikanische Kreditinstitute und Wirtschaftsunternehmen werden dann als Anbieter am Euro-Dollarmarkt auftreten, wenn die Zinssätze für Euro-Dollar-Depositen über den für Mittelan-

[6] Zur Zinsbildung am Euro-Dollarmarkt vgl. Einzig, P., The Euro-Dollar System, S. 80 ff., Brandes, H., Der Euro-Dollarmarkt, S. 203 ff., Clendenning, W., The Euro-Dollar Market, S. 82 ff., Schäfer, W., Der Euro-Dollarmarkt, S. 32 ff.

lagen in den USA vergüteten Zinssätzen liegen. Unter die Zinssätze für treasury bills sinkende Zinssätze am Euro-Dollarmarkt würden dazu führen, daß Dollareinlagen von Eurobanken abgezogen und diese Mittel in amerikanischen Schatzwechseln angelegt würden. Insoweit bildet der Zinssatz für treasury bills in den USA die Untergrenze der Zinsentwicklung am Euro-Dollarmarkt.

Umgekehrt wird ein auf Dollar lautender Kreditbedarf nur dann am Euro-Dollarmarkt und nicht bei Banken in den USA gedeckt, wenn die Zinssätze für Euro-Dollarkredite unter den Zinssätzen kurzfristiger Bankkredite in den USA liegen. Dabei ist zu unterscheiden zwischen der Kreditnachfrage amerikanischer Geschäftsbanken und der außeramerikanischen Kreditnachfrage. Amerikanischen Banken wird in den USA bei einer Aufnahme kurzfristiger Kredite die prime rate in Rechnung gestellt. Der effektive Zinssatz kurzfristiger Interbankkredite liegt aber über der prime rate, weil in den USA alle Verbindlichkeiten der Banken, und somit auch aufgenommene Kredite bei anderen Kreditinstituten, der Mindestreservepflicht unterliegen (vgl. Abschn. D. III. 1. c)). Demgegenüber sind Verbindlichkeiten zwischen den Niederlassungen eines Kreditinstituts mindestreservefrei. Diese Freistellung von der Mindestreservepflicht gilt grundsätzlich auch für Verbindlichkeiten amerikanischer Banken gegenüber ihren ausländischen Zweigstellen. Im Unterschied zu den amerikanischen Mindestreservebestimmungen haben Geschäftsbanken in Großbritannien, also auch amerikanische Kreditinstitute in London, nur für den Saldo der auf Auslandswährungen lautenden Verbindlichkeiten und Forderungen Mindestreserven zu unterhalten[7]. Diese Regelungen haben zur Folge, daß amerikanischen Banken solange eine mindestreservefreie Mittelbeschaffung möglich ist, wenn ihre in London domizilierenden Niederlassungen Dollareinlagen entgegennehmen, diese Mittel dem Mutterinstitut in den USA zur Verfügung stellen, und Verbindlichkeiten amerikanischer Banken gegenüber ihren Auslandsfilialen mindestreservefrei sind. In diesem Fall entspricht der Effektivzins am Euro-Dollarmarkt seinem Nominalzinssatz z_E, während der Effektivzinssatz kurzfristiger Bankkredite in den USA bei vorgegebenem Nominalzinssatz z_A von der Höhe des Mindestreservesatzes m bestimmt wird. Im Zinsarbitragegleichgewicht sind die Effektivzinsen am Euro-Dollarmarkt und am amerikanischen Geldmarkt gleichhoch.

$$z_E = \frac{z_A}{1 - m}$$

---

[7] „The components of each bank's „eligible liabilities", are as follows: ... (V) The bank's net liability, if any, in currencies other than sterling". Reserve ratios: further definitions, in: Bank of England, Quarterly Bulletin, vol. 11, no. 4, december 1971, S. 482.

Der nominale Gleichgewichtszinssatz am Euro-Dollarmarkt wird daher über der prime rate in den USA liegen. Beträgt die prime rate z. B. 6 % und ist der Mindestreservesatz für Interbankverbindlichkeiten in den USA auf 15 v. H. festgelegt, so werden amerikanische Banken nur dann Euro-Dollarkredite aufnehmen, wenn der Euro-Dollarsatz nicht über 7,06 % liegt. Darüber hinaus ansteigende Zinssätze am Euro-Dollarmarkt hätten eine Verlagerung der Kreditnachfrage amerikanischer Banken vom Euro-Dollarmarkt zu den Kreditmärkten der USA zur Folge.

Zu höheren Zinssätzen würden dann nur noch nichtamerikanische Banken und Wirtschaftsunternehmen Mittel am Euro-Dollarmarkt aufnehmen. Das ist darauf zurückzuführen, daß Ausländern auch bei einer Kreditaufnahme in den USA Zinssätze berechnet werden, die über den Zinssätzen für Interbankkredite liegen. Sie ergeben sich aus der prime rate, einem Aufschlag für das im Vergleich mit dem jeweiligen „most credit worthy customer" der kreditierenden amerikanischen Bank geringer eingeschätzte Standing des ausländischen Kreditnehmers und den Kosten der Unterhaltung unverzinslicher compensating balances (vgl. Abschn. D. III. 1. c)). Dieser effektive Zinssatz für kurzfristige Bankkredite an Ausländer in den USA wird von den Zinssätzen am Euro-Dollarmarkt nicht überschritten. Insoweit bildet er eine Obergrenze der Zinsentwicklung für Euro-Dollars. Darüber hinaus anziehende Euro-Dollarsätze hätten zur Folge, daß die Nachfrage nach Dollarkrediten am Euro-Geldmarkt erlahmte. Die Zinssätze am Euro-Dollarmarkt würden wieder sinken.

Die Bandbreite der Zinsentwicklung am Euro-Dollarmarkt ist in Abb. 14 angegeben. Die Zinsobergrenze ergibt sich aus der prime rate, einem Zuschlag von einem Prozentpunkt auf diesen Basiszinssatz und unter der Annahme, daß Ausländer bei einer Kreditaufnahme in den USA compensating balances in Höhe von 20 v. H. des bereitgestellten Kredits zu halten haben.

Zinsuntergrenze und Zinsobergrenze am Euro-Dollarmarkt werden vom Kurs der amerikanischen Kreditpolitik bestimmt. Steigen die Zinssätze in den USA als Folge einer restriktiveren Kreditpolitik, so werden auch Zinsuntergrenze und Zinsobergrenze nach oben verschoben. Umgekehrt sinken Zinsuntergrenze und Zinsobergrenze, wenn die Zinssätze in den USA nachgeben. Die kreditpolitische Steuerung von Bankenliquidität und Zinssätzen in den USA wird hauptsächlich durch Offenmarktoperationen vorgenommen. Andere kreditpolitische Maßnahmen haben meist flankierenden Charakter. Diskontsatzänderungen werden z. B. oft damit begründet, „to bring it in the line with going market rates". Mehr als 90 v. H. der Offenmarktgeschäfte des Federal Reserve System werden in treasury bills durchgeführt. Da Nichtbanken mehr als 60 v. H. der Offenmarktpapiere übernehmen, wird durch Offenmarkttransaktionen primär der Umfang der liquiden Mittel der Banken gesteuert. Die Zinseffekte der Offenmarktgeschäfte auf andere monetäre Märkte, so auf den Bankenkreditmarkt, sind dadurch stärker, als wenn primär die Verwendung der liquiden Mittel der Banken beeinflußt würde. Der Zinssatz für treasury bills ist der Leitzins für die Zinsentwicklung an allen monetären Märkten der USA. Steigt der Zinssatz für treasury bills als Folge einer restriktiveren Kreditpolitik, so veranlassen Liquiditätsverluste die Banken zu einer Erhöhung der prime rate (vgl. Abb. 14).

Steigende Kreditzinsen in den USA haben zur Folge, daß amerikanische Kreditnehmer, insbesondere amerikanische Banken, sich verstärkt Mittel am Euro-Dollarmarkt beschaffen. Dadurch ziehen die Euro-Dollarsätze an. Umgekehrt bewirken sinkende Zinssätze für treasury bills auch eine Zurücknahme der prime rate. Damit sind in der Regel auch sinkende Zinssätze am Euro-Dollarmarkt verbunden. Die Zinsentwicklung in den USA verläuft weitgehend parallel mit der Zinsentwicklung am Euro-Dollarmarkt. Nur bei Paritätsänderungsspekulationen am Devisenmarkt wird dieser Zusammenhang durchbrochen. Wird eine Abwertung des Dollars oder eine Aufwertung anderer wichtiger Währungen erwartet, dann ziehen die Zinssätze am Euro-Dollarmarkt an, so im Jahre 1969 bei der Spekulation auf eine Aufwertung der D-Mark und im Jahre 1971 bei der Abwertungsspekulation gegen den Dollar. Zinssteigerungen am Euro-Dollarmarkt als Folge von Paritätsänderungserwartungen können dann einhergehen mit sinkenden Zinssätzen in den USA (vgl. Abb. 14)[8].

Die Auswirkungen der amerikanischen Kreditpolitik auf die Höhe der Zinssätze am Euro-Dollarmarkt im Zeitraum von 1967 bis 1971 werden in Abb. 14 sichtbar. Mitte des Jahres 1967 wurde vom Federal Reserve System auf einen restriktiveren kreditpolitischen Kurs zur Minderung des Preisauftriebs und zur Verringerung des Zahlungsbilanzdefizits umgeschaltet. Auch im Jahre 1968 wurde die Offenmarktpolitik überwiegend restriktiv gehandhabt[9]. Dabei lassen sich im Jahre 1968 drei Phasen des kreditpolitischen Kurses unterscheiden. Von Januar bis Mitte Juni wurde die Offenmarktpolitik restriktiv eingesetzt. Flankierend wurde der Diskontsatz im März und im April um jeweils einen halben Prozentpunkt auf $5^1/_2$ % angehoben, die margin requirements wurden Anfang Juni von 70 v. H. auf 80 v. H. heraufgesetzt[10], und im

---

8 Zum Einfluß von Paritätsänderungsspekulationen auf die Zinsbildung am Euro-Dollarmarkt vgl. Abschnitt E. II. 2.

9 Zur Chronologie der geld- und kreditpolitischen Maßnahmen in den USA in den Jahren 1967 bis 1971 vgl.: Annual Report, Board of Governors of the Federal Reserve System, Vol. 54 - 58.

10 Margin requirements sind festgelegte Vom-Hundert-Sätze, die Nichtbanken beim Erwerb von Wertpapieren als Eigenleistung aufbringen müs-

April wurden die Höchstzinssätze für Termineinlagen mit einer Laufzeit ab sechs Monaten von 5,5 % auf 6,25 % erhöht. Bis Mitte des Jahres 1968 stiegen die Zinssätze für treasury bills an, die prime rate wurde heraufgesetzt, und die Zinssätze am Euro-Dollarmarkt zogen an. Im Zeitraum von Ende Juni bis Anfang September 1968 wurde die Offenmarktpolitik in den USA dagegen zum Zwecke einer leichten Verflüssigung der monetären Märkte eingesetzt. Zusätzlich wurde im August der Diskontsatz auf 5,25 % zurückgenommen. Die Zinssätze der treasury bills, die prime rate und die Zinssätze am Euro-Dollarmarkt sanken. Von September bis Mitte Dezember 1968 gingen von den Offenmarktgeschäften des Federal Reserve System nur geringfügig liquiditätsentziehende Wirkungen aus. Ab Mitte Dezember wurde dann die Offenmarktpolitik wieder restriktiver gehandhabt, und die Zinssätze für treasury bills stiegen wieder stärker. Mit dieser Erhöhung des Leitzinses ging eine Versteifung am Bankenkreditmarkt einher, und die prime rate wurde heraufgesetzt. Die amerikanischen Kreditinstitute gingen verstärkt dazu über, Kredite bei ihren Auslandsniederlassungen aufzunehmen, also Euro-Dollarkredite in Anspruch zu nehmen. Im Jahre 1968 stieg der Zinssatz für treasury bills von 5,08 % im Januar auf 5,92 % im Dezember. Im gleichen Zeitraum erhöhten sich die Verbindlichkeiten amerikanischer Banken gegenüber ihren ausländischen Zweigstellen um 2,7 Mrd. Dollar auf 6,95 Mrd. Dollar, und der Dreimonats-Euro-Dollarsatz stieg von 6 % auf 7,14 %.

Der restriktive kreditpolitische Kurs wurde im Jahre 1969 ununterbrochen beibehalten. Die liquiditätsabschöpfende Wirkungen der Offenmarktpolitik wurde unterstützt durch Diskontsatzerhöhungen bis auf 6 % im April, durch Erhöhungen der Mindestreservesätze im April, und im Oktober durch Einführung einer zehnprozentigen Zuwachsmindestreserve auf eine Verschuldung amerikanischer Banken bei ihren Auslandsfilialen über den Durchschnittsstand vom Mai 1968. Trotz der Einführung der Mindestreservepflicht von Verbindlichkeiten der Banken gegenüber ihren ausländischen Zweigstellen war eine Geldbeschaffung am Euro-Dollarmarkt noch billiger als bei den Banken in den USA. Die Verbindlichkeiten amerikanischer Kreditinstitute bei ihren Auslandsfilialen erhöhten sich von 6,95 Mrd. Dollar Ende Dezember 1968 auf 12,81 Mrd. Dollar Ende des Jahres 1969. Im gleichen Zeitraum stiegen die Zinssätze für Dreimonats-Euro-Dollar von 7,14 % auf 11,17 %[11].

---

sen. Bei margin requirements von 80 v.H. dürfen nur 20 v.H. des Kaufpreises durch Bankkredite finanziert werden.

11 Die starken Schwankungen der Zinssätze am Euro-Dollarmarkt im Jahre 1969 sind auf spekulative Einflüsse am Devisenmarkt zurückzuführen. Vgl. Abschn. E. III. 2.

Abb. 14: Bandbreite der Zinsbildung am Euro-Dollarmarkt

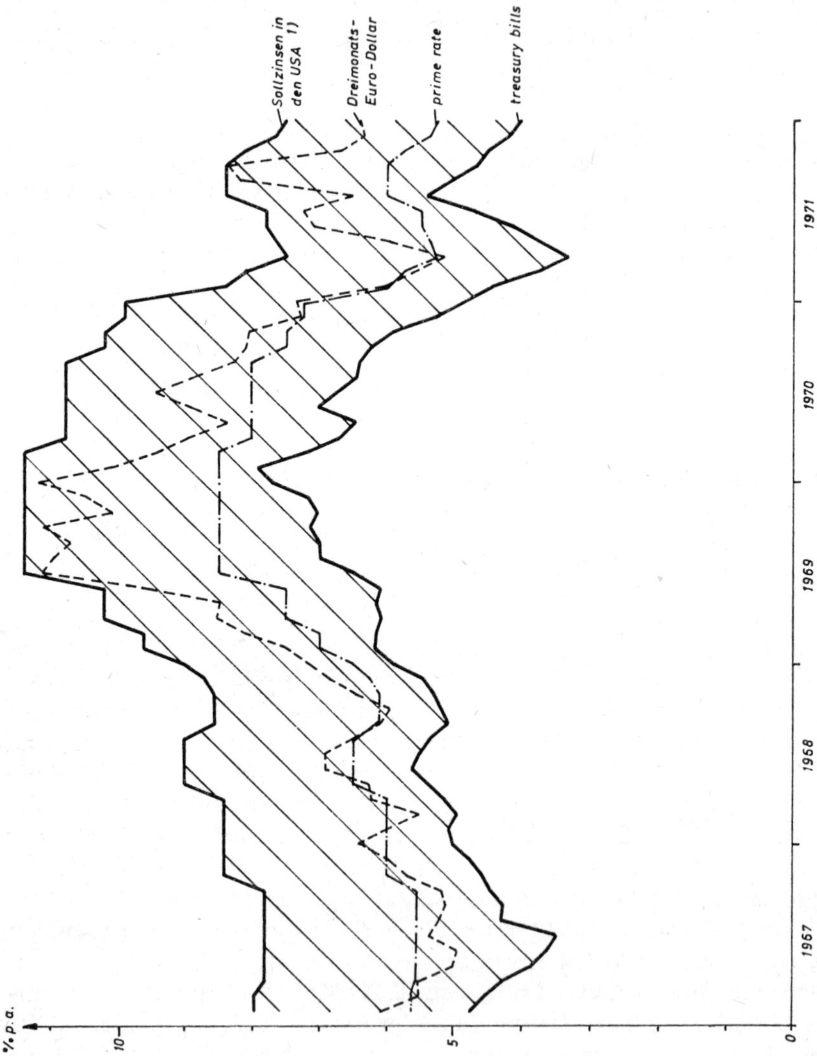

1) prime rate + 1 Prozentpunkt + 20 v. H. compensating balances

Quelle: prime rate (Monatsendwerte): Federal Reserve Bulletin, April 1972; Zinssätze für treasury bills und für 3-Monats-Euro-Dollar (Monatsdurchschnittswerte): Monatsberichte der Deutschen Bundesbank

Die Tendenzwende der Zinsentwicklung am Euro-Dollarmarkt zu Beginn des Jahres 1970 wurde, wie schon der Beginn der Hochzinsperiode im Jahre 1968, durch eine Änderung des kreditpolitischen Kurses in den USA eingeleitet. Von Ende Januar bis Anfang Mai 1970 wurde die Offenmarktpolitik expansiv gehandhabt. Die Situation an den monetären Märkten der USA entspannte sich, die amerikanischen Banken bauten die Verbindlichkeiten gegenüber ihren Auslandsfilialen auf 11,94 Mrd. Dollar im April ab, und die Dreimonats-Euro-Dollarsätze sanken bis auf 8,4 % im April. Die starke Abhängigkeit der Euro-Dollarsätze vom kreditpolitischen Kurs in den USA zeigte sich wieder im Mai 1970, als den Banken in den USA durch die Offenmarktpolitik liquide Mittel entzogen wurden. Sofort wichen die amerikanischen Banken wieder auf den Euro-Dollarmarkt aus, und die Euro-Dollarsätze stiegen an. Von Juni 1970 bis März 1971 wurde die Offenmarktpolitik mit dem Ziel der Verflüssigung der monetären Märkte eingesetzt, begleitet von mehreren Diskontsatzsenkungen, Senkungen der Mindestreservesätze und der partiellen Aufhebung der Höchstzinsverordnung für Termineinlagen entsprechend der Regulation Q im Juni 1970.

Nachdem im März 1971 die Zinssätze für Schatzwechsel in den USA und die Zinssätze am Euro-Dollarmarkt ihren Tiefpunkt erreicht und die amerikanischen Banken ihre Verbindlichkeiten am Euro-Dollarmarkt bis auf 4,36 Mrd. Dollar abgebaut hatten, schalteten die amerikanischen Währungsbehörden vorwiegend aus außenwirtschaftlichen Gründen auf einen restriktiveren kreditpolitischen Kurs um. So stieg der Schatzwechselabgabesatz von 3,32 % im März auf 5,4 % im Juli, und die Euro-Dollarsätze zogen mit. Im Gegensatz zu den Vorjahren, als steigende amerikanische Zinssätze zu einer Zunahme der Verschuldung amerikanischer Banken am Euro-Dollarmarkt führten, hat die Nachfrage amerikanischer Banken nach Euro Dollarkrediten im Jahre 1971 aber praktisch völlig aufgehört. Vielmehr zahlten die amerikanischen Banken im Jahre 1971 6,8 Mrd. Dollar der bei ihren Auslandsniederlassungen aufgenommenen Kredite zurück. Die starke Auflockerung an den monetären Märkten in den USA im Jahre 1970 und im ersten Halbjahr 1971 hatte zur Folge, daß die Euro-Dollarsätze bis auf das Niveau der prime rate sanken. Das scharfe Anziehen der Zinssätze für treasury bills im zweiten Quartal 1971 führte daher deshalb nicht zu einer verstärkten Kreditnachfrage amerikanischer Banken am Euro-Dollarmarkt, weil die Liquiditätsversorgung des amerikanischen Bankensystems als Folge der Politik des billigen Geldes im Vorjahr immer noch reichlich war[12]. Das kommt in der nur geringfügigen Erhöhung der

[12] Eine gewisse Rolle für das Stagnieren der Auslandsverschuldung der amerikanischen Banken kann auch die Erhöhung des Zuwachsmindestreservesatzes für Verbindlichkeiten amerikanischer Banken gegenüber ihren Auslandsniederlassungen von 10 v.H. auf 20 v.H. und die Verringerung des min-

prime rate und der stark geschrumpften Spanne zwischen der prime rate und dem Zinssatz für treasury bills zum Ausdruck. Der scharfe Zinsanstieg am Euro-Dollarmarkt Mitte des Jahres 1971 ist daher nicht, wie in den Jahren zuvor, auf die steigende Auslandsverschuldung der amerikanischen Banken zurückzuführen, sondern auf das zunehmende Mißtrauen in die Aufrechterhaltung der Dollarparität. Wie schon im Jahre 1969, so wird auch im Jahre 1971 der Einfluß spekulativer Entwicklungen an den Devisenmärkten auf die Zinsbildung am Euro-Dollarmarkt sichtbar.

Während bei Paritätsänderungsspekulationen an den Devisenmärkten kein Zusammenhang zwischen amerikanischen Zinssätzen und der Zinsbildung am Euro-Dollarmarkt festzustellen ist, geht bei normal funktionierenden Devisenmärkten der dominierende Einfluß auf die Euro-Dollarsätze von der amerikanischen Kreditpolitik und der Kreditnachfrage amerikanischer Banken am Euro-Dollarmarkt aus[13]. Die Spanne, innerhalb derer sich die Zinssätze am Euro-Dollarmarkt bilden, wird zum einen durch die effektiven Zinskosten einer Kreditaufnahme nichtamerikanischer Banken und Nichtbanken-Firmen in den USA bestimmt, zum anderen durch die Zinssätze für treasury bills. Dominierend für die Zinsentwicklung innerhalb dieses Bandes ist die Nachfrage amerikanischer Banken am Euro-Dollarmarkt. Im Zeitraum von 1967 bis Anfang 1971 ging eine Zunahme (Abnahme) der Verbindlichkeiten der amerikanischen Banken bei ihren Auslandsniederlassungen um 2 Mrd. Dollar mit einer Zinserhöhung (Zinssenkung) am Euro-Dollarmarkt von etwa einem Prozentpunkt einher (vgl. Abb. 15). Für den Zeitraum von Januar 1967 bis einschließlich Juni 1971, also ohne die im zweiten Halbjahr 1971 besonders starken spekulativen Einflüsse auf die Zinsbildung am Euro-Dollarmarkt, ließ sich für den statistischen Zusammenhang zwischen den Verbindlichkeiten der amerikanischen Banken bei ihren Auslandsfilialen und den Dreimonats-Euro-Dollarsätzen ein Korrelationskoeffizient von + 0,9561 ermitteln. Das Bestimmtheitsmaß von 0,9141 drückt aus, daß in diesem Zeitraum die Euro-Dollarsätze zu 91,4 v. H. aus der Nachfrage amerikanischer Banken am Euro-Dollarmarkt erklärt werden können. Verschärft sich das monetäre Klima in den USA durch Offenmarkttransaktionen der Währungsbehörden, dann steigt die prime rate, und die amerikanischen Banken weichen auf den

destreservefreien Betrages im Dezember 1970 gespielt haben. Allerdings sank der Bestand der Verbindlichkeiten unter den für die Bemessung der Mindestreserve maßgeblichen Stand vom Mai 1969.

13 Hendershott, P. H., The Structure of International Interest Rates: The U. S. Treasury Bill Rate and the Eurodollar Deposit Rate, in: The Journal of Finance, Vol. 22, September 1967 No. 3, stellt in einer empirischen Untersuchung fest, daß sich die Zinsentwicklung am Euro-Dollarmarkt fast vollständig aus der Entwicklung der Zinssätze für treasury bills in den USA erklären läßt.

Abb. 15: Dreimonats-Euro-Dollarsatz und Verbindlichkeiten amerikanischer Banken gegenüber ihren ausländischen Zweigstellen (1967–1971)

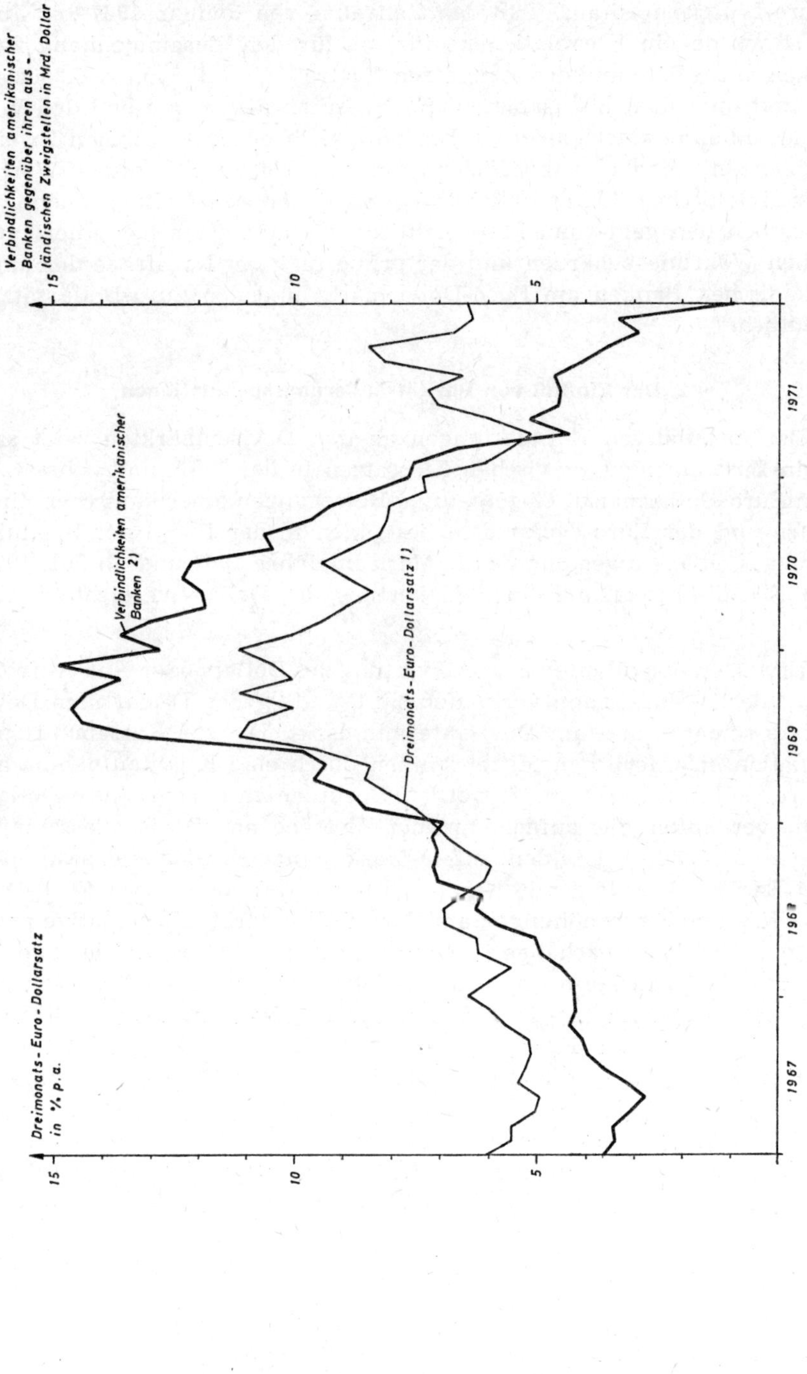

1) Monatsdurchschnitte aus täglichen Angaben; Quelle: Monatsberichte der Deutschen Bundesbank
2) Stand am Monatsende; Quelle: Federal Reserve Bulletin

Euro-Dollarmarkt aus. Für den Zeitraum von Januar 1967 bis Juni 1971 wurde ein Korrelationskoeffizient für den Zusammenhang zwischen prime rate und den Zinssätzen für treasury bills von + 0,8662 ermittelt und für den Zusammenhang zwischen prime rate und den Verbindlichkeiten amerikanischer Banken bei ihren ausländischen Zweigstellen ein Korrelationskoeffizient von + 0,9696. Auch in diesen Werten der statistischen Abhängigkeitsmaße wird der straffe Zusammenhang zwischen den geld- und kreditpolitischen Maßnahmen der amerikanischen Währungsbehörden und der prime rate, der Nachfrage der amerikanischen Banken am Euro-Dollarmarkt und den Euro-Dollarsätzen deutlich.

2. Der Einfluß von Paritätsänderungsspekulationen

Bei spekulativen Entwicklungen an den Devisenmärkten zeigt sich kein Zusammenhang zwischen Zinssätzen in den USA und Zinssätzen am Euro-Dollarmarkt. Gegenläufige Bewegungen amerikanischer Zinssätze und der Euro-Dollarsätze bestanden in der Phase der Spekulation auf eine Aufwertung der D-Mark im Jahre 1969 und ab Juli 1971, als sich die Erwartung einer Abwertung des Dollars verdichtete (vgl. Abb. 14).

Erwarten Spekulanten eine Abwertung des Dollars oder eine Aufwertung der D-Mark, dann verkaufen sie Dollars gegen D-Mark am Devisenkassamarkt und am Devisenterminmarkt. Die zur Kassamarktspekulation erforderlichen Mittel können durch eine Kreditaufnahme am Euro-Dollarmarkt beschafft werden. Spekulanten nehmen Euro-Dollars auf, verkaufen die aufgenommenen Beträge am Devisenkassamarkt gegen D-Mark und bilden auf D-Mark lautende Gläubigerpositionen bei Banken. Die steigende Nachfrage der Spekulanten nach Euro-Dollars führt zu Zinserhöhungen am Euro-Dollarmarkt. „Speculative pressure on the dollar exchange tends to result in an increase of demand for Euro-dollars causing a rise in Euro-dollar rates[14].“ Tritt die erwartete Abwertung des Dollars in Relation zur D-Mark ein, dann realisieren Spekulanten ihren Paritätsänderungsgewinn. Sie lösen spekulative DM-Einlagen auf, verkaufen diese Beträge am Devisenkassamarkt gegen Dollar und zahlen die am Euro-Dollarmarkt aufgenommenen Kredite zurück. Die spekulativ erhöhten Euro-Dollarsätze sinken. Auch dann, wenn sich die Spekulation nicht durchgesetzt hat, sondern durch ein erfolgreiches Dementi der Währungsbehörden entmutigt worden ist, setzt die Rückzahlung der am Euro-Dollarmarkt aus spekulativen Gründen aufgenommenen Mittel ein, und die Eurodollarsätze gehen zurück.

---

[14] Einzig, P., The Euro-Dollar System, S. 81.

Bei spekulativen Einflüssen an den Devisenmärkten werden die Zinssätze am Euro-Dollarmarkt nicht vom Kurs der amerikanischen Kreditpolitik, dem Zinsniveau in den USA und der daraus resultierenden Kreditnachfrage amerikanischer Banken bei ihren ausländischen Zweigstellen bestimmt, sondern durch die Nachfrage der Spekulanten. Notiert der Dollar an den Devisenmärkten schwach, dann steigen die Euro-Dollarsätze an. Befestigt sich der Dollarkurs wieder, dann bilden sich auch die spekulativ erhöhten Euro-Dollarsätze zurück. Die Höhe der Zinssätze am Euro-Dollarmarkt ist in spekulativen Phasen die spiegelbildliche Wiedergabe der Kursentwicklung des Dollars an den Devisenmärkten.

Als Maßstab für die Einschätzung des künftigen Kassakurses des Dollars durch die Spekulanten kann der Swapsatz des Dollars verwendet werden. Wird eine Abwertung des Dollars oder eine Aufwertung der D-Mark erwartet, dann wird der Terminkurs des Dollars in Deutschland von Spekulanten unter dem Kassakurs fixiert[15]. Je größer der erwartete Abwertungssatz des Dollars ist, um so höher ist sein Terminabschlag am Devisenmarkt. Die Rolle der Determinanten der Höhe der Zinssätze am Euro-Dollarmarkt — die Verbindlichkeiten amerikanischer Banken bei ihren Auslandsfilialen als Folge des Kurses der amerikanischen Kreditpolitik und Paritätsänderungserwartungen — wird in den beiden folgenden Regressionsgleichungen sichtbar. Sie geben Auskunft über die Entwicklung der Dreimonats-Euro-Dollarsätze als Funktion der Verbindlichkeiten amerikanischer Banken gegenüber ihren ausländischen Zweigstellen und Swapsätzen des Dollars am deutschen Devisenmarkt[16]. Gleichung (1) umfaßt den Zeitraum von Januar 1967 bis Dezember 1971, also unter Einschluß der starken spekulativen Einflüsse auf die Zinsbildung am Euro-Dollarmarkt ab Juli 1971[17].

(1) $$Z = 4{,}16956 + 0{,}00040\,V - 0{,}16060\,S$$

	(0,22527)	(0,00003)	(0,05327)
t-Wert		14,71379	− 3,01476
partieller Korrelationskoeffizient		+ 0,8897	− 0,3708

SE: 0,77505; $r^2 = 0{,}8171$

[15] Im System fester Wechselkurse ist sicheres Anzeichen für eine erwartete Abwertung des Dollars gegenüber der D-Mark, wenn in Deutschland der Terminkurs des Dollars unter den unteren Interventionspunkt am Kassamarkt sinkt. Vgl. Abschnitt C. II. b).

[16] *Quelle:* Verbindlichkeiten der amerikanischen Banken gegenüber ihren ausländischen Zweigstellen (Monatsendwerte): Federal Reserve Bulletin; Swapsätze und Dreimonats-Euro-Dollarsätze (Monatsdurchschnitte): Monatsberichte der Deutschen Bundesbank.

[17] Es bedeuten: Z: Dreimonats-Euro-Dollarsatz in Prozent p. a., V: Verbindlichkeiten der amerikanischen Banken gegenüber ihren ausländischen Zweigstellen in Mrd. Dollar, S: Swapsatz des Dreimonatsdollars in Prozent p. a.

Gleichung (2) umfaßt den Zeitraum von Januar 1967 bis Juni 1971.

(2)	$Z = 3{,}53858$	$+ 0{,}00046\,V$	$- 0{,}13082\,S$
	(0,17353)	(0,00002)	(0,3674)
t-Wert		23,06620	− 3,56083
partieller Korrelationskoeffizient		+ 0,9561	− 0,4498
		SE: 0,5268;	$r^2 = 0{,}9238$

Der Erklärungswert der Verbindlichkeiten amerikanischer Banken gegenüber ihren ausländischen Zweigstellen für die Zinsbildung am Euro-Dollarmarkt ist im Zeitraum von Januar 1967 bis Juni 1971 höher als unter Einbeziehung der starken spekulativen Einflüsse ab Juli 1971. Das wird deutlich in den höheren Werten des Regressionskoeffizienten und des partiellen Korrelationskoeffizienten für den Zusammenhang von Verbindlichkeiten amerikanischer Banken bei ihren Auslandsfilialen mit den Euro-Dollarsätzen in Gleichung (2) als in Gleichung (1). Die Swapsätze des Dollars am deutschen Devisenmarkt haben dagegen in Gleichung (1), also unter Einschluß der starken spekulativen Einflüsse auf die Zinsbildung am Euro-Dollarmarkt ab Juli 1971, einen höheren Erklärungswert für die Zinsbildung am Euro-Dollarmarkt als in Gleichung (2).

Zu berücksichtigen ist, daß die Deutsche Bundesbank ab Mai 1971 von der Interventionspflicht am Devisenmarkt entbunden war. Im Unterschied zu einem System fester Wechselkurse, in dem die Bundesbank bei einer Abwertungsspekulation gegen den Dollar den Kassakurs des Dollars am unteren Interventionspunkt stabilisiert und nur die Terminkurse flexibel sind, drückte sich die Erwartung der Spekulanten auf eine Abwertung des Dollars ab Mitte des Jahres 1971 sowohl in sinkenden Kassakursen als auch in nachgebenden Terminkursen des Dollars aus. Die Abwertungsrate des Kassadollars am deutschen Devisenmarkt gegenüber dem alten Leitkurs erhöhte sich von rund 4,5 % Anfang Juli auf etwa 9,9 % Ende September. Die Terminabschläge des Dreimonats-Dollars stiegen dagegen nur von 0,33 % im Juli auf 2,83 % im September 1971 an. Im gleichen Zeitraum erhöhte sich der Zinssatz für Dreimonats-Euro-Dollar als Folge der Kreditnachfrage der Spekulanten von 6,53 % auf 8,48 %. Mit der Beruhigung der Lage am Devisenmarkt im Oktober — der Kassakurs des Dollars befestigte sich leicht und der Deport schrumpfte auf durchschnittlich 0,9 % im Oktober — bildeten sich auch die Euro-Dollarsätze wieder auf 6,7 % zurück.

Die Abhängigkeit der Höhe der Zinssätze am Euro-Dollarmarkt von Swapsätzen des Dollars bei Paritätsänderungsspekulationen ist straffer, wenn die Deutsche Bundesbank am Devisenmarkt interveniert. Dann ist die Höhe des Swapsatzes als Differenz zwischen dem am unteren Interventionspunkt liegenden Kassakurs und dem Terminkurs alleiniger Indikator für den erwarteten Abwertungssatz des Dollars gegenüber der D-Mark. Paritätsänderungsspekulationen bei festen Wechselkursen traten im Jahre 1969 und im März 1972 auf.

Tabelle 22

Swapsätze des Dollars am deutschen Devisenmarkt und Zinsentwicklung am Euro-Dollarmarkt in der Spekulationsphase des Jahres 1969

— Monatsdurchschnitte aus täglichen Angaben —

Monat	Zinssätze in Prozent p. a.		Dreimonats-Swapsätze in Prozent p. a
	treasury bills New York	Dreimonats-Euro-Dollar	
April 1969	6,15	8,46	— 4,44
Mai	6,08	9,50	— 6,97
Juni	6,49	11,14	— 6,06
Juli	7,00	10,96	— 5,13
August	7,01	10,02	— 5,19
September	7,13	11,12	— 5,84
Oktober	7,04	10,07	— 2,40

Quelle: Monatsberichte der Deutschen Bundesbank.

Als sich im Mai 1969 die Erwartung auf eine Aufwertung der D-Mark verdichtete, geriet der Dollar am deutschen Devisenmarkt unter spekulativen Abgabedruck. Die Bundesbank mußte am unteren Interventionspunkt Kassadollars aufnehmen, der Terminkurs des Dreimonats-Dollars rutschte unter den unteren Interventionspunkt am Kassamarkt, und die Deports des Dollars erhöhten sich. Zugleich zogen die Zinssätze am Euro-Dollarmarkt an, obwohl das Zinsniveau in den USA, ausgedrückt in den Zinssätzen für treasury bills in New York, sank. Die Zinssteigerungen für Euro-Dollars im Mai 1969 sind hauptsächlich auf eine zunehmende Dollarverschuldung von Spekulanten am Euro-Geldmarkt zurückzuführen. Die zwischenzeitliche Beruhigung der Situation an den Devisenmärkten im Juli und August 1969 wird durch die verringerten Terminabschläge des Dollars und die leicht sinkenden Euro-Dollarsätze als Folge der Rückzahlung von aus spekulativen

Gründen aufgenommenen Krediten am Euro-Dollarmarkt widergespiegelt. Im September 1969, als die Spekulation erneut auflebte, stiegen auch die Terminabschläge des Dollars am Devisenmarkt, und die Euro-Dollarsätze zogen erneut an[18]. Nach der Aufwertung der D-Mark im Oktober 1969 bildeten sich die Terminabschläge des Dollars zurück, Spekulanten zahlten die am Euro-Dollarmarkt aufgenommenen Kredite zurück, und die Euro-Dollarsätze sanken.

Anfang März 1972 geriet der Dollar erstmals seit dem Realignment vom Dezember 1971 wieder unter spekulativen Abgabedruck am deutschen Devisenmarkt. Da der Kassakurs des Dollars durch Dollarkäufe der Deutschen Bundesbank in der Nähe des unteren Interventionspunk-

Tabelle 23

Kursentwicklung des Dollars am deutschen Devisenmarkt und Zinsentwicklung am Euro-Dollarmarkt in der Spekulationsphase im März 1972

Datum	Wechselkurse		Swapsätze in Prozent p. a.	Dreimonats-Euro-Dollar-Sätze in Prozent p. a
	Kassamarkt	Dreimonats-Terminmarkt		
8. 3.	3,1690	3,1535	− 1,96	4,625
9. 3.	3,1515	3,1355	− 2,03	5,375
10. 3.	3,1543	3,1305	− 3,02	5,5
13. 3.	3,1571	3,1365	− 2,61	5,125
14. 3.	3,1638	3,1435	− 2,57	5,25
15. 3.	3,1672	3,1495	− 2,24	5,25
16. 3.	3,1615	3,1410	− 2,59	5,25
17. 3.	3,1679	3,1485	− 2,45	5,5
20. 3.	3,1779	3,1565	− 2,69	5,375

Quelle: Wechselkurse: Blick durch die Wirtschaft; Dreimonats-Euro-Dollarsätze: Financial Times.

[18] Starke Zinssteigerungen am Euro-Dollarmarkt führen nicht zu einer Zunahme von Einlagen von Wirtschaftsunternehmen der USA, Amerikanische Unternehmen, die Einlagen von amerikanischen Banken in das Ausland transferieren wollen, müssen diese Transaktionen beim Office of Foreign Direct Investment im US-Handelsministerium anmelden. Dort wird überprüft, ob mit dieser Einlagenverschiebung eine Auslandsinvestition finanziert werden soll. Ist das nicht der Fall, oder hat das Unternehmen seine Quote für Auslandsinvestitionen bereits ausgeschöpft, so wird die Transaktion nicht genehmigt. Vgl. Friedman, M., The Euro-Dollar-Market: Some First Principles, in: Review, Federal Reserve-Bank of St. Louis, Vol. 53, No. 7, July 1971, S. 16 ff.

tes gehalten wurde, äußerte sich die Abwertungsspekulation gegen den Dollar allein in einem Absinken der Terminkurse unter den unteren Interventionspunkt am Kassamarkt.

Mit dem Absinken der Terminkurse unter den unteren Interventionspunkt am Kassamarkt von 3,1500 DM am 9. 3. 1971 und der Vergrößerung der Terminabschläge des Dollars stiegen auch die Euro-Dollarsätze an. Mit zunehmender Beruhigung der Lage an den Devisenmärkten — der Kassakurs befestigte sich bald wieder, und der Terminkurs lag seit dem 20. 3. wieder innerhalb der Bandbreite der zulässigen Wechselkursschwankungen am Kassamarkt — bildeten sich auch die Euro-Dollarsätze wieder zurück. Darin zeigt sich, daß spekulative Schuldnerpositionen am Euro-Geldmarkt auch dann glattgestellt werden, wenn die Spekulation erfolgreich dementiert wird.

Die Abhängigkeit der Höhe der Zinssätze am Euro-Geldmarkt bei Paritätsänderungsspekulationen von Wechselkursen läßt sich für alle

Tabelle 24

Swapsätze des Pfund Sterlings am deutschen Devisenmarkt und Zinssätze für Euro-Pfund Sterling in der Spekulationsphase im Juni 1972

Datum	Swapsätze in Prozent p. a.		Euro-Pfund Sterling-Sätze in Prozent p. a.	
	1 Monat	3 Monate	1 Monat	3 Monate
14. 6.	— 2,18	— 2,08	4,5	4,875
15. 6.	— 2,03	— 2,18	5,0	5,375
16. 6.	. a)	. a)	5,75	5,75
19. 6.	— 3,79	— 3,21	6,125	6,125
20. 6.	— 4,82	— 3,85	10,875	9,625
21. 6.	— 7,16	— 6,33	12,0	11,0
22. 6.	— 7,16	— 6,33	21,0	14,5
27. 6.	. b)	. b)	30,75	16,125
28. 6.	— 23,79	— 11,03	15,875	10,375
29. 6.	. a)	. a)	10,125	8,75
30. 6.	— 6,06	— 4,92	11,125	8,625

a) Keine Terminkursnotierungen.

b) Devisenbörsen in Deutschland geschlossen.

Quelle: Swapsätze: berechnet aus Wechselkursen in: Blick durch die Wirtschaft; Euro-Pfund Sterling-Sätze: Financial Times.

am Euro-Geldmarkt gehandelten Währungen nachweisen. Gerät eine Währung in Abwertungsgefahr, dann steigen die Zinssätze für Ausleihungen in dieser Valuta am Euro-Geldmarkt als Folge spekulativer Nachfrage. Besonders deutlich trat der Zusammenhang zwischen einer Paritätsänderungsspekulation und der Zinsbildung am Euro-Geldmarkt in der Krise um das Pfund Sterling im Juni 1972 hervor.

Mitte Juni verfestigte sich die Erwartung auf eine bevorstehende Pfundabwertung. Die Terminabschläge des Pfundes erhöhten sich, und zugleich zogen die Zinssätze für Euro-Pfund Sterling an. Mit der Verstärkung der Abwertungsspekulation gegen das Pfund Sterling stiegen die Deports des Pfundes per einen Monat über die für Dreimonats-Pfund Sterling.

Den höheren Terminabschlägen des Pfund Sterlings am Einmonatsterminmarkt entsprechend stiegen auch die Zinssätze für Einmonats-Euro-Pfund Sterling über jene für Dreimonats-Euro-Pfund Sterling. Da Spekulanten in kürzester Frist mit einer Abwertung des Pfundes rechneten, nahmen sie in größerem Umfang Pfundkredite am Euro-Geldmarkt mit kurzer Laufzeit auf als mit längeren Laufzeiten. Der Zinsaufwand bei Einmonatskrediten ist auch zu höheren Zinssätzen p. a. geringer als bei Dreimonatskrediten, wenn innerhalb eines Monats seit der Kreditaufnahme die erwartete Abwertung des Pfundes eintritt. Am 27. 6. 1972, als die Devisenbörsen noch geschlossen waren, erreichten die Zinssätze für Euro-Pfund Sterling als Folge spekulativer Nachfrage ihr Maximum[19]. „Whenever there is a speculative attack against sterling ... it assumes largely the form of borrowing Euro-sterling and selling spot sterling without covering the forward exchange[20].“ Nach der Freigabe des Pfundkurses und der Wiedereröffnung der Devisenbörsen am 28. 6. 1972 bildeten sich die Terminabschläge des Pfund Sterlings zurück, und die Zinssätze für diese Währung am Euro-Geldmarkt sanken im Zuge der Kreditrückzahlung. Bis Mitte Juli aber waren die Terminabschläge des Pfundes und die Zinssätze für Euro-Pfund Sterling per einen Monat noch höher als per drei Monate. Mit zunehmender Normalisierung der Lage an den Devisenmärkten normalisierte sich dann auch die Zinsstruktur am Euro-Geldmarkt.

Die Entwicklung der Zinssätze am Euro-Geldmarkt und der Swapsätze in den Spekulationsphasen gegen den Dollar im Jahre 1969, von

[19] Die hohen Zinssätze für Euro-Pfund Sterling zogen wegen der scharfen Devisenbewirtschaftungsbestimmungen in Großbritannien keine Einlagen englischer Banken oder englischer Wirtschaftunternehmen an. Vgl. Einzig, P., The Euro-Dollar System, S. 130, und o. V., The U. K. Exchange Control: A short History, in: Bank of England, Quarterly Bulletin, Report and accounts for the year ended 29th February 1972, S. 38 ff.

[20] Einzig, P., The Euro-Dollar System, S. 129.

Juli bis September 1971 sowie im März 1972 und in der Spekulationsperiode gegen das Pfund Sterling im Juni 1972 zeigt, daß bei einer Paritätsänderungsspekulation die Zinsbildung am Euro-Geldmarkt von der Kursbildung an den Devisenmärkten abhängt. Der Terminkurs abwertungsverdächtiger Währungen wird vom Devisenangebot der Spekulanten bestimmt, das solange fortdauert, bis der Terminkurs dem erwarteten künftigen Kassakurs entspricht. Bei am unteren Interventionspunkt fixiertem Kassakurs diktieren die Spekulanten den Swapsatz, nicht die Zinsarbitrageure. Auch der Höhe der Zinssätze von abwertungsbedrohten Valuten am Euro-Geldmarkt ist dann Folge der Transaktionen der Spekulanten. So werden bei einer Abwertungsspekulation gegen den Dollar die Euro-Dollarsätze nicht primär vom Zinsniveau in den USA und der Nachfrage amerikanischer Banken am Euro-Dollarmarkt bestimmt, sondern durch die Nachfrage der Spekulanten. Zinsdifferenzen zwischen Euro-DM und Euro-Dollar sind in diesem Fall nicht Ergebnis unterschiedlich hoher Geldmarktsätze in Deutschland und in den USA, sondern sie spiegeln die relative Position beider Währungen am Devisenmarkt wider. Nicht Zinsdifferenzen am Euro-Geldmarkt und daraus folgende Devisenmarktgeschäfte von Zinsarbitrageuren sind dann kausal für Swapsätze, sondern umgekehrt passen sich Zinsdifferenzen am Euro-Geldmarkt den von Spekulanten fixierten Swapsätzen an. Sind Paritätsänderungserwartungen der Spekulanten dominierend für die Kursbildung am Devisenmarkt und für die Zinshöhe am Euro-Geldmarkt, dann können auch über einen längeren Zeitraum hinweg Abweichungen der swapsatzbereinigten und um die Kosten der Mindestreservehaltung in Deutschland erhöhten Zinssätze für Fremdwährungen am Euro-Geldmarkt von den Zinssätzen am deutschen Geldmarkt bestehen. Die Spekulation ist dann stärker als die Zinsarbitrage.

Ohne Paritätsänderungsspekulationen dagegen werden Swapsätze und die Zinssätze am Euro-Geldmarkt von den Transaktionen der Zinsarbitrageure bestimmt. Die Euro-Dollarsätze werden determiniert von der Kreditnachfrage amerikanischer Banken, und Swapsätze des Dollars am deutschen Devisenmarkt passen sich Zinsdifferenzen zwischen Euro-DM und Euro-Dollar an. Zugleich entsprechen die swapsatzbereinigten und um die Kosten der Mindestreservehaltung in Deutschland erhöhten Euro-Dollarsätze den Zinssätzen am deutschen Geldmarkt.

IV. Die Determinanten der Zinsbildung für Euro-DM

1. Die Zinsbildung unter dem Einfluß kreditpolitischer Maßnahmen der Deutschen Bundesbank

a) Bei Verzinsungsverbot für Auslandseinlagen und Mindestreservepflicht von Auslandsverbindlichkeiten

aa) Bei Mindestreserven für den Bestand der Auslandsverbindlichkeiten

Bestehen keine Paritätsänderungsspekulationen am Devisenmarkt, dann werden die Zinssätze für Euro-DM von der Nachfrage deutscher Kreditinstitute bestimmt. Deutsche Geschäftsbanken werden nur dann Euro-DM aufnehmen, wenn der Effektivzins am Euro-DM-Markt nicht über dem Effektivzins am deutschen Geldmarkt liegt. Bei vorgegebenen nominalen Zinssätzen werden die effektiven Zinssätze von der Höhe der Mindestreservesätze für Interbankverbindlichkeiten in Deutschland und für Verbindlichkeiten gegenüber ausländischer Banken bestimmt. In Deutschland sind Verbindlichkeiten zwischen deutschen Kreditinstituten freigestellt von der Reservepflicht. Dagegen müssen für Auslandsverbindlichkeiten, gleich ob gegenüber Banken oder gegenüber Nichtbanken, Mindestreserven gehalten werden[21]. Diese Regelungen haben zur Folge, daß der Effektivzins am deutschen Geldmarkt seinem nominalem Zinssatz entspricht, während die effektiven Zinskosten einer Mittelaufnahme am Euro-DM-Markt höher sind als sie vom nominalen Zinssatz ausgewiesen werden. Der Unterschied zwischen Nominalzinssatz und Effektivzinssatz für Euro-DM-Kredite wird von der Höhe des Mindestreservesatzes für Auslandsverbindlichkeiten bestimmt. Ist allein der Bestand an Auslandsverbindlichkeiten mindestreservepflichtig, nicht dagegen der Zuwachs, dann wird bei vorgegebenem Zinssatz am deutschen Geldmarkt z_D der nominale Gleichgewichtszinssatz für Euro-DM z_{ED} durch den Bestandsreservesatz m_B determiniert. Der Gleichgewichtszinsatz am Euro-DM-Markt ist dann erreicht, wenn deutsche Kreditinstitute keine DM-Kredite mehr bei ausländischen Banken aufnehmen. Das ist dann der Fall, wenn die effektiven Zinssätze für Geldmarktkredite in Deutschland und am Euro-DM-Markt gleichhoch sind.

$$z_D = \frac{z_{ED}}{1 - m_B} \tag{1}$$

---

[21] Vgl. § 2, Abs. 1, der Anweisung der Deutschen Bundesbank über Mindestreserven (AMR) vom 11. November 1968 in der Fassung vom 16. April 1972, in: Geschäftsbericht der Deutschen Bundesbank für das Jahr 1971, S. 119.

Der Gleichgewichtszinssatz für Euro-DM wird bestimmt durch Gleichung (1a).

(1a) $$z_{ED} = z_D (1 - m_B)$$

Beträgt z. B. der Dreimonats-Geldmarktsatz in Deutschland z_D 5 % und ist der Mindestreservesatz für den Bestand der Auslandsverbindlichkeiten m_B auf 10 v. H. ($m_B = 0{,}1$) festgelegt, dann liegt im Zinsarbitragegleichgewicht der Dreimonats-Euro-DM-Satz bei 4,5 %. Bei dieser Zinskonstellation verhalten sich deutsche Kreditinstitute indifferent gegenüber einer Mittelaufnahme entweder am deutschen Geldmarkt oder am Euro-DM-Markt.

Die Gleichgewichtszinssätze für Euro-DM bei alternierender Zinshöhe am deutschen Geldmarkt und Bestandsreserven für Auslandsverbindlichkeiten liegen auf einer Linie, die unterhalb der Geldmarktzinsentwicklung in Deutschland verläuft. Sie wird als Indifferenzlinie I bezeichnet. Der Abstand der Indifferenzlinie I von den Zinssätzen am deutschen Geldmarkt wird von der Höhe des Bestandsreservesatzes bestimmt. Abweichungen der Euro-DM-Sätze von dieser Indifferenzlinie würden durch Zinsarbitragetransaktionen deutscher Geschäftsbanken beseitigt. Sänke der Euro-DM-Satz unter die Indifferenzlinie I, in obigem Beispiel unter 4,5 %, so wäre eine Kreditaufnahme deutscher Banken am Euro-DM-Markt auch unter Berücksichtigung der Bestandsreserve billiger als eine Mittelaufnahme am deutschen Geldmarkt. Es käme zu einer verstärkten Nachfrage nach Euro-DM-Krediten, und die Zinssätze würden ansteigen. Würden umgekehrt die Euro-DM-Sätze über die Indifferenzlinie I hinaus ansteigen, dann wäre der Geldimport teurer als die Refinanzierung am deutschen Geldmarkt. Die Kreditnachfrage deutscher Banken am Euro-DM-Markt käme zum Erliegen, und die Euro-DM-Sätze gäben nach.

Diese Zusammenhänge zwischen Zinssätzen am deutschen Geldmarkt, der Höhe des Bestandsreservesatzes für Auslandsverbindlichkeiten und der Zinssätze für Euro-DM setzen voraus, daß Ausländern für Termineinlagen in der Bundesrepublik Zinssätze vergütet werden, die unter den deutschen Geldmarktsätzen liegen. Diese Voraussetzung ist dadurch erfüllt, daß Auslandsguthaben in der Bundesrepublik seit Mai 1971 nicht mehr verzinst werden dürfen. Seitdem ist auch bei Zinssätzen für Euro-DM, die unter den Sätzen am deutschen Geldmarkt liegen, ein Angebot an Euro-DM vorhanden. Eine Aufhebung dieses Verzinsungsverbots hätte zur Folge, daß unter die Zinssätze für Termineinlagen in Deutschland sinkende Euro-DM-Sätze Ausländer veranlassen würde, DM-Guthaben im Ausland aufzulösen und diese Mittel zu höheren Zinssätzen bei Kreditinstituten in der Bundesrepublik zu plazieren.

Solange das Verzinsungsverbot für Auslandseinlagen in der Bundesrepublik aufrechterhalten bleibt und Auslandsverbindlichkeiten deutscher Kreditinstitute im Unterschied zu Interbankverbindlichkeiten in Deutschland mindestreservepflichtig sind, müssen im Gleichgewicht die Euro-DM-Sätze unter den Zinssätzen am deutschen Geldmarkt liegen. Daraus folgt, daß unter den gegebenen institutionellen Bedingungen der Euro-Geldmarkt für deutsche Geschäftsbanken nur für eine Kreditaufnahme interessant ist, nicht dagegen für eine Anlage liquider Mittel. Das gilt sowohl für die auf D-Mark als auch für die auf Fremdwährung lautenden Transaktionen deutscher Kreditinstitute. Zinsdifferenzen am Euro-Geldmarkt zwischen Euro-DM und anderen Währungen werden durch Swapsätze dieser Währungen am deutschen Devisenmarkt kompensiert. So entspricht der swapsatzbereinigte Euro-Dollarsatz dem Zinssatz für Euro-DM (vgl. Abschn. D. III. 3.). Liegt infolge der Mindestreserveregelungen in der Bundesrepublik der Euro-DM-Satz unter dem Zinssatz am deutschen Geldmarkt, so besteht eine gleichhohe Zinsdifferenz zwischen dem swapsatzbereinigten Euro-Dollarsatz und dem deutschen Geldmarktsatz.

bb) Bei Mindestreserven für Bestand und Zuwachs der Auslandsverbindlichkeiten

Die Deutsche Bundesbank kann Mindestreserven sowohl für den Bestand als auch für den Zuwachs der Auslandsverbindlichkeiten verordnen. Ist auch der Zuwachs mindestreservepflichtig, dann wird der Unterschied zwischen dem Nominalzins für Euro-DM und dem für die Mittelaufnahme deutscher Geschäftsbanken relevanten effektiven Zinssatz von der Summe der Reservesätze für Bestand (m_B) und Zuwachs (m_Z) der Auslandsverbindlichkeiten bestimmt. Sind alle Banken zuwachsmindestreservepflichtig, dann wird das Zinsarbitragegleichgewicht zwischen dem deutschen Geldmarkt und dem Euro-DM-Markt durch Gleichung (2) angegeben.

(2) $$z_D = \frac{z_{ED}}{1 - (m_B + m_Z)}$$

Der Gleichgewichtszinssatz für Euro-DM wird bestimmt durch Gleichung (2a).

(2a) $$z_{ED} = z_D \left(1 - (m_B + m_Z)\right)$$

Liegt z. B. der Zinssatz für Dreimonatsgeld am deutschen Geldmarkt bei 5 % und betragen die Mindestreservesätze für Bestand und Zuwachs der Auslandsverbindlichkeiten deutscher Kreditinstitute jeweils 10 v. H., dann beträgt der Gleichgewichtszinssatz für Dreimonats-Euro-

DM 4 %. Bei dieser Zinskonstellation verhalten sich deutsche Geschäftsbanken indifferent gegenüber einer alternativen Kreditaufnahme am deutschen Geldmarkt oder am Euro-DM-Markt, wenn jede Mittelaufnahme im Ausland sowohl durch die Bestandsreserve als auch von der Zuwachsmindestreserve belastet wird. Die Verbindungslinie aller Gleichgewichtszinssätze für Euro-DM bei vorgegebenen Zinssätzen am deutschen Geldmarkt und Mindestreservepflicht von Bestand und Zuwachs der Auslandsverbindlichkeiten wird als Indifferenzlinie II bezeichnet. Der Abstand der Indifferenzlinie II vom Zinsniveau am deutschen Geldmarkt wird von der Summe beider Mindestreservesätze bestimmt. Abweichungen der Euro-DM-Sätze von dieser Indifferenzlinie würden Zinsarbitragegeschäfte deutscher Kreditinstitute auslösen, die solange fortdauern, bis das Arbitragegleichgewicht wiederhergestellt wäre.

Nicht jede Kreditaufnahme deutscher Banken im Ausland unterliegt aber auch der Zuwachsmindestreserve. Kreditinstitute, deren Auslandsverbindlichkeiten unter den Bestand sinken, über den hinaus Zuwachsmindestreserven zu unterhalten sind, haben bei Geldimporten allein die Bestandsreservehaltung zu berücksichtigen. Sie würden auch dann noch Euro-DM aufnehmen, wenn der Zinssatz oberhalb der Indifferenzlinie II, im obigen Beispiel über 4 %, läge. Für diese Banken setzt Indifferenzlinie I die Grenze, bis zu der es sich lohnt, Kredite am Euro-DM-Markt aufzunehmen. Indifferenzlinie I ist erreicht, wenn bei einem Zinssatz von 5 % am deutschen Geldmarkt und Mindestreserven von 10 v. H. des Bestandes der Auslandsverbindlichkeiten der Euro-DM-Satz 4,5 % beträgt. Über die Indifferenzlinie I hinaus ansteigende Euro-DM-Sätze hätten zur Folge, daß die Nachfrage deutscher Kreditinstitute nach Euro-DM auch in Höhe der Tilgungen ihrer Auslandsverbindlichkeiten zum Erliegen käme. Die Euro-DM-Sätze würden wieder sinken.

Außerhalb des von den Indifferenzlinien I und II begrenzten Relevanzbereichs der Zinsbildung für Euro-DM liegende Zinssätze sind auf Transaktionen von Ausländern zurückzuführen, nicht auf die Kreditnachfrage deutscher Geschäftsbanken. Die Zinsbildung für Euro-DM kann dann von Ausländern bestimmt werden, wenn Paritätsänderungserwartungen bestehen. Wird eine Aufwertung der D-Mark erwartet, dann bilden Ausländer verstärkt auf D-Mark lautende Einlagen am Euro-Geldmarkt. Übersteigt das Angebot der Spekulanten die Nachfrage deutscher Zinsarbitrageure, so kann der Euro-DM-Satz unter die Indifferenzlinie II sinken. Umgekehrt fragen Ausländer verstärkte DM-Kredite am Euro-Geldmarkt nach, wenn eine Abwertungsspekulation gegen die D-Mark besteht. In diesem Fall ist es möglich, daß der Euro-DM-Satz über die Indifferenzlinie I hinaus ansteigt (vgl. Abschn. E. IV. 2.).

Bestimmt dagegen die Nachfrage deutscher Kreditinstitute die Zinssätze für Euro-DM, dann können die Euro-DM-Sätze höchstens bis auf das Niveau der Indifferenzlinie I steigen, und sie können höchstens bis zur Indifferenzlinie I sinken. Die Zinssätze werden in der Nähe der Indifferenzlinie I liegen, wenn viele deutsche Kreditinstitute für Geldimporte allein Bestandsreserven zu halten haben. Umgekehrt werden die Euro-DM-Sätze innerhalb des Relevanzbereichs sinken, wenn Banken verstärkt zuwachsmindestreservepflichtig werden.

cc) Auswirkungen von Veränderungen der Mindestreservebestimmungen für Auslandsverbindlichkeiten

Eine Freistellung der Auslandsverbindlichkeiten deutscher Kreditinstitute von der Mindestreservepflicht hätte eine Erhöhung der Zinssätze für Euro-DM auf das Zinsniveau am deutschen Geldmarkt zur Folge. Ist allein der Bestand der Auslandsverbindlichkeiten mindestreservepflichtig, dann wird der Gleichgewichtszinssatz für Euro-DM bei vorgegebenem Zinssatz am deutschen Geldmarkt durch den Bestandsreservesatz fixiert. Die Indifferenzlinie I, also die Verbindungslinie aller Gleichgewichtszinssätze für Euro-DM bei Mindestreserven für den Bestand der Auslandsverbindlichkeiten, sinkt bei steigendem Bestandsreservesatz, und sie steigt, wenn dieser Reservesatz ermäßigt wird.

Unterliegt nur der Zuwachs der Auslandsverbindlichkeiten der Mindestreservepflicht, nicht dagegen der Bestand, so ist Indifferenzlinie I identisch mit den Zinssätzen am deutschen Geldmarkt. Indifferenzlinie II wird dann bei vorgegebenen Zinssätzen am deutschen Geldmarkt allein von der Höhe des Zuwachsmindestreservesatzes bestimmt. Im Unterschied zu der Festlegung allein eines Bestandsreservesatzes können die Zinssätze für Euro-DM in diesem Fall aber über der Indifferenzlinie liegen. Kreditinstitute, die nicht zuwachsmindestreservepflichtig sind, können sich am Euro-DM-Markt billiger refinanzieren als am deutschen Geldmarkt, wenn der Euro-DM-Satz unter dem deutschen Geldmarktsatz liegt. Die Zinssätze für Euro-DM liegen nur dann auf der Indifferenzlinie II, wenn alle Kreditinstitute Zuwachsmindestreserven halten müssen. Wird der Zuwachsmindestreservesatz angehoben, dann wird Indifferenzlinie II nach unten verschoben, und sie steigt, wenn dieser Reservesatz gesenkt wird.

Sind Bestand und Zuwachs der Auslandsverbindlichkeiten mindestreservepflichtig, so liegen sowohl Indifferenzlinie I als auch Indifferenzlinie II unterhalb des Zinsniveaus am deutschen Geldmarkt. Der Relevanzbereich der Zinsbildung für Euro-DM wird von diesen beiden Indifferenzlinien begrenzt. Eine Erhöhung des Mindestreservesatzes allein auf den Bestand der Auslandsverbindlichkeiten bewirkt eine Verschiebung des Relevanzbereichs nach unten. Indifferenzlinie I und Indifferenzlinie II sinken in gleichem Ausmaß. Umgekehrt werden beide Indifferenzlinien angehoben, wenn der Bestandsreservesatz ermäßigt wird. Die isolierte Erhöhung des Zuwachsmindestreservesatzes verbreitert den Relevanzbereich der Zinsbildung. Bei unveränderter Indifferenzlinie I wird Indifferenzlinie II nach unten verschoben. Schließlich führt eine Ermäßigung des Zuwachsmindestreservesatzes zu einer Verkleinerung des Abstands beider Indifferenzlinien. Indifferenzlinie II wird angehoben, während Indifferenzlinie I unverändert bleibt.

b) Auswirkungen anderer kreditpolitischer Maßnahmen der Deutschen Bundesbank auf die Zinsbildung für Euro-DM

Die Indifferenzlinien der Zinsbildung für Euro-DM verschieben sich bei unveränderter Breite des Relevanzbereichs, wenn die Zinssätze am deutschen Geldmarkt als Folge kreditpolitischer Eingriffe der Deutschen Bundesbank sinken oder steigen. Führt die Bundesbank den Kreditinstituten zusätzliche Liquidität zu oder gibt sie durch Senkung der Mindestreservesätze für Inlandsverbindlichkeiten zeitweilig gebundene Liquidität frei und sinken dadurch die Zinssätze am deutschen Geldmarkt, so werden beide Indifferenzlinien am Euro-DM-Markt nach unten verschoben. Umgekehrt führt eine restriktivere Kreditpolitik in Deutschland dann zu einer Verlagerung beider Indifferenzlinien nach oben, wenn die Zinssätze am deutschen Geldmarkt ansteigen.

Zinsänderungen am deutschen Geldmarkt bewirken gleichgerichtete Zinsbewegungen für Euro-DM, weil der Euro-DM-Satz in der Regel knapp unterhalb der Indifferenzlinie I liegt (vgl. Abb. 16). Bei hohen Zuwachsmindestreserven für Auslandsverbindlichkeiten sind deutsche Kreditinstitute zurückhaltend gegenüber einer Nettokreditaufnahme im Ausland. Hauptsächlich Kreditinstitute, deren Auslandsverbindlichkeiten unter dem für die Zuwachsmindestreservepflicht maßgeblichen Stand liegen, treten als Kreditnehmer am Euro-DM-Markt auf. Diese Nachfrage ist relativ gering. Sie reicht aber aus, um die Euro-DM-Sätze knapp unterhalb der Indifferenzlinie I zu stabilisieren. Das ist darauf zurückzuführen, daß auch das Angebot an Euro-DM-Ausleihungen recht gering ist. Inländer werden bei den niedrigen Zinssätzen kaum DM-Einlagen bei ausländischen Banken bilden, weil sie ihre Mittel zu höheren Zinssätzen in Deutschland einlegen können. Ausländer, die bei dem Verzinsungsverbot in der Bundesrepublik DM-Guthaben verzinslich nur am Euro-Geldmarkt unterhalten können, werden ihre DM-Positionen auf das Maß begrenzen, das erforderlich ist, um die in der nächsten Zeit anstehenden Zahlungen abzuwickeln. Da die Euro-DM-Sätze an der Indifferenzlinie I liegen, bewirken Zinsbewegungen am deutschen Geldmarkt gleichgerichtete Zinsänderungen am Euro-DM-Markt.

In einem Fall werden die Zinssätze für Euro-DM aber unter der Indifferenzlinie I liegen, dann nämlich, wenn die Kosten der Refinanzierung deutscher Kreditinstitute bei der Deutschen Bundesbank niedriger sind als die einer Mittelaufnahme am Euro-DM-Markt. Das soll an einem Beispiel erläutert werden. Ist der Zinssatz für Dreimonatsgeld am deutschen Geldmarkt 5 % und beträgt der Mindestreservesatz für den Bestand der Auslandsverbindlichkeiten 20 v. H., dann liegt die Indifferenzlinie I für Dreimonats-Euro-DM bei 4 %, und Indifferenzlinie II beträgt bei einem Zuwachsmindestreservesatz von 40 v. H. 2 %. Liegt der Euro-DM-Satz innerhalb des durch die Indifferenzlinien begrenzten Relevanzbereichs bei 3,5 %, so beträgt der Effektivzins für Geldimporte deutscher Banken 4,375 %, wenn die Bestandsmindestreserven berücksichtigt werden. Wird bei dieser Zinskonstellation der Diskontsatz in Deutschland auf 4 % gesenkt, dann sind Rediskontkredite billiger als Geldimporte. Die Nachfrage nach Euro-DM läßt nach, und die Zinsen sinken. Erst bei einem Zinssatz für Euro-DM von 3,2 % sind die effektiven Zinskosten der Refinanzierung bei der Bundesbank und am Euro-DM-Markt mit 4 % gleichhoch. Wird der Diskontsatz auf 3 % gesenkt, dann müßte der Zinssatz für Euro-DM unter 2,4 % sinken, um eine Kreditaufnahme deutscher Banken am Euro-Geldmarkt zu induzieren. Erst nach weitgehender Ausnutzung der offenen Rediskontkontingente der Banken lebt dann der Geldimport wieder auf, und die Euro-DM-Sätze ziehen wieder an.

c) Die empirische Evidenz

Nach der Rückkehr zu festen Wechselkursen der D-Markt im Dezember 1971 ging die Initiative für die Zinsbildung am Euro-Geldmarkt und für die Kursbildung an den Devisenmärkten wieder von den Spekulanten auf die Zinsarbitrageure über. Die Abhängigkeit der Zinsentwicklung für Dreimonats-Euro-DM von den Zinssätzen für Dreimonatsgeld am deutschen Geldmarkt und der Höhe der Mindestreservesätze für Auslandsverbindlichkeiten deutscher Kreditinstitute wird im ersten Halbjahr 1972 bis zur Schließung der Devisenbörsen am 23. 6. 1972 im Gefolge der Abwertungsspekulation gegen das Pfund Sterling besonders deutlich.

Im ersten Halbjahr 1972 betrug der Reservesatz für den Bestand der befristeten reservepflichtigen Verbindlichkeiten deutscher Kreditinsti-

Abb. 16: Relevanzbereich der Zinsbildung am Euro-DM-Markt (3.1. - 21.6.1972)

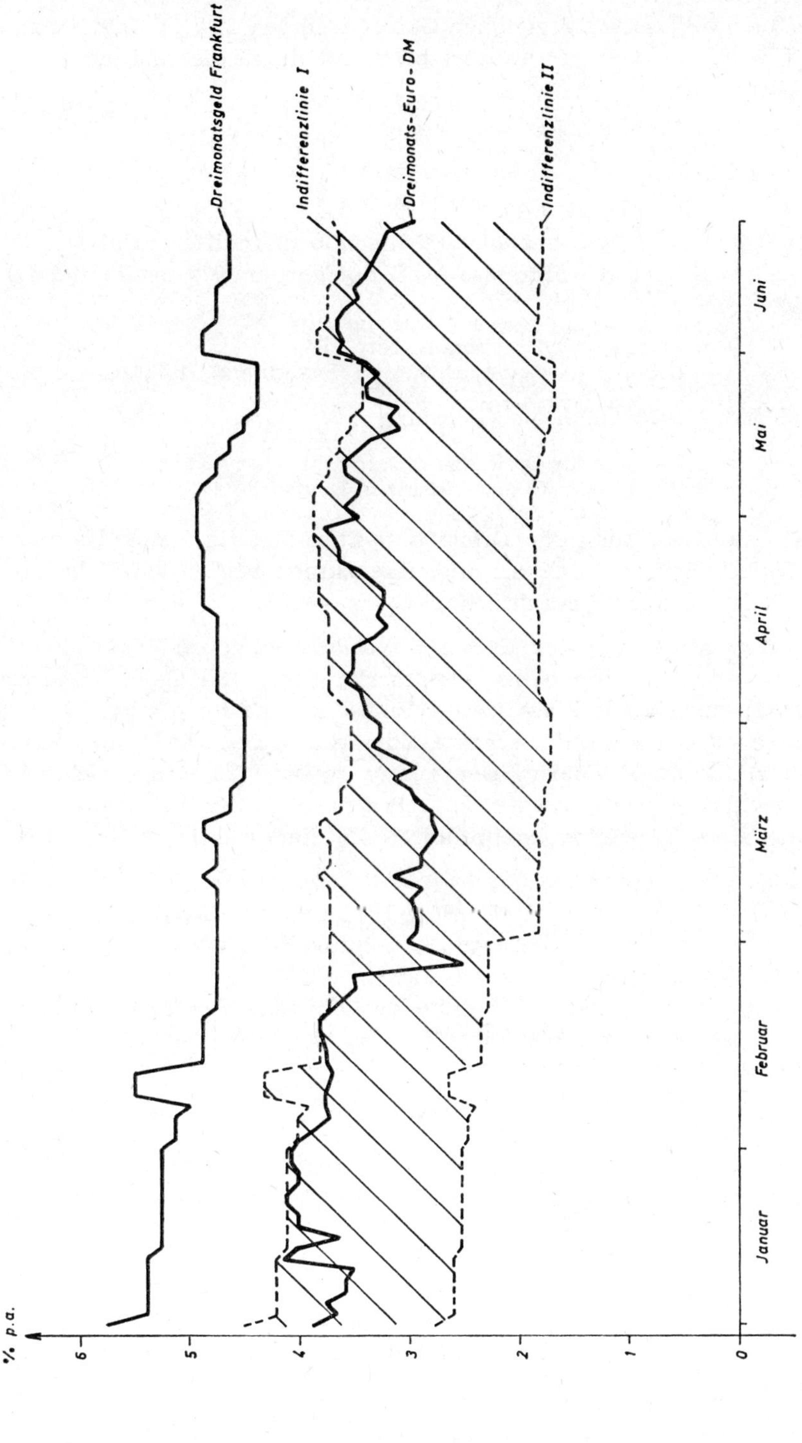

Quelle: Geldmarktsätze Frankfurt: Blick durch die Wirtschaft; Euro-DM-Sätze: Financial Times; Indifferenzlinien I und II berechnet unter Zugrundelegung der Geldmarktsätze Frankfurt und der Mindestreservesätze auf Bestand und Zuwachs befristeter Auslandsverbindlichkeiten deutscher Kreditinstitute (Monatsberichte der Deutschen Bundesbank)

tute (Reserveklasse 1) gegenüber Gebietsfremden 22 v. H. Indifferenzlinie I wurde in diesem Zeitraum bestimmt durch die Gleichung

Zinssatz für Dreimonats-Euro-DM
= Dreimonats-Geldmarktsatz in Deutschland · (1 − 0,22)

Der Mindestreservesatz für den Zuwachs der Auslandsverbindlichkeiten war bis zum 29. 2. 1972 auf 30 v. H. festgelegt. Er wurde mit Wirkung vom 1. 3. 1972 auf 40 v. H. angehoben. Indifferenzlinie II für Dreimonats-Euro-DM wurde also bis Ende Februar 1972 bestimmt durch die Gleichung

Zinssatz für Dreimonats-Euro-DM
= Dreimonats-Geldmarktsatz in Deutschland · (1 − 0,52)

und ab März 1972 durch die Gleichung

Zinssatz für Dreimonats-Euro-DM
= Dreimonats-Geldmarktsatz in Deutschland · (1 − 0,62)

Die Zinsentwicklung für Dreimonats-Euro-DM im ersten Halbjahr 1972 innerhalb des durch die Indifferenzlinien begrenzten Relevanzbereichs ist in Abb. 16 ersichtlich.

Die Zinsentwicklung für Euro-DM verlief weitgehend parallel mit den Zinssätzen am deutschen Geldmarkt. Steigende Geldmarktsätze bewirkten anziehende Zinssätze für Euro-DM, und umgekehrt führten sinkende Zinssätze am deutschen Geldmarkt auch zu sinkenden Zinssätzen am Euro-DM-Markt. Die relativ geringe Nachfrage nicht zuwachsmindestreservepflichtiger deutscher Kreditinstitute genügte meist, um die Euro-DM-Sätze knapp unterhalb der Indifferenzlinie I zu halten.

Von Ende Februar bis Ende März 1972 und ab Mitte Juni zeigten sich Abweichungen der Zinsentwicklung für Euro-DM und für Dreimonatsgeld in Deutschland, und die Euro-DM-Sätze entfernten sich von der Indifferenzlinie I. Die sinkenden Zinssätze für Euro-DM Ende Februar bei Konstanz der Zinssätze am deutschen Geldmarkt sind darauf zurückzuführen, daß mit Wirkung vom 25. 2. 1972 der Diskontsatz in Deutschland auf 3 % gesenkt wurde. Dadurch wurden Rediskontkredite billiger als eine Mittelaufnahme am Euro-DM-Markt unter Berücksichtigung der Bestandsmindestreserve. Der Dreimonats-Euro-DM-Satz sank um einen Prozentpunkt auf 2,5 % am Tage des Inkrafttretens der Diskontsenkung. Anfang März 1972 stabilisierte sich der Dreimonats-Euro-DM-Satz bei etwa 2,9 %. Damit lag er immer noch erheblich unter der Indifferenzlinie I. Erst nach weitgehender Ausschöpfung der Rediskontkontingente nahmen die Banken wieder verstärkt Euro-DM-Kredite auf. Die Zinssätze zogen wieder an, und ab

Ende März lagen sie wieder wie vor der Diskontsenkung knapp unterhalb der Indifferenzlinie I.

Ab Mitte Juni zeigten sich erneut Abweichungen der Zinsentwicklung für Euro-DM von der Entwicklung der Zinssätze am deutschen Geldmarkt. Während die deutschen Geldmarktsätze sich kaum veränderten, gaben die Euro-DM-Sätze nach. Die sinkenden Zinsen für Euro-DM waren Folge der beginnenden Spekulation auf eine Abwertung des Pfundes. Paritätsänderungsspekulationen haben zur Folge, daß die Zinssätze abwertungsverdächtiger Währungen am Euro-Geldmarkt steigen, während zugleich die Zinssätze fester Währungen sinken (vgl. Abschnitt E. IV. 2.).

d) Der Einfluß der Kreditaufnahme deutscher Wirtschaftsunternehmen am Euro-DM-Markt auf die Zinsbildung

Neben Banken haben auch international renommierte Wirtschaftsunternehmen Zugang zum Euro-Geldmarkt. Liegen die Euro-DM-Sätze unter den Zinssätzen für kurzfristige Bankkredite in Deutschland, so entsteht für deutsche Wirtschaftsunternehmen ein Zinsanreiz für eine Aufnahme von Euro-DM-Krediten. Im Januar/Februar 1972 z. B. lag der Zinssatz für Dreimonats-Euro-DM unter Banken bei etwa 4 % (vgl. Abb. 16). Unter Berücksichtigung eines Nichtbankenaufschlags von einem Prozentpunkt beliefen sich in diesem Zeitraum die Kreditzinsen für Wirtschaftsunternehmen auf 5 %. Im gleichen Zeitraum lag der Diskontsatz in der Bundesrepublik bei 4 %. Wird angenommen, daß der Zinssatz für kurzfristige Bankkredite an Wirtschaftsunternehmen, die Zugang zum Euro-Geldmarkt haben, 3,5 Prozentpunkte über dem Diskontsatz liegt[22], so war eine Kreditaufnahme deutscher Wirtschaftsunternehmen am Euro-Geldmarkt rund 2,5 Prozentpunkte billiger als in der Bundesrepublik. Dieses erhebliche Zinsgefälle wurde von deutschen Unternehmen auch genutzt. Ihre kurzfristigen Verbindlichkeiten gegenüber dem Ausland stiegen von Ende Dezember 1971 bis Ende Februar 1972 um 1,5 Mrd. DM an[23].

Eine verstärkte Nachfrage der Wirtschaft nach Euro-DM-Krediten würde aber nur dann zu Zinssteigerungen über die Indifferenzlinie I hinaus führen, wenn nicht zugleich das Angebot zunähme.

Nach der Anweisung der Deutschen Bundesbank über Mindestreserven sind sogenannte Zinsarbitragegeschäfte deutscher Kreditinstitute

---

22 Vgl. Monatsberichte der Deutschen Bundesbank, September 1972, S. 40.

23 *Quelle:* Monatsberichte der Deutschen Bundesbank, September 1972, Tab. IX, 8.

nicht mindestreservepflichtig[24]. Daneben gilt, daß die Verbindlichkeiten ausländischer Banken in der Bundesrepublik gegenüber Zweigstellen des eigenen Hauses im Ausland netto, also unter Abzug der Forderungen, ermittelt werden[25]. Diese Regelungen bewirken, daß eine verstärkte Nachfrage deutscher Wirtschaftsunternehmen nach Euro-DM-Krediten zu einem erhöhten Angebot inländischer Kreditinstitute am Euro-DM-Markt führt, so daß Zinssteigerungen für Euro-DM an der Indifferenzlinie I zum Stillstand kommen.

Das soll an einem Beispiel erläutert werden. Angenommen, der Zinssatz für Dreimonats-Euro-Dollar beträgt 8 %, der Zinssatz für Dreimonatsgeld am deutschen Geldmarkt ist 5 %, und der Dreimonats-Euro-DM-Satz liege auf der Indifferenzlinie I bei 4 %. Bei dieser Zinskonstellation am Euro-Geldmarkt wird der Dreimonats-Termindollar am deutschen Devisenmarkt mit einem Deport von 4 % gehandelt. Der niedrige Euro-DM-Satz führe nun zu einer verstärkten Nachfrage deutscher Wirtschaftsunternehmen nach Euro-DM-Krediten, und der Euro-DM-Satz steige an, z. B. auf 5 %. Der Swapsatz des Dollars bleibt davon unbeeinflußt. Bei dieser neuen Zinskonstellation werden in Deutschland domizilierende Banken Kredite am Euro-Dollarmarkt aufnehmen, die aufgenommenen Beträge durch Swapgeschäfte am Devisenmarkt in DM konvertieren und kurssichern, und dann auf D-Mark lautende Einlagen bei Euro-Banken im Ausland bilden. Bei einem Euro-Dollarsatz von 8 % und einem Deport des Dreimonatsdollars am Devisenmarkt von 4 % beträgt der effektive Euro-Dollarsatz dieser Transaktion 4 %. Bei einem Zinssatz für Euro-DM von 5 % erzielen deutsche Kreditinstitute also ohne Einsatz eigener Mittel einen Gewinn von einem Prozentpunkt. Für Zweigstellen ausländischer Banken in Deutschland sind diese Transaktionen dann von der Mindestreserve freigestellt, wenn sie über eine Zweigstelle des eigenen Hauses im Ausland abgewickelt werden. Deutsche Geschäftsbanken können sich an diesem Geschäft nicht beteiligen, es sei denn, sie umgehen die Vorschrift, daß mindestreservefreie Zinsarbitragegeschäfte auf die gleiche Währung lauten müssen.

Bis Ende Februar 1972 konnten sich deutsche Wirtschaftunternehmen billige Kredite am Euro-DM-Markt beschaffen und somit einer

---

[24] § 2, Abs. 4, Buchstabe 1, Satz 1, der AMR vom 11. November 1968 in der Fassung vom 16. April 1972 lautet: „Von der Reservepflicht sind freigestellt Verbindlichkeiten aus Zinsarbitragegeschäften. Ein Zinsarbitragegeschäft im Sinne dieser Vorschrift liegt nur dann vor, wenn ein Fremdwährungsbetrag bei einer Bank im Ausland aufgenommen und in derselben Währung, in der gleichen Höhe und mit gleicher Laufzeit sofort und nicht in Verbindung mit einem Bundesbank-Swapgeschäft ungeteilt an eine andere Bank im Ausland weitergeleitet wird."

[25] Vgl. § 2, Abs. 5, AMR.

restriktiven Kreditpolitik der Deutschen Bundesbank ausweichen. Diese Möglichkeit besteht seit März 1972 nicht mehr. Seitdem unterliegt eine Kreditaufnahme deutscher Wirtschaftsunternehmen der Bardepotpflicht[26]. Danach müssen Nichtbanken einen von der Bundesbank festgelegten Vom-Hundert-Satz im Ausland aufgenommener Kredite zinslos bei der Bundesbank einlegen. Mit der Bardepotverordnung hat es die Bundesbank grundsätzlich in der Hand, ein Zinsgefälle zwischen der Bundesrepublik und dem Euro-Geldmarkt zugunsten einer Kreditaufnahme für den Unternehmensbereich im Ausland aufzuheben.

2. Die Zinsbildung unter dem Einfluß von Paritätsänderungsspekulationen

Ohne Paritätsänderungsspekulationen am Devisenmarkt wird der Relevanzbereich der Zinsbildung am Euro-DM-Markt von den Zinssätzen am deutschen Geldmarkt und der Höhe der Mindestreservesätze auf Bestand und Zuwachs der Auslandsverbindlichkeiten deutscher Kreditinstitute bestimmt, und die Zinssätze für Euro-DM folgen dem kreditpolitischen Kurs der Deutschen Bundesbank. Da die Swapsätze der am deutschen Devisenmarkt gehandelten Währungen Zinsdifferenzen am Euro-Geldmarkt zwischen Euro-DM und der jeweiligen Fremdwährung kompensieren, folgt daraus zugleich, daß kreditpolitische Maßnahmen in der Bundesrepublik auch die Kursbildung am deutschen Devisenmarkt beeinflussen. Sinken die Euro-DM-Sätze als Folge expansiver Kreditpolitik und nachgebender Zinssätze am deutschen Geldmarkt, während die Euro-Dollarsätze konstant bleiben und über den Zinssätzen für Euro-DM liegen, dann erhöht sich der Terminabschlag des Dollars am deutschen Devisenmarkt, d. h. es erhöht sich tendenziell der Kassakurs, und der Terminkurs sinkt. Steigende Deports des Dollars können aber auch Ergebnis einer restriktiveren Kreditpolitik in Deutschland sein. Das ist dann der Fall, wenn die Mindestreservesätze auf Auslandsverbindlichkeiten der Banken erhöht werden. Der Relevanzbereich der Zinsbildung für Euro-DM wird dadurch nach unten verschoben, und die Euro-DM-Sätze sinken. Bei unveränderter Höhe der Euro-Dollarsätze führt das zu steigenden Terminabschlägen des Dollars am deutschen Devisenmarkt. Beide Fälle haben gemeinsam, daß sich die Swapsätze des Dollars einem veränderten Zinsgefälle am Euro-Geldmarkt anpassen.

---

[26] Vgl. Gesetz zur Änderung des Außenwirtschaftsgesetzes vom 23. 12. 1971 (Bundesgesetzblatt I, S. 2141) und Einundzwanzigste Verordnung zur Änderung der Außenwirtschaftsverordnung vom 11. 3. 1972 (Bundesgesetzblatt I, S. 213), in: Monatsberichte der Deutschen Bundesbank, März 1972, S. 9 ff.

Dieser Kausalzusammenhang zwischen Swapsätzen und Zinsdifferenzen am Euro-Geldmarkt wird umgekehrt, wenn Paritätsänderungsspekulationen bestehen. Dann sind Zinsdifferenzen am Euro-Geldmarkt Resultat der Bewertung am Devisenmarkt. Spekulanten nehmen Kredite in abwertungsverdächtigen Währungen am Euro-Geldmarkt auf, konvertieren die aufgenommenen Beträge am Devisenkassamarkt in feste Währungen und bilden auf feste Währungen lautende Einlagen am Euro-Geldmarkt. Wie bei den Abwertungsspekulationen gegen den Dollar und das Pfund Sterling gezeigt wurde, führen diese Transaktionen der Spekulanten zu steigenden Zinssätzen für abwertungsgefährdete Währungen am Euro-Geldmarkt bei steigenden Terminabschlägen am deutschen Devisenmarkt. Umgekehrt bewirkt der spekulative Aufbau von Gläubigerpositionen Zinssenkungen für feste Währungen am Euro-Geldmarkt. Zinsdifferenzen zwischen festen und abwertungsgefährdeten Währungen werden bei Paritätsänderungsspekulationen von den Swapsätzen bestimmt, und nicht, wie in spekulationsfreien Zeiträumen, Swapsätze von Zinsdifferenzen am Euro-Geldmarkt. „Tatsächlich werden in Zeiten der Wechselkursunruhe die Zinssätze für Gelder in Nichtdollarwährungen weitgehend durch die Veränderung der Terminreports bzw. -deports dieser Währungen gegenüber dem Dollar bestimmt[27].“

Das Auseinanderscheren der Zinssätze abwertungsgefährdeter und fester Währungen am Euro-Geldmarkt läßt sich bei allen Abwertungsspekulationen feststellen, so im Sommer 1971, als der Dollarkurs unter spekulativen Abgabedruck geriet, und im Juni 1972, als eine Abwertung des Pfundes erwartet wurde.

Im Sommer 1971 verdichtete sich die Erwartung einer bevorstehenden Abwertung des Dollars. Der Kassakurs des Dollars am deutschen Devisenmarkt sank von 3,5006 DM am 12. 7. auf 3,3830 DM am 12. 8., dem Tag vor der Schließung der Devisenbörsen. Zugleich stiegen die Terminabschläge des Dollars an. Das abnehmende Vertrauen in die Stabilität des Dollars und die Flucht in starke Währungen spiegelte sich wieder in steil ansteigenden Zinssätzen für Euro-Dollar und sinkenden Zinssätzen für Euro-DM.

Die Dreimonats-Euro-DM-Sätze fielen von Mitte Juli bis Anfang September 1971 um 1,25 Prozentpunkte, obwohl sich die Geldmarktsätze in Deutschland kaum veränderten. Die Zinsbildung für Euro-DM wurde in dieser Phase nicht primär von den monetären Bedingungen in der Bundesrepublik bestimmt, sondern der dominierende Einfluß

---

[27] Bank für Internationalen Zahlungsausgleich, 23. Jahresbericht, Basel 1973, S. 189.

Tabelle 25

Zinsentwicklung am Euro-Geldmarkt in der Spekulationsphase Juli bis September 1971

Datum	Dreimonats-Geldmarktsätze in Prozent p. a.			Dreimonats-Swapsätze des Dollars in Prozent p. a.
	Frankfurt	Euro-DM	Euro-Dollar	
16. 7.	7,625	6,1875	6,375	— 0,299
23. 7.	7,6875	6,0	6,375	— 0,231
30. 7.	7,6875	5,6563	6,75	— 1,052
6. 8.	7,625	6,0625	7,125	— 1,473
12. 8.	7,5	5,9375	7,875	— 2,708
27. 8.	7,5	4,9375	9,25	— 5,821
2. 9.	7,625	4,9375	9,75	— 4,307
10. 9.	7,625	5,125	8,0	— 3,187

Quelle: Euro-Geldmarktsätze: Financial Times; Geldmarktsätze Frankfurt: Blick durch die Wirtschaft; Swapsätze: berechnet aus Wechselkursen in Blick durch die Wirtschaft.

ging aus von der Bewertung des Dollars an den Devisenmärkten. Nachdem sich die Dollarkurse wieder etwas stabilisiert hatten — Indikator sind die verringerten Terminabschläge — zogen Mitte September auch die Euro-DM-Sätze wieder an, und die spekulativ erhöhten Euro-Dollarsätze bildeten sich zurück.

Auch im Juni 1972, als das Pfund Sterling in Abwertungsgefahr geriet, wurden die Zinssätze am Euro-Geldmarkt von den Transaktionen der Spekulanten bestimmt. Der Dreimonats-Euro-DM-Satz verringerte sich von 3,344 % am 14. 6. auf 2,625 % am 22. 6., während der Zinssatz für Dreimonats-Euro-Pfund Sterling von 4,875 % auf 14,5 % anzog. Der Dreimonats-Geldmarktsatz in Deutschland erhöhte sich in diesem Zeitraum geringfügig von 4,625 % auf 4,688 %. Auch in dieser spekulativen Phase zeigte sich kein Zusammenhang zwischen der Entwicklung der Zinssätze am deutschen Geldmarkt und für Euro-DM. Die Zinsbildung am Euro-Geldmarkt stand unter dem Einfluß der erwarteten Pfundabwertung.

Zinserhöhungen am Euro-Geldmarkt für abwertungsverdächtige Währungen sind stärker als Zinssenkungen für feste Währungen. Besteht Währungsindifferenz zwischen verschiedenen festen Währungen, dann werden spekulative Einlagen in unterschiedlichen Währungen gebildet. Deshalb sanken im Sommer 1971 nicht nur die Zinssätze für Euro-DM, sondern auch die Zinssätze anderer am Euro-Geldmarkt gehandelter fester Währungen, insbesondere des Schweizer Franken[28]. Zu berücksichtigen ist ferner, daß Spekulanten auch in den Ursprungsländern fester Währungen spekulative Guthaben unterhalten können, wenn in diesen Ländern nicht, wie in der Bundesrepublik, ein Verzinsungsverbot für Auslandseinlagen besteht.

Auch Aufwertungsspekulationen beeinflussen die Zinsbildung am Euro-Geldmarkt. Wird die Aufwertung einer Währung erwartet, dann bilden Spekulanten spekulative Gläubigerpositionen in dieser Währung. Die Zinssätze am Euro-Geldmarkt für die aufwertungsverdächtige Währung sinken. Die Zinssenkungstendenzen werden verstärkt, wenn im Land der aufwertungsverdächtigen Währung ein Verzinsverbot für Auslandseinlagen besteht. Im Februar / März 1973 wurde eine Aufwertung der D-Mark erwartet. Bereits vor der Dollarabwertung am 13. 2. 1973 bewirkte das spekulative Angebot von Euro-DM, daß die Euro-DM-Sätze in den negativen Bereich rutschten. Die Sätze für Dreimonats-Euro-DM sanken von etwa 4 % Ende Januar auf — 0,33 % am 9. 2. Nach der Dollarabwertung erhöhten sie sich nur geringfügig auf — 0,25 % am 16. 2., um dann erneut zu sinken. Sie erreichten am 9. 3. ihren Tiefststand mit — 0,35 %. Nach der Aufwertung der D-Mark am 11. 3. 1972 realisierten Spekulanten ihren Paritätsänderungsgewinn. Sie zogen ihre Guthaben vom Euro-DM-Markt ab, und die Euro-DM-Sätze stiegen wieder an. Ab Ende März 1973 wurden wieder positive Zinssätze am Euro-DM-Markt notiert.

Die Zinssätze für Euro-DM lagen in der Spekulationsperiode vom Februar/März 1973 unter der bei vorgegebenen Zinssätzen am deutschen Geldmarkt durch die Mindestreservesätze auf Bestand und Zuwachs der Auslandsverbindlichkeiten deutscher Kreditinstitute bestimmten Indifferenzlinie II. Nur dann, wenn diese Reservesätze zusammen über 100 v. H. ausmachten, läge diese Linie im negativen Bereich. Das war aber nicht der Fall. Der Mindestreservesatz für den Bestand der Auslandsverbindlichkeiten betrug 35 v. H., und der Reservesatz für den Zuwachs 60 v. H. Bei negativen Zinssätzen für Euro-DM war es daher für deutsche Geschäftsbanken lohnend, auch dann Euro-DM-Kredite aufzunehmen, wenn dafür sowohl Bestandsmindestreserven als auch Zuwachsmindestreserven zu halten waren. Tatsächlich stiegen auch die kurzfristigen Verbindlichkeiten deutscher Kreditinstitute gegenüber ausländischen Banken von 24,1 Mrd. DM Ende Januar 1973 auf 30,8 Mrd.DM Ende März 1973 an. Die Nachfrage

---

[28] Die Zinssätze für Dreimonats-Euro-sfr sanken von 4,34 % am 16. 7. auf 2,375 % am 2. 9. 1971. *Quelle:* Financial Times.

deutscher Kreditinstitute war aber geringer als das spekulative Angebot von DM-Guthaben am Euro-Geldmarkt. Übersteigt bei einer Flucht in die D-Mark in Erwartung einer DM-Aufwertung das spekulative Angebot die Nachfrage der Zinsarbitrageure, dann können die Euro-DM-Sätze auch für einen längeren Zeitraum unter die Indifferenzlinie II sinken. Indifferenzlinie II begrenzt nur dann den Relevanzbereich der Zinsbildung für Euro-DM nach unten, wenn die Zinsentwicklung am Euro-Geldmarkt von den Zinsarbitrageuren bestimmt wird, nicht dagegen von den Transaktionen der Spekulanten. „Wenn aber Wechselkursänderungen erwartet werden, die auf eine Kursverbesserung der D-Mark gegenüber anderen Währungen hinauslaufen, erweisen sich Anlagen in D-Mark als so begehrt, daß kurzfristig auf den Zinsertrag verzichtet wird, ja unter Umständen sogar ‚negative' Zinsen in Kauf genommen werden, da mögliche Wechselkursgewinne weit lohnender erscheinen[29]."

Die Auswirkungen von Abwertungsspekulationen und Aufwertungsspekulationen auf die Zinsbildung am Euro-Geldmarkt unterscheiden sich dadurch, daß bei einer Abwertungserwartung die Zinssätze für Ausleihungen in der schwachen Währung stark ansteigen, während die Zinssätze fester Währungen in geringerem Ausmaß nachgeben. Umgekehrt sinken die Zinssätze am Euro-Geldmarkt für eine Währung, bei der eine Aufwertung erwartet wird, in stärkerem Ausmaß als die Zinssätze anderer Währungen am Euro-Geldmarkt steigen. Beide Fälle haben eines gemeinsam: Zinsdifferenzen am Euro-Geldmarkt werden bei Paritätsänderungsspekulationen von dem erwarteten Paritätsänderungssatz bestimmt, der in der Höhe der Swapsätze zum Ausdruck kommt. Im Unterschied zu spekulationsfreien Perioden, in denen Swapsätze als Ergebnis der Transaktionen der Zinsarbitrageure sich Zinsdifferenzen am Euro-Geldmarkt anpassen, werden bei spekulativen Entwicklungen an den Devisenmärkten Zinsdifferenzen am Euro-Geldmarkt von Swapsätzen bestimmt.

Einzig führt diese Beobachtung zu der Auffassung, daß die Zinssätze für Nichtdollarwährungen generell von den Euro-Dollarsätzen und den Swapsätzen des Dollars bestimmt werden. „The rates of Euro-currencies other than Euro-dollars are determined to a considerable extent by Euro-dollar rates and by forward rates[30]." Er stellt weiter fest: „Euro-sterling rates are just calculated, as a matter of simple arithmetic, from Euro-dollar rates on the basis of the prevailing forward sterling-dollar rates[31]." Einzig begründet seine These mit der

29 Monatsberichte der Deutschen Bundesbank, März 1973, S. 6.

30 Einzig, P., The Euro-Dollar System, S. 132.

31 Ebenda, S. 132.

gegenläufigen Entwicklung der Zinssätze am deutschen Geldmarkt und am Euro-DM-Markt in der Periode der Spekulation auf eine Aufwertung der D-Mark in den Jahren 1960 und 1961. Gegenläufige Zinsentwicklungen zwischen nationalen monetären Märkten und den Teilmärkten der jeweiligen Währung des Euro-Geldmarktes sind bei Paritätsänderungserwartungen die Regel. Das läßt aber nicht den Schluß zu, daß die Zinssätze für Nichtdollarwährungen am Euro-Geldmarkt generell von der Höhe der Euro-Dollarsätze und den Swapsätzen des Dollars bestimmt wird. Einzig verwechselt die generellen Determinanten der Zinsbildung am Euro-Geldmarkt mit den spezifischen Bestimmungsgründen bei Paritätsänderungsspekulationen. Bei Paritätsänderungserwartungen werden Swapsätze hauptsächlich von den Devisenmarktgeschäften der Spekulanten bestimmt, und auch die Zinssätze für starke und schwache Währungen am Euro-Geldmarkt werden maßgeblich von der Höhe der erwarteten Paritätsänderung beeinflußt. Zinsdifferenzen am Euro-Geldmarkt werden dann von der Höhe der Swapsätze bestimmt. Besteht dagegen keine Paritätsspekulation, so sind Swapsätze Ergebnis der Transaktionen der Zinsarbitrageure als Folge von Zinsdifferenzen am Euro-Geldmarkt. Swapsätze passen sich dann Zinsdifferenzen an.

Würden sich die Zinssätze für Euro-DM, wie Einzig meint, stets an den Euro-Dollarsätzen und den Swapsätzen des Dollars am deutschen Devisenmarkt ausrichten — wobei Einzig offenläßt, wodurch dann die Swapsätze bestimmt werden — so könnte das zu Abweichungen der um die Kosten der Mindestreservehaltung in Deutschland erhöhten Euro-DM-Sätze von den Zinssätzen am deutschen Geldmarkt führen. Wäre der Effektivzins für Kreditaufnahmen deutscher Banken am Euro-DM-Markt infolge hoher Deports des Dollars gegenüber der D-Mark niedriger als der deutsche Geldmarktsatz, so würden Geldimporte in die Bundesrepublik einsetzen. Die steigende Nachfrage deutscher Zinsarbitrageure nach Euro-DM würde solange zu Zinssteigerungen für Ausleihungen in dieser Währung am Euro-Geldmarkt führen, bis das Zinsarbitragegleichgewicht zwischen dem deutschen Geldmarkt und dem Euro-DM-Markt wiederhergestellt wäre. Die Euro-Geldmarktsäze für Nicht-Dollarwährungen sind nicht „more independent of their respective domestic interest rates than Euro-dollar rates are of U.S. domestic interest rates“[32]. Nur bei Paritätsänderungsspekulationen kann der Zusammenhang zwischen nationalen Geldmarktsätzen und Zinssätzen der jeweiligen Währung am Euro-Geldmarkt durchbrochen werden.

---

[32] Einzig, P., The Euro-Dollar System, S. 133.

V. Konsequenzen für die außenwirtschaftliche Absicherung

Mit Veränderungen der Mindestreservesätze auf Bestand und Zuwachs der Auslandsverbindlichkeiten der Banken hat die Deutsche Bundesbank die Möglichkeit, Niveau und Relevanzbereich der Zinsentwicklung am Euro-DM-Markt zu bestimmen. Eine dem kreditpolitischen Kurs zuwiderlaufende Kreditaufnahme deutscher Banken im Ausland kann durch Erhöhung dieser Mindestreservesätze begegnet werden. Unerläßliche Voraussetzung der außenwirtschaftlichen Absicherung einer restriktiven Kreditpolitik ist es, daß zugleich ein zinsinduzierter Mittelzufluß ausländischer Einleger in die Bundesrepublik unterbunden wird. Ein Verzinsungsverbot für Auslandseinlagen in Deutschland ist dann die notwendige Konsequenz.

Hohe Mindestreservesätze auf Bestand und Zuwachs der Auslandsverbindlichkeiten deutscher Banken können zur Folge haben, daß die Euro-DM-Sätze unter das Niveau der Zinssätze kurzfristiger Kredite für den Unternehmensbereich in Deutschland sinken. Eine Absicherung gegen zinsinduzierte Geldimporte der Banken bedarf daher einer gleichzeitigen Absicherung gegenüber einer Kreditaufnahme der Wirtschaft im Ausland. Diese Möglichkeit ist in Deutschland mit der Einführung der Bardepotpflicht geschaffen worden. Es ist erforderlich, den Bardepotsatz so zu bemessen, daß er nicht unter dem Mindestreservesatz für den Bestand von Auslandsverbindlichkeiten der Banken liegt. Sind nämlich die Zinssätze für Euro-DM als Folge eines hohen Bestandsmindestreservesatzes erheblich niedriger als die Zinssätze am deutschen Geldmarkt, so reicht ein geringer Bardepotsatz nicht aus, um den Zinsanreiz für eine Kreditaufnahme deutscher Wirtschaftsunternehmen am Euro-DM-Markt aufzuheben. Erst eine Erhöhung des Bardepotsatzes läßt dann Geldimporte des Unternehmensbereichs unattraktiv werden. Bardepotsatz und Mindestreservesätze auf Auslandsverbindlichkeiten der Banken sollten gleichzeitig erhöht oder gesenkt werden, je nachdem, wie das effektive Zinsgefälle zwischen der Bundesrepublik und dem Ausland beeinflußt werden soll.

Erhöhungen der Mindestreservesätze auf Bestand und Zuwachs der Auslandsverbindlichkeiten der Banken und des Bardepotsatzes sind geeignet, die zinsinduzierte Mittelaufnahme deutscher Banken und deutscher Wirtschaftsunternehmen im Ausland zu verringern. Diese Instrumente sind dagegen untauglich zur Steuerung des kurzfristigen internationalen Kapitalverkehrs, wenn Paritätsänderungserwartungen bestehen. Das wurde im Jahre 1972 deutlich. Als Folge der Spekulation auf eine Abwertung des Pfundes setzen ab Mitte Juni erhebliche Zinssenkungen für Euro-DM ein (vgl. Abb. 13). Dadurch wurde für viele deutsche Kreditinstitute und für den Unternehmensbereich die Kreditaufnahme am Euro-DM-Markt auch unter Berücksichtigung der Mindestreservepflicht und der Bardepotpflicht lohnend. Zur Verringerung des Zinsgefälles für den Bankenbereich erhöhte die Deutsche Bundesbank mit Wirkung vom 1. 7. 1972 den Mindestreservesatz auf den Bestand der Auslandsverbindlichkeiten von 22 v. H. auf 35 v. H. und den Mindestreservesatz auf ihren Zuwachs von 40 v. H. auf 60 v. H. Gleichzeitig wurde der Bardepotsatz von 40 v. H. auf 50 v. H., die in der Bardepotverordnung vorgesehene Höchstgrenze, heraufgesetzt. Die Erhöhung der Mindestreservesätze hatte zur Folge, daß der Relevanzbereich der Zinsbildung für Euro-DM verbreitert und stark nach unten verschoben wurde. Dadurch wurden die von den Ereignissen an den Devisenmärkten ausgelösten Zinssenkungen für Euro-DM noch verstärkt. Das spekulative Angebot von Euro-DM führte zu weiter nachgebenden Zinssätzen, so daß der Bardepotsatz von 50 v. H. nicht ausreichte, um den Zinsanreiz für eine Mittelaufnahme deutscher Unternehmen am Euro-DM-Markt aufzuheben. Erst mit fortschreitender Beruhigung der Lage am Devisenmarkt normalisierte sich das spekulativ verzerrte Zinsgefüge am Euro-Geldmarkt. Die Zinssätze für Euro-DM zogen wieder an, und gegen Ende des Jahres 1972 reichte der Bardepotsatz von 50 v. H. wieder aus, um eine zinsinduzierte Kreditaufnahme deutscher Wirtschaftsunternehmen im Ausland zu unterbinden.

Die Erfahrung des Jahres 1972 lehrt, daß eine Erhöhung der Mindestreservesätze auf Auslandsverbindlichkeiten der Banken und des Bardepotsatzes bei einer Paritätsänderungsspekulation vorhandene Zinssenkungstendenzen für Euro-DM als Folge des Nachfragerückgangs deutscher Zinsarbitrageure noch verstärkt. Sinkende Zinssätze für Euro-DM bei steigenden Terminabschlägen der abwertungsgefährdeten Währung am deutschen Devisenmarkt bestärken die Abwertungserwartung der Spekulanten. Diese Maßnahmen der Deutschen Bundesbank sind nicht geeignet, eine bereits vorhandene Paritätsänderungsspekulation zu stoppen, sondern sie können im Gegenteil dazu führen, daß der Abgabedruck auf die schwache Währung am Devisenmarkt verstärkt wird.

Das Hinaufsetzen der Mindestreservesätze auf Auslandsverbindlichkeiten der Banken zur Abschirmung vor zinsinduzierten Geldimporten birgt aber auch dann währungspolitische Gefahren, wenn eine Paritätsänderungsspekulation noch nicht besteht. Sinkende Euro-DM-Sätze als Folge erhöhter Mindestreservesätze haben zur Folge, daß bei unveränderter Höhe der Euro-Dollarsätze der Deport des Dollars am deutschen Devisenmarkt ansteigt. Notiert der Dollar am deutschen

Kassamarkt schwach, und sinkt der Terminkurs des Dollars in einem System fester Wechselkurse unter den unteren Interventionspunkt am Kassamarkt, dann kann durch die Maßnahmen der Deutschen Bundesbank zur Absicherung vor zinsinduzierten Geldimporten die Erwartung einer bevorstehenden Dollarabwertung entstehen. Ist aber eine Abwertungserwartung vorhanden, dann werden die Zinssätze für Euro-DM infolge steigender spekulativer Einlagen weiter absinken, so daß unter Umständen wieder eine zinsinduzierte Kreditaufnahme deutscher Banken und deutscher Wirtschaftsunternehmen im Ausland attraktiv wird.

Diese währungspolitischen Gefahren können insbesondere dann entstehen, wenn die Bundesbank den Mindestreservesatz auf den Bestand der Auslandsverbindlichkeiten heraufsetzt und dadurch die Zinsobergrenze am Euro-DM-Markt sinkt. Die Erfahrung zeigt, daß die Zinssätze für Euro-DM in der Regel in der Nähe der Obergrenze des Relevanzbereichs der Zinsbildung verlaufen. Bei einem Verzinsungsverbot für Auslandseinlagen in der Bundesrepublik genügt die relativ geringe Nachfrage deutscher Kreditinstitute am Euro-DM-Markt in Höhe ihrer auslaufenden Auslandsverbindlichkeiten, um die Euro-DM-Sätze an der von der Höhe des Bestandsmindestreservesatzes bestimmten Zinsobergrenze zu stabilisieren. Eine Erhöhung des Bestandsreservesatzes hätte zur Folge, daß die Zinssätze für Euro-DM-Ausleihungen sinken. Die Mittelaufnahme deutscher Banken am Euro-DM-Markt in Höhe der Tilgungen ihrer Auslandsverbindlichkeiten wäre dann billiger als vor der Erhöhung des Bestandsreservesatzes. Kreditpolitisch wird dadurch nichts gewonnen, aber es kann währungspolitische Unruhe entstehen. Liegen die Zinssätze anderer wichtiger Währungen am Euro-Geldmarkt über den Euro-DM-Sätzen, so haben Zinssenkungen für Euro-DM steigende Terminabschläge für diese Währungen am deutschen Devisenmarkt zur Folge. Wie beschrieben, können sich daran Paritätsänderungsgerüchte entzünden.

Diese Gefahren entstehen dann nicht, wenn die Deutsche Bundesbank allein einen Zuwachsmindestreservesatz auf Auslandsverbindlichkeiten der Banken festlegt, und auf die Verordnung eines Bestandsreservesatzes verzichtet. Die Zinsbildung für Euro-DM würde dann in dem Bereich zwischen den deutschen Geldmarktsätzen und der von der Höhe des Zuwachsmindestreservesatzes bestimmten Untergrenze des Relevanzbereichs der Zinsbildung verlaufen. Es ist anzunehmen, daß die Nachfrage deutscher Geschäftsbanken nach Euro-DM in Höhe der Tilgungen ihrer Auslandsverbindlichkeiten ausreichen würde, um die Zinssätze für Euro-DM etwa in der Höhe der Zinssätze am deutschen Geldmarkt zu stabilisieren. Höhere Euro-DM-Zinssätze wären mit verringerten Terminabschlägen bzw. mit steigenden Reports der am deutschen Devisenmarkt notierten und am Euro-Geldmarkt gehandelten Valuten verbunden, je nachdem, ob die Zinssätze für Ausleihungen in diesen Währungen am Euro-Geldmarkt über den Euro-DM-Sätzen liegen oder darunter. Zudem würde bei steigenden Euro-DM-Sätzen ein niedrigerer Bardepotsatz ausreichen, um eine zinsinduzierte Kreditaufnahme deutscher Wirtschaftsunternehmen im Ausland zu unterbinden.

Literaturverzeichnis

1. Bücher, Aufsätze

a) mit Angabe des Verfassers

Altmann, O. L.: Foreign Markets for Dollar, Sterling and other Currencies, in: IMF-Staff Papers, Vol. 8, No. 3, December 1961, S. 313 ff.

— Euro-Dollars: Some Further Comments, in: IMF-Staff Papers, Vol. 12, 1965, S. 1 ff.

Arndt, S. W.: International Short-Term Capital Movements: A Distributed Lag Model of Speculation in Foreign Exchange, in: Econometrica, Vol. 36, No. 1, 1968, S. 59 ff.

Balbach, A.: Will Capital Reflows Induce Domestic Interest Changes? in: Review, Federal Reserve Bank of St. Louis, Vol. 54, No. 7, July 1972, S. 2 ff.

Becker, J.: Die kontinuierliche Liquiditätsversorgung des Bankensystems, Veröffentlichungen des Instituts für Empirische Wirtschaftsforschung, Bd. 3, Berlin 1969

Bell, Ph. W.: Private Capital Movements and the U.S. Balance-of-Payments Position, in: Factors Affecting the United States Balance of Payments, Compilation of Studies Prepared for the Subcommittee on International Exchange and Payments of the Joint Economic Committee, Congress of the United States, 87th Congress, 2nd Session, Washington D. C. 1962, S. 395 ff.

Brandes, H.: Der Euro-Dollarmarkt, Eine Analyse seiner Entstehungsgründe, seiner Struktur, seiner Marktelemente und seiner einzelwirtschaftlichen und währungspolitischen Bedeutung, Bd. 7 der Schriftenreihe des Instituts für Kreditwesen der Westfälischen Wilhelms-Universität Münster, Hrsg. Prof. L. Mühlhaupt, Wiesbaden 1968

Branson, W. H.: Financial Capital Flows and the United States Balance of Payments, Contributions to Economic Analysis, Vol. 56, Amsterdam 1968

— The Minimum Covered Interest Differential Needed for International Arbitrage, in: Journal of Political Economy, Vol. 77, 1969, S. 1208 ff.

Branson, W. H., und *Hill*, R. D.: Capital Movements Among Major OECD Countries: Some Preliminary Results, in: The Journal of Finance, Vol. 26, No. 2, 1971, S. 169 ff.

Braun, O.: Zur Theorie des Devisenterminmarktes, in: Jahrbücher für Nationalökonomie und Statistik, Bd. 177, 1965, S. 29 ff.

Brehmer, E.: Struktur und Funktionsweise des Geldmarktes der Bundesrepublik Deutschland, 2., neu bearbeitete und erweiterte Auflage, Kieler Studien, Forschungsberichte des Instituts für Weltwirtschaft an der Universität Kiel, Hrsg. Prof. Dr. E. Schneider, Bd. 69, Tübingen 1964

de Carlo, G. R.: Interest Sensitivity of Short-Term Capital Movements: Some Recent Statistical Studies, in: Kyklos, Vol. 22, 1969, S. 737 ff.

Clendenning, W.: The Euro-Dollar Market, Oxford 1970

Deutsch, H.: Transactions in Foreign Exchanges, London 1914

Dudler, H.-J.: Kurzfristige internationale Kapitalbewegungen, Veröffentlichungen des Instituts für Bankwirtschaft und Bankrecht an der Universität Köln, Wirtschaftswissenschaftliche Reihe, Bd. 16, Frankfurt a. M., 1966

— Diskont- und Terminkurspolitik, Zentralbankinterventionen an den internationalen Geld- und Devisenmärkten, Veröffentlichungen des Instituts für Bankwirtschaft und Bankrecht an der Universität Köln, Wirtschaftswissenschaftliche Reihe, Bd. 17, Frankfurt a. M., 1966

Einzig, P.: Some Theoretical Aspects of Forward Exchanges, in: The Economic Journal, Vol. 46, 1936, S. 462 ff.

— Character and Significance of the Euro-Dollar-Market, in: The Commercial and Financial Chronicle, New York, Vol. 200, No. 6406, 1964, S. 4 ff.

— A Dynamic Theory of Forward Exchange, London 1961

— The Euro-Dollar System, Practice and Theory of International Interest Rates, 3rd edition, London 1967

— Parallel Money Markets, Volume One, London 1971

Friedman, M.: The Euro-Dollar Market: Some First Principles, in: Review, Federal Reserve Bank of St. Louis, Vol. 53, No. 7, July 1971, S. 16 ff.

Gebert, D., und *Mueller-Groeling,* H.: Zur konjunkturellen und währungspolitischen Lage in den westlichen Industrieländern, in: Die Weltwirtschaft, Institut für Weltwirtschaft an der Universität Kiel, Heft 1, 1972, S. 6 ff.

Graf, G.: Zur formalen Theorie des Devisenterminmarktes, Wiener Wirtschafts- und Finanzwissenschaftliche Untersuchungen, Bd. 7, Hrsg. Prof. Dr. W. Weber, Berlin 1971

Grubel, H. G.: Forward Exchange, Speculation, and the International Flow of Capital, Stanford/Cal., 1966

Hendershott, P. H.: The Structure of International Interest Rates: The U. S. Treasury Bill Rate and the Eurodollar Deposit Rate, in: The Journal of Finance, Vol. 22, No. 3, September 1967, S. 455 ff.

Hein, M.: Die internationalen Geldmarktgeschäfte westdeutscher Banken, Wirtschaftswissenschaftliche Abhandlungen, volks- und betriebswirtschaftliche Schriftenreihe der Wirtschafts- und Sozialwissenschaftlichen Fakultät der Freien Universität Berlin, Hrsg. Prof. Dr. E. Kosiol und Prof. Dr. A. Paulsen, Heft 23, Berlin 1966

— Strukturanalysen ausländischer Banksysteme: Großbritannien, Schriftenreihe des Instituts für Bank- und Kreditwirtschaft der Freien Universität Berlin, Hrsg. Prof. Dr. E. Thiess, Heft 1, Frankfurt a. M. 1967

Hodjera, Z.: Short-Term Capital Movements of the United Kingdom, 1963 bis 1967, in: Journal of Political Economy, Vol. 79, No. 4, 1971, S. 739 ff.

Janocha, P.: Intervention und Kooperation der Zentralbanken auf den Devisenterminmärkten nach dem Zweiten Weltkrieg, Kieler Studien, Forschungsberichte des Instituts für Weltwirtschaft an der Universität Kiel, Hrsg. Prof. Dr. E. Schneider, Bd. 74, Tübingen 1966

Kenen, P. B.: Short-Term Capital Movements and the U. S. Balance of Payments, Hearings before the Joint Economic Committee, Congress of the United States, 88th Congress, 1st Session, Washington D. C. 1963, S. 153 ff.

Keynes, J. M.: A Tract on Monetary Reform, London 1924

Kindleberger, C. P.: International Economics, Homewood, Illinois, 1953

— International Short-Term Capital Movements, Reprint, New York 1965

Klopstock, F. H.: Der internationale Geldmarkt, Struktur, Größenordnung und Anlagearten, in: Weltwirtschaftliches Archiv, Bd. 96, Juni 1966, S. 258 ff.

Köhler, Cl.: Nach der vierten Spekulationswelle, Geldstromanalyse für das 2. Vierteljahr 1969, in: WWI-Mitteilungen, Zeitschrift des Wirtschaftswissenschaftlichen Instituts der Gewerkschaften GmbH., Heft 8/9 1969, S. 220 ff.

— Geldwirtschaft, Bd. 1, Geldversorgung und Kreditpolitik, Berlin 1970

— Orientierungshilfen für die Kreditpolitik, Veröffentlichungen des Instituts für Empirische Wirtschaftsforschung, Bd. 1, Berlin 1968

— Potentialorientierte Kreditpolitik, Berlin 1971

— Geldstromanalysen für die Bundesrepublik Deutschland, in: WSI-Mitteilungen (bis Ende 1971: WWI-Mitteilungen), Zeitschrift des Wirtschaftswissenschaftlichen Instituts der Gewerkschaften, versch. Ausgaben

Lee, C. H.: A Stock-Adjustment Analysis of Capital Movements: The United States — Canadian Case, in: Journal of Political Economy, Vol. 77, 1969, S. 512 ff.

Liepmann, P.: Geldtheoretische und geldpolitische Probleme des Euro-Dollarmarktes, Schriften des Instituts für das Spar-, Giro- und Kreditwesen, Hrsg. Prof. Dr. F. Voigt, Berlin 1971

Lipfert, H.: Der Geldmarkt, 4. Aufl. Frankfurt a. M., 1965

— Internationaler Devisen- und Geldhandel, 2. Aufl., Frankfurt a. M., 1967

Manning Dacey, W.: The British Banking Mechanism, 4th edition, London 1962

Meek, P.: Open Market Operations, Federal Reserve Bank of New York, New York 1969

Mikesell, R. F.: The Eurodollar Market and the Foreign Demand for Liquid Dollar Assets, in: Journal of Money, Credit and Banking, Vol. 4, No. 3, August 1972, S. 643 ff.

Mills, R. H. Jr.: The Regulation of Short-Term Capital Movements: Western European Techniques in the 1960's, Staff Economic Studies, Board of Governors of the Federal Reserve System, Vol. 46, 1968

Müller, H., und *Westphal,* U.: Der kurzfristige internationale Kapitalverkehr der Kreditinstitute in der BRD 1960 - 1970, Versuch einer ökonometrischen Analyse, in: Weltwirtschaftliches Archiv, Bd. 105, Heft 2, 1970, S. 395 ff.

Neldner, M.: Die Kursbildung auf dem Devisenterminmarkt und die Devisenterminkurspolitik der Zentralbanken, Beiträge zur Geldlehre, Hrsg. R. Schilcher, Berlin 1970

Nowak, R.: Der Finanzmarkt New York, Eine ökonomische Analyse des objektivierten Geld- und Kapitalmarktes in den USA, Bankwirtschaftliche Schriftenreihe, Bd. 9, Hrsg. Prof. Dr. O. Hintner und Prof. Dr. H. Linhardt, Köln und Opladen 1967

Ou, C. C. F.: Demand of Short-Term Foreign Assets by the German Banks, in: The Journal of Finance, Vol. 27, 1972, S. 653 ff.

Rich, G.: A Theoretical and Empirical Analysis of the Eurodollar Market, in: Journal of Money, Credit, and Banking, Vol. 4, August 1972, S. 617 ff.

Rose, K.: Theorie der Außenwirtschaft, 4. Aufl., Köln 1972

Ruebling, C. E.: The Administration of Regulation Q, in: Review, Federal Reserve Bank of St. Louis, Reprint Series No. 53, 1970, S. 29 ff.

Sachverständigenrat zur Begutachtung der gesamtwirtschaftlichen Entwicklung: Jahresgutachten 1967/1968, Stabilität im Wachstum, Stuttgart und Mainz 1967

— Jahresgutachten 1971/1972, Währung, Geldwert, Wettbewerb — Entscheidungen für Morgen, Stuttgart und Mainz 1971

— Sondergutachten vom 3. Juli 1972, Zur währungspolitischen Lage im Juli 1972, Stuttgart und Mainz 1972

Sachs, L.: Statistische Auswertungsmethoden, 2. Aufl., Heidelberg und New York 1969

Schäfer, W.: Der Euro-Dollarmarkt, Kieler Studien, Forschungsberichte des Instituts für Weltwirtschaft an der Universität Kiel, Bd. 120, Hrsg. Prof. Dr. H. Giersch, Tübingen 1971

Schröder, J.: Zur Theorie der Devisenterminmärkte, Volkswirtschaftliche Schriften, Heft 130, Hrsg. Dr. J. Broermann, Berlin 1969

Spraos, J.: Speculation, Arbitrage, and Sterling, in: The Economic Journal, Vol. 69, 1959, S. 1 ff.

— The Theory of Forward Exchange and Recent Practices, in: The Manchester School of Economic and Social Studies, Vol. 21, 1953, S. 87 ff.

Stein, J. L.: International Short-Term Capital Movements, in: The American Economic Review, Vol. 55, 1965, S. 40 ff.

Stucken, R.: Spekulation, in: Handwörterbuch der Sozialwissenschaften, Bd. 9, Stuttgart, Tübingen, Göttingen, S. 690 ff.

Tsiang, S. C.: The Theory of Forward Exchange and Effects of Government Intervention on the Forward Exchange Market, in: IMF-Staff Papers, Vol. 7, No. 1, 1959, S. 75 ff.

Walter, N.: Kapitalverkehrskontrollen — ein Instrument zur Regulierung internationaler Kapitalströme? in: Die Weltwirtschaft, Institut für Weltwirtschaft an der Universität Kiel, Heft 2, 1972, S. 154 ff.

Whittlesey, C. R., *Fredman*, A. M., und *Herman*, E. S.: Money and Banking, New York 1964

Widmer, R.: Der Euromarkt, Taschenbücher für Geld, Bank und Börse, Bd. 54, Hrsg. Prof. Dr. Ph. Möhring und Prof. Dr. H. Rittershausen, Frankfurt a. M. 1969

Wilson, J. S. G.: Money Markets in the United States of America, in: Quarterly Review, Banca Nazionale del Lavore, No. 95, 1970, S. 343 ff.

Willet, Th. D., und *Forte*, F.: Interest Rate Policy and External Balance, in: The Quarterly Journal of Economics, Vol. 83, No. 2, 1969, S. 242 ff.

Wonnacott, P.: The Floating Canadian Dollar, Exchange Flexibility and Monetary Independence, Foreign Affairs Study 5, Washington D. C. 1972

b) ohne Angabe des Verfassers

Die kurzfristige Auslandsposition der deutschen Kreditinstitute, in: Monatsberichte der Deutschen Bundesbank, Oktober 1972, S. 16 ff.

Die Stellung der Bundesrepublik Deutschland im internationalen Anleihegeschäft, in: Monatsberichte der Deutschen Bundesbank, August 1969, S. 14 ff.

Local Authorities and the Capital and Money Markets, in: Bank of England, Quarterly Bulletin, Vol. 6, No. 4, Dec. 1966, S. 337 ff.

Nationale Zinsstrukturen und internationales Zinsgefälle, Hrsg. Schweizerische Bankgesellschaft, Zürich 1970

Reserve Suspends Interest Ceilings for Big Deposits, in: The Wall Street Journal, New York, vom 24. 6. 1970, abgedruckt in: Deutsche Bundesbank, Auszüge aus Presseartikeln, Nr. 25, vom 30. 6. 1970, S. 13

Capital Market Study, Structure of Interest Rates in some OECD-Countries, Hrsg. OECD, Committee for Invisible Transactions, Paris 1967

The euro-currency business of banks in London, in: Bank of England, Quarterly Bulletin, Vol. 10, No. 1, March 1970, S. 31 ff.

The Prime Rate, Review Federal Reserve Bank of New York, Vol. 44, 1962, S. 54 ff.

The U. K. Exchange Control; A Short History, in: Bank of England, Quarterly Bulletin, Vol. 7, No. 3, September 1967, S. 245 ff.

2. Abkommen, Verordnungen, Gesetze, Statistik

Abkommen über den Internationalen Währungsfonds (Bundesgesetzblatt II, Nr. 13 vom 1. 8. 1952, S. 638)

Annual Report, Board of Governors of the Federal Reserve System, versch. Ausgaben

Anweisung der Deutschen Bundesbank über Mindestreserven (AMR) vom 11. November 1968 in der Fassung vom 16. April 1972, in: Geschäftsberichte der Deutschen Bundesbank für das Jahr 1971, S. 119 ff.

Bank of England, Quarterly Bulletin, versch. Ausgaben

— Report and accounts for the year ended 29th February 1972

Bank für Internationalen Zahlungsausgleich, Jahresbericht, versch. Ausgaben

Blick durch die Wirtschaft, versch. Ausgaben

Deutsche Bundesbank, Monatsberichte der Deutschen Bundesbank, versch. Ausgaben

— Geschäftsberichte der Deutschen Bundesbank, versch. Ausgaben

Federal Reserve Bulletin, versch. Ausgaben

Federal Reserve Act

Financial Times, versch. Ausgaben

Gesetz über das Kreditwesen vom 10. Juli 1961 (Bundesgesetzblatt I, S. 881), zuletzt geändert durch das Einführungsgesetz zum Aktiengesetz vom 6. September 1965 (Bundesgesetzblatt I, S. 1185)

Gesetz über die Deutsche Bundesbank vom 26. Juli 1957 (Bundesgesetzblatt I, S. 745), zuletzt geändert durch das Vierte Gesetz zur Änderung des Gesetzes zur Regelung der Rechtsverhältnisse der unter Artikel 131 des Grundgesetzes fallenden Personen vom 9. September 1965 (Bundesgesetzblatt I, S. 1203)

Gesetz zur Änderung des Außenwirtschaftsgesetzes vom 23. Dezember 1971 (Bundesgesetzblatt I, S. 2141)

Einundzwanzigste Verordnung zur Änderung der Außenwirtschaftsverordnung vom 1. März 1972 (Bundesgesetzblatt I, S. 213)

OECD Economic Outlook, Vol. 10, December 1971

Personenregister

Sachregister

Veröffentlichungen des Instituts für Empirische Wirtschaftsforschung

Herausgegeben von Prof. Dr. Cl. Köhler und Prof. Dr. A. Kruse-Rodenacker

---

1. **Orientierungshilfen für die Kreditpolitik.** Von Claus Köhler. 97 S. 1968. Lw. DM 24,60

2. **Bankenliquidität und Kapitalmarktzins.** Von Lothar Hübl. 155 S. mit 17 Tab. und 23 Abb. 1969. Lw. DM 38,60

3. **Die kontinuierliche Liquiditätsversorgung des Bankensystems.** Von Jürgen Becker. 145 S. 1969. Lw. DM 37,60

4. **Die Liquiditätsversorgung des schweizerischen Bankensystems.** Von Heide Wolff. 133 S. 1969. Lw. DM 36,60

5. **Kapitalhilfe.** Untersuchungen zur bilateralen Kapitalhilfe im Rahmen öffentlicher Leistungen. Von Albrecht Kruse-Rodenacker und Horst Dumke unter Mitarbeit von Niklas von Götz. 208 S. 1969. Lw. DM 48,60

6. **Regionale Leistungsbilanzsalden in integrierten Wirtschaftsräumen.** Von Rüdiger Pohl. 191 S. mit 18 Taf. 1971. Lw. DM 49,80

7. **Erfahrungen mit der Kreditplafondierung.** Von Sonning Bredemeier. 191 S. 1972. Lw. DM 49,60

8. **Die Auswirkungen der Zinsliberalisierung in Deutschland.** Von Rüdiger Looff. 148 S. 1973. Lw. DM 48,—

9. **Der administrative Aufwand der Entwicklungshilfe.** Von Karl Kirchhof und Ulrich Popp. 198 S. 1973. Lw. DM 56,—

10. **Bestimmungsgründe der nominalen Zinsentwicklung in der Bundesrepublik Deutschland.** Von Lothar Hübl. 127 S. 1973. Lw. DM 49,80

11. **Direktinvestitionen und die Politik der Entwicklungsländer.** Von Winfried Schneider. 198 S. 1974. Lw. DM 58,60

DUNCKER & HUMBLOT / BERLIN

Mathematik für Volks- und Betriebswirte. Eine Einführung in die mathematische Behandlung der Wirtschaftstheorie. Von Prof. Dr. *R. G. D. Allen.* Übersetzt von Prof. Dr. E. Kosiol. 3. Aufl. XV, 572 S. 1963. Ln. DM 54,—.

Mathematische Wirtschaftstheorie. Von Prof. Dr. *R. G. D. Allen.* Aus dem Englischen übersetzt von Prof. Dr. G. Kade. XXII, 988 S. 1971. Ln. DM 98,—.

Makroökonomische Theorie. Eine mathematische Analyse. Von Prof. Dr. *R. G. D. Allen.* Aus dem Englischen übersetzt von Dr. E. Fürst und Dr. F. Schebeck. XI, 469 S. 1972. Ln. DM 58,—.

Allgemeine Volkswirtschaftslehre. Eine Einführung. Von Geh.-Rat Prof. Dr. *Adolf Weber.* 7. Aufl. XXVIII, 738 S. 1958. Ln. DM 38,—.

Theoretische Volkswirtschaftslehre als System der Wirtschaftstheorie. Von Prof. Dr. *W. Weddigen.* 3., durchgesehene und ergänzte Aufl., 8 - 10. Tausend. 388 S. 1964. Brosch. DM 22,60; Ln. DM 26,60.

Geschichte der volkswirtschaftlichen Theorien. Von Prof. Dr. *A. Kruse.* 4., verbesserte und erweiterte Aufl. VIII, 366 S. 1959. Ln. DM 24,—.

Außenwirtschaft. Die internationalen Wirtschaftsbeziehungen. Von Prof. Dr. *A. Kruse.* 3. Aufl. XIV, 737 S. 1972. Ln. DM 68,—.

Grundfragen der Wirtschaftspolitik. Von Prof. Dr. *R. Büchner.* 2., neubearbeitete und erweiterte Aufl. 136 S. 1973. DM 19,60.

Neue Wege der Wirtschaftspolitik. Hrsg. von Prof. Dr. *E. Dürr.* 328 S. 1972. DM 52,80.

Wirtschaftspolitik. Von Prof. Dr. *W. Heinrich.* 2. neubearbeitete Aufl. Bd. I: XXIII, 475 S. 1964. Ln. DM 56,60; Bd. II/1: XX, 311 S. 1966. Ln. DM 42,60. Bd. II/2: XIX, 311 S. 1967. Ln. DM 42,60.

Theorie der wirtschaftlichen Entwicklung. Eine Untersuchung über Unternehmergewinn, Kapital, Kredit, Zins und den Konjunkturzyklus. Von *J. Schumpeter.* 6., unveränderte Aufl. XXVI, 369 S. 1964. Ln. DM 38,60.

Das Wesen und der Hauptinhalt der theoretischen Nationalökonomie. Von *J. Schumpeter.* 2., unveränderte Aufl. XXXII, 626 S. 1970. Ln. DM 66,60.

Allgemeine Finanzwissenschaft nebst einem Überblick über das Steuersystem der BRD. Von Prof. Dr. *W. Weddigen.* 4., neubearbeitete und ergänzte Aufl. 262 S. 1964. Brosch. DM 19,80; Ln. DM 24,60.

Steuerüberwälzungslehre. Theoretische und empirische Verteilung von Abgaben und Kosten. Von Prof. Dr. *H. Recktenwald.* 2., überarbeitete und ergänzte Aufl. 219 S. mit zahlr. Tab. und Abb. 1966. DM 28,—; Ln. DM 32,—.

Verkehr. Von Prof. Dr. *F. Voigt.* 1. Bd.: Die Theorie der Verkehrswirtschaft. 2 Teilbde. XLVI, 983 S. 1973. Ln. zus. DM 176,—; 2. Bd.: Die Entwicklung des Verkehrssystems. 2 Teilbde. XXXV, 1426 S. 1965 Ln. zus. DM 152,—; 3. Bd.: Die Organisation der Verkehrsmittel. In Vorb.; 4. Bd.: Zielsysteme und Werkzeuge der staatlichen Verkehrspolitik. In Vorb.

DUNCKER & HUMBLOT / BERLIN

Allgemeine Theorie der Beschäftigung, des Zinses und des Geldes. Von *J. M. Keynes.* Ins Deutsche übersetzt von F. Waeger. 5. Aufl. XI, 344 S. 1974. Ln. DM 48,—.

Vom Gelde. (A Treatise on Money). Von *J. M. Keynes.* XX, 635 S. Unveränderter Nachdruck 1955. Ln. DM 66,—.

Geldschöpfung und Wirtschaftskreislauf. Von Prof. Dr.-Ing. Dr. *C. Föhl.* 2. Aufl. XVII, 436 S. 1955. Ln. DM 48,—.

Untersuchungen zur Einkommensverteilung im Wirtschaftswachstum. Von Dr. *G.-A. Küster.* 386 S. 1969. DM 69,60.

Volkswirtschaftliche Theorie des Geldes. Von Prof. Dr. *A. Forstmann.* Bd. I: Allgemeine Geldtheorie. XVI, 722 S. 1943. DM 74,—. Bd. II: Monetäre Ökonomie. Allgemeine Volkswirtschaftslehre der Geldwirtschaft. XX, 940 S. 1955. Ln. DM 88,—.

Konjunktur-, Geld- und Entwicklungstheorie. Von *F. Korenjak.* XXII, 456 S. 1969. Ln. DM 96,—.

Geld, Außenhandel und Beschäftigung. Von Prof. Dr. *G. N. Halm.* 4. neubearb. Aufl. 368 S. 1966. Ln. DM 38,60.

Geldfunktionen und Buchgeldschöpfung. Ein Beitrag zur Geldtheorie. Von Prof. Dr. *R. Schilcher.* 2. Aufl. VI, 219 S. 1973. DM 36,—.

Probleme der Haushalts- und Finanzplanung. Hrsg. von Prof. Dr. *H. Haller.* 174 S. 1969. DM 28,60.

Probleme der Indexbindung. Hrsg. von Prof. Dr. *W. Ehrlicher.* 184 S. 1974. DM 38,—.

Proceedings of the First Konstanzer Seminar on Monetary Theory and Monetary Policy. Ed. by Prof. Dr. *K. Brunner.* 409 S. 1972. DM 68,—.

Studien zur Geldtheorie und monetären Ökonometrie. Von Prof. Dr. *G. Bombach.* 225 S. 1972. DM 44,60.

Geldtheorie und Geldpolitik. Günter Schmölders zum 65. Geburtstag. Hrsg. von Prof. Dr. *C. A. Andreae,* Prof. Dr. *K. H. Hansmeyer,* Prof. Dr. *G. Scherhorn.* XIII, 355 S. 1968. Ln. DM 56,—.

Der Geldkreislauf. Geldtheoretische Thesen im Spiegel der Empirie. Von Prof. Dr. *Cl. Köhler.* 229 S. 1962. DM 26,60.

Zahlungsbilanzstörungen und wirtschaftliches Wachstum. Dargestellt am Beispiel der Vereinigten Staaten von Amerika und Westeuropas 1950—1959. Von Dr. *A. Konrad.* 172 S. 1962. DM 22,60.

Geld — Kredit — Währung. Eine kurzgefaßte Einführung. Von Prof. Dr. *O. Kraus.* 262 S. 1958. Ln. DM 24,80.

Zur Neuordnung des internationalen Währungssystems. Bericht über den wissenschaftlichen Teil der 36. Mitgliederversammlung der Arbeitsgemeinschaft deutscher wirtschaftswissenschaftlicher Forschungsinstitute 1973. 177 S. 1973. DM 44,60.

D U N C K E R & H U M B L O T / B E R L I N

Abwertung und gesamtwirtschaftliches Gleichgewicht. Ein Beitrag zur Integration des Geldes in die wechselkurstheoretische Analyse. Von *D. Bender.* 198 S. 1972. DM 48,—.

Kapital als wirtschaftliche Energie und ihr Geld als ihr Maßstab. Von *E. Eckelt.* 420 S. 1971. DM 78,60.

Devisentermingeschäfte als Instrumente der Währungspolitik unter besonderer Berücksichtigung der Devisentermingeschäfte der Deutschen Bundesbank und der Schweizerischen Nationalbank. Von *St.-Th. Ehrig.* 204 S. 1973. DM 56,—.

Das geldtheoretische und geldpolitische Werk Walter Euckens. Von *W. J. Folz.* 221 S. 1970. DM 48,—.

Der Geldmarkt der Bundesrepublik. Eine experimentelle Untersuchung. Von *V. Häselbarth.* 181 S. 1970. DM 36,60.

Grundlagen der Debt Management unter besonderer Berücksichtigung der Bestimmungsgründe zur Erklärung der Zinsstruktur. Von *G. Jurke.* 150 S 1972. DM 39,60.

Kapitaldisposition und Wirtschaftsordnung. Professoren-Kolloquien der Adolf-Weber-Stiftung. 152 S. 1970. DM 18,60.

Die Kreditplafondierung, eine geld- und kreditpolitische Notwendigkeit. Erfahrungen mit quantitativen und qualitativen Beschränkungen der Kreditgewährung der Geschäftsbanken als Mittel der Notenbankpolitik in Großbritannien, Österreich, der Schweiz und der Bundesrepublik Deutschland. Von *K. Klein.* 246 S. 1967. DM 39,80.

Zinstheoretische Grundlagen der Geldpolitik. Von *M. Willms.* 112 S. 1971. DM 36,60.

Zur Theorie und Empirie der Fristigkeitsstruktur der Zinssätze. Von *H. Faßbender.* 231 S. 1973. DM 78,60.

Theorie der Devisenspekulation. Von *H. Hochgesand.* 167 S. 1974. DM 68,60.

Lenkungsmöglichkeiten von Geldangebots- und Kreditmarktprozessen in einer extrem auslandsabhängigen Volkswirtschaft. Das Beispiel Schweiz in den Jahren 1959 - 1970. Von *H. Rostek.* 106 S. 1975. DM 48,60.

Stabilisierung des Preisniveaus. Währungsordnung und Lohnpolitik. Von *H.-J. Rüstow.* 54 S. 1973. DM 14,60.

Zur Theorie der Devisenterminmärkte. Von *J. Schröder.* 148 S. 1969. DM 29,80.

Versuch einer Verzahnung der Geldtheorie mit der Gütertheorie. Von *B. Steinmann.* 237 S. 1971. DM 58,—.

Gleitende Paritäten und erweiterte Bandbreiten. Devisenmarkt und fundamentale Ungleichgewichte unter den Bedingungen erweiterter Paritäts- und Wechselkursflexibilität. Von *E. Stoffers.* 128 S. 1972. DM 28,60.

D U N C K E R & H U M B L O T / B E R L I N